战争事典
WAR STORY /074

二战德军部队战术武备手册

HANDBOOK LITE
ON GERMAN MILITARY FORCES

小小冰人 —— 编著

台海出版社

图书在版编目（ＣＩＰ）数据

二战德军部队战术武备手册 / 小小冰人编著 . -- 北
京 : 台海出版社 , 2022.11
ISBN 978-7-5168-3406-0

Ⅰ . ①二… Ⅱ . ①小… Ⅲ . ①第二次世界大战－战术
－德国－手册②第二次世界大战－武器－德国－手册
Ⅳ . ① E83-62 ② E92-62

中国版本图书馆 CIP 数据核字 (2022) 第 178885 号

二战德军部队战术武备手册

编　　著：小小冰人

出 版 人：蔡　旭　　　　　　　　　　　责任编辑：戴　晨
策划制作：纵观文化　　　　　　　　　　视觉设计：周　杰

出版发行：台海出版社
地　　址：北京市东城区景山东街20号　　邮政编码：100009
电　　话：010－64041652（发行，邮购）
传　　真：010－84045799（总编室）
网　　址：www.taimeng.org.cn/thcbs/default.htm
E－mail：thcbs@126.com

经　　销：全国各地新华书店
印　　刷：重庆长虹印务有限公司
本书如有破损、缺页、装订错误，请与本社联系调换

开　　本：787mm×1092mm　　　　　　1/16
字　　数：342千　　　　　　　　　　　印　　张：20.5
版　　次：2022年11月第1版　　　　　　印　　次：2022年11月第1次印刷
书　　号：ISBN 978-7-5168-3406-0

定　　价：99.80元

目　录

第一章　战术 1

第一节　总体战术原则 1

第二节　侦察 2

第三节　行军 7

第四节　进攻 8

第五节　防御 27

第六节　退后行动 40

第七节　地雷场 45

第八节　特殊行动 54

第二章　兵器 67

第一节　概述 67

第二节　轻兵器 68

第三节　迫击炮 83

第四节　火炮 91

第五节　自行火炮 132

第六节　装甲战车 167

第七节　火箭兵器 185

第八节　榴弹 193

第九节　其他兵器 209

第三章　装备 221

第一节　概述 221

第二节　车辆装备 222

第三节　炮火射击控制 231

第四节　通信设备 244

CONTENTS

CONTENTS

第五节 工兵器材..247

第六节 化学战器材..291

第七节 野战炉灶和烹饪设备....................................313

第八节 个人装备..316

公制——英制单位对照换算表

长度

1 英里约合 1.61 千米

1 英尺约合 30.48 厘米

1 英寸约合 2.54 厘米

1 码约合 0.91 米

重量和容量

1 磅约合 0.45 千克

1 盎司约合 28.35 克

1 品脱（英）约合 0.57 升

1 加仑约合 4.55 升

1 夸脱约合 1.14 升

其他单位

1 尺磅约合 1.36 牛米

第一章

战术

第一节 总体战术原则

一、基本原则

二战结束以前的德意志民族有个显著特点：凡是与军国主义相关的东西，他们都无比热衷。这种特点不仅仅基于民族传统，也与他们长期颂扬尚武精神的积极教育密不可分。这就给德国军事领导人进行侵略性军事行动提供了必要的基础。

德国人认为，只有进攻才能在战场上赢得胜利，如果进攻与突然性相结合，更是能大获全胜。过去一个世纪[①]的德国军事文献，始终强调进取精神在一切军事行动中的必要性。

德国人已充分认识到战争中的心理因素，并把系统性恐怖手段发展到相当高的程度。同时，他们也严重依赖各种新奇、耸人听闻的兵器，例如大规模使用装甲力量、无人操纵飞弹和超重型坦克等。他们在这方面的主要缺点是：没能把新技术与既有兵种和战术相结合。例如，德军野战炮兵无法跟上装甲部队的前进速度，而他们对自动武器的热衷，也无疑牺牲了武器的准确性。

---

① 编者注：由于本手册摘编整理自美军进攻德国本土前所编撰的相关文件，故文中的"过去一个世纪""近期""目前""迄今为止""现在""最近""不久后"等词语，都以原始文件发布时间为基准（即美军进攻德国本土前夕）。

德国人认为，贯彻积极进取的理念、训练有素的军官团和纪律严明的军队是获胜的必要条件。德国人的战术原则，强调下属的责任感和主动性。昔日的看法是，德国陆军呆板、缺乏主动性，可在这场战争（二战）中，他们积极进取、勇于冒险的领导，催生了许多大胆的决策。不过，尽管德国有许多杰出的战术家，但他们经常重复同样的伎俩，这就给盟军指挥官提供了可乘之机。

德国人进行山地战、沙漠战、冬季作战和冲击筑垒阵地这些特定战事非常专业，展现出周密的准备和灵活性。同时，他们也善于学习对手，多次复制、仿造盟军的战术和兵器。

二、近期的战术倾向

盟军迫使德国陆军转入防御后，德国人修改了他们的战术原则，例如放弃空中支援，以线性防御替代弹性防御。

德国现今的主要目标是争取时间，在政治方面赢得胜利。因为，德国军队已不具备取得军事胜利的能力。他们的军事行动必然要为这种努力服务，为此，德国军队实施了大规模阻滞作战。

三、行使指挥权

美国和德国陆军，在行使指挥权方面采用的原则几乎如出一辙。德国人看重参谋人员协助指挥官评估态势、拟制命令并下达给辖内部队的必要性，还强调指挥官应当下到基层（一方面是促进沟通，另一方面是因为指挥官的出现，会给部队带来有益的影响）。

第二节 侦察

一、总则
1. 目的

美国和德国陆军实施侦察的目的和用于获取情报的部队类型基本相同。不过，德军实施侦察的战术原则与美军不同。德国人强调进取精神，力图在遂行侦察的地区获得优势，并谋求持续观察敌军动向。通常情况下，他们会投入强有力的侦察部队，预料并准备进行战斗，从而获得想要的情报。他们经常给侦察部队分配额外的任务，例如深入敌后实施破坏、滋扰或反侦察。

2. 手段

德国人认为，必须派出足够的侦察力量，以确保侦察地域的兵力优势。在需要加强侦察、侦察部队遭遇敌人强有力的抵抗、侦察方向和地域发生变更的情况下，指挥官必须投入手里的预备队。德国人鼓励侦察部队对敌军警戒力量展开积极的行动——遭遇优势之敌时，侦察部队进行阻滞战斗，而其他部队则设法夹击敌军。

3. 类型

德国人把侦察分为战略侦察、战术侦察和战斗侦察，分别对应美军的远距离侦察、近距离侦察和战斗侦察。

二、战略侦察

战略侦察是在大幅地域实现纵深渗透，为战略规划和行动提供基础。这种侦察旨在确定敌军的位置和活动，特别是铁路集中地域、军队装卸区、野战或永备工事修筑，以及人员前调（或后移）和敌空军集中时。识别敌军大股摩托化部队尤为重要，特别是在敞开的翼侧。战略侦察由空军和摩托化部队执行。航拍部队在16500—26500英尺的高度遂行任务。分配给战略空中侦察部队的任务，通常仅限于观察重要的公路和铁路，一般不会给他们安排侦察地段和地域；遂行战略侦察的摩托化部队，只受领侦察方向和目标。

三、战术侦察

1. 目的

战术侦察在战略侦察后方地域遂行，为投入部队提供基础。这项任务包括识别敌军编组、布势、军力、对空防御；确定敌军增援能力；侦察前进地段的地形。战术侦察由空军侦察部队、摩托化侦察营和骑兵侦察营执行。他们的侦察方向和范围，视战略侦察的结果而定。

2. 空中侦察

战术空中侦察一般在6500—16000英尺高度遂行。通常情况下，空中侦察部队受领特定侦察区域，空中分界线与地面部队负责的地域并不重叠。侦察机基本是单机投入。

3. 地面侦察

地面战术侦察营受领相应责任地段，但上级部门只能给各侦察营分配侦察目标，以便他们独立行事或及时变更侦察方向。在这种情况下，毗邻部队会被分界线隔开。德国人不会以主干道充当分界线，而会把主干道纳入受领的侦察地段。侦察地段的宽度，视具体情况、侦察营的类型和实力、道路网、地形而定。通常情况下，分配给摩托化侦察营的侦察地段，宽度不超过 30 英里。

4. 战术侦察命令

德军下达给侦察营或侦察营辖内巡逻队的命令，除了相关任务外，通常还包括以下内容：

- 出发线。
- 毗邻侦察部队的情况。
- 侦察地段分界线或行动方向。
- 目标。
- 阶段线。
- 传递报告的相关指示。
- 当前目标的位置（到达后立即汇报）。
- 地空联络的相关指示。
- 主力出发时间、路线、目标。

5. 战术侦察程序

摩托化侦察纵队在预期会与敌人发生接触的情况下，应当逐次跃进。每段跃进路程，根据地形提供的遮蔽和道路网而定。接近敌人后，跃进路程相应缩短。德国人会尽可能利用各条道路，且前进和返回时通常会使用不同的路线。

侦察营营长一般会派出几支巡逻队，这些巡逻队也会逐次跃进。他们与侦察营的距离，视具体情况、地形和信号设备范围而定，但通常情况下，他们位于侦察营前方，且与大部队之间的距离不超过 25 英里（能确保一个小时左右可达）。侦察营既担任巡逻队的预备力量，也是前进通信中心，负责收集各种情报并发回后方。德军会用装甲侦察车、半履带装甲车或摩托车组成摩托化巡逻队，具体编成取决于他们的任务和相关情况。摩托车用于填补缺口和间隔，以此加厚侦察网。

在敌军接近，导致摩托化侦察营无法有效展开的情况下，他们会撤回，并把任务移交给师属侦察营的摩托化分队。一般来说，师属侦察营会在师主力前方的行动——两者之间的距离很少超过18英里，前者覆盖的地域宽度为6英里左右。

四、战斗侦察

1. 总则

德军的战斗侦察通常在敌军开始部署之际遂行。所有参战部队以巡逻队、炮兵观察所、观察营、空中侦察部队执行战斗侦察，借此获得关于敌军编成和实力的情报，为随后的交战奠定基础。

2. 装甲车巡逻队

德军装甲师派出的装甲车巡逻队，配有装甲车辆和许多自动武器。装甲车巡逻队的速度快、活动半径大。

德军的装甲车巡逻队通常由三辆装甲巡逻车组成，其中一辆配有电台。一名炮兵观察员会跟随巡逻队一同行动，以便在紧急情况下迅速召集炮火支援。这种巡逻队，一般是为持续一两天的任务组织的。他们受领的任务非常明确，任何突发情况都不能干扰他们完成主要目标。倘若遭遇敌军，除非对方实力虚弱，巡逻队能消灭敌人而不会偏离自己的主要任务，否则必须避免战斗。如果可预料到敌人的行动，巡逻队会获得突击炮加强，有时候甚至还会配备坦克。巡逻队经常会配备工兵和摩托车手，以及时肃清路障和爆炸物。

侦察树林时，德国人惯用的伎俩是让为首的车辆行驶到树林边缘，短暂停车实施观察，然后迅速驶离，看是否会引来敌人的火力，从而让对方的阵地暴露出来。

遭遇路障后，为首的车辆会开火射击。如果没有遭遇还击火力，装甲车上的德国士兵就会下车，把拖缆绑在路障上。必要情况下，巡逻队成员会下车端着机枪步行实施侦察。

德军的装甲车巡逻队绝不会分开行动，但在开阔地带，各车之间的间距可能会拉长到200—300码。

3. 观察营和空中侦察

德军观察营以声光测距、评估航拍照片的方式，来确定敌人的火炮和重武器阵地。空军观察敌军布势、炮兵、宿营地和运动、预备队、坦克集结和前线后方一切不寻常的情况，以此协助战斗侦察。通常情况下，空中战斗侦察会在6000英尺的高度下遂行。

4. 战斗侦察巡逻队

德国人派出的侦察巡逻队，由一名军士和三四名士兵组成，其任务是弄清敌军阵地和地雷场的位置。他们通常会避免与敌人接触，并在遭遇火力打击时立即后撤。

5. 战斗巡逻队

此类巡逻队至少编有一名军士和八名士兵（大多数时候的规模比这种编成庞大得多）。通常情况下，战斗巡逻队由一名中士率领，他会把15—20名士兵分成两个实力相等的小队，并派两名小队长领导——这就是突袭巡逻队，他们经常执行抓俘虏的任务。由于盟军的制空权在很大程度上压制了德军的空中侦察，所以德国人越来越重视俘虏的作用（特别是敌军官），并以此作为获取敌军兵力、部署和意图的情报来源。

德国人经常派出战斗巡逻队或其他巡逻队，以试探敌军前哨的实力。如果敌军前哨据点的守备力量薄弱，德军巡逻队就会展开进攻，占领阵地，并据守到后方部队赶来换防。倘若敌人防御严密，德军巡逻队就会设法带个俘虏回去。

6. 特种巡逻队

特种巡逻队的实力，会根据各种特殊任务而有所不同。他们奉命执行的任务，包括爆破、同渗透德军阵地的敌巡逻队交火，以及伏击敌军补给纵队等。

7. 其他巡逻队

工兵巡逻队用于侦察筑垒地域、隘路和河流接近地。炮兵巡逻队通常由一名军官和几名骑兵组成，负责侦察接近路线、观察所和发射阵地等。

8. 地形侦察

德国人非常重视地形侦察——他们深知地形对遂行作战行动的影响。在他们常见的侦察行动中，大多包括地形侦察任务。由于地形有时候可能会非常重要，所以需要派特种部队实施侦察。德军地面和空中侦察部队特别注重道路网（密度、状况、路障、地雷、爆炸物）和地形，特别是可供坦克通行的地形。

9. 装备和支援

德军地面战斗侦察巡逻队配备冲锋枪和一两挺轻机枪，用于掩护巡逻队接近目标或撤退。战斗侦察巡逻队通常会配属工兵——他们不仅负责引导巡逻队穿过己方地雷场，还负责肃清通道、穿过敌人的铁丝网和地雷场。巡逻队到达目标前，炮兵会以对敌人施以扰乱炮火的方式提供支援。有时候，炮兵还会轰击毗邻地段，以此误导敌人，让对方弄不清德军巡逻队实施侦察的真实地域。另一些情况下，前一天已暴露的火炮和迫击炮会在夜间轰击巡逻队即将侦察的地域。一旦弹幕前移，巡逻队就会在侧面阵地机枪火力掩护下向前进发。

第三节 行军

一、总则

在行军纵队昼间或夜间行进的队形和编组方面，德国陆军与美国陆军遵循的原则几乎如出一辙。为顺利行军，德国人强调：系统性训练和演练；注重身体健康；车辆和装备的保养；预先侦察行军路线；预先号令；下达详细的行军令。

二、行军纵队的编组和控制

为确保行军纵队不被敌人攻击，德国人把行军纵队编为前卫、主力和后卫（与美军条令规定的方式相同）。

上级指挥部门负责下达行军令和进行交通管控。营级以上部队（兵团）在内陆地区会沿道路运动，遵照陆军总司令部（OKH）或接到陆军总司令部指令的司令部下达的命令行事；在战区内，他们会遵照集团军司令部的命令（集团军司令部会根据陆军总司令部或集团军群的指示下达命令）行事；在交通线地区的军事指挥官地域内，他们会遵照该地域指挥官下达的命令行事。

司令部作战组负责给作战部队各编组下达运动令；后勤和行政组负责给交通线地区的后勤勤务和部队下达运动令。

德国人的交通管控勤务组织得非常好，交通管控人员（他们通常佩戴橘红色臂章，而宪兵的胸前会挂着显眼的金属牌）会遵照作战组的命令行事。

德国人给每个前线师分配行军道路或行进地带，这些路线通常由先遣支队标出

（使用同一条道路的总司令部或其他部队，会在行军期间隶属该前线师）。全天候道路通常会被分配给摩托化师或装甲师，次干道通常会被分配给步兵师。

三、行军的实施

一个德国步兵师沿几条路线前进时，通常会在各主力纵队前方部署一股步兵力量。主力纵队的指挥官一般在主力纵队头部或附近行进。师里的摩托化步兵，除非在执行侦察或警戒任务，否则通常会被编为一个或多个快速梯队，以逐次跃进的方式跟随行军纵队（或排成纵队，沿单独的道路行进）。行军开始前，师通信营会先布下电话干线，并在情况允许时尽可能向前延伸（行军期间还要不断延伸电话干线）。先遣通信部队通常在前卫掩护下行进，在各个重要地点设立电话台。全师沿几条道路行军期间，电话干线通常沿师长和师部行进的路线布设。除了布设电话干线，德国人还强调与翼侧和后方的无线电通信，并同时使用骑马、骑自行车和摩托车的传令兵。

四、行军纵队的警戒

一般来说，德国人会以摩托化部队保护行军纵队的翼侧和后方，但有时候也会派小股部队（例如一个营），在没有翼侧警戒支队掩护的情况下前进。

德国人非常注重防空措施，经常以纵向疏散队形行军，很少采用横向疏散队形。他们把对空防御集中在重要的地段，例如桥梁、十字路口和隘路。由于盟军掌握制空权，所以德国人现在指示他们的部队只在夜间运动、运送补给物资，且不能开灯。此外，他们还命令部队把烧毁的车辆留在道路上，以此吸引敌机攻击。

第四节　进攻

一、总则

德国人的进攻学说的基本原则是包围、歼灭敌军。合成兵种的进攻目标，是把装甲部队和步兵投入战斗，以充裕的火力和冲击力果断打击敌人。兵力和火力优势、装甲部队展开、突然性，在进攻中发挥了重要作用。

德国人强调，在统一、强有力的领导下，合成兵种间的协同是这些冲击战术取得成功必不可少的条件。这一点现在已变得越来越重要，因为盟国研发了更具效力的反坦克兵器，还采用了纵深更大的防御，给德军坦克的单打独斗带来严重限制。为解决这些问题，德国人加强了摩托化步兵的机动性和装甲防护，还把很大一部分直接、间接重型支援兵器安装到车辆上。

德国人企图彻底瘫痪守军。直到坦克搭载的步兵发起突击那一刻，他们才意识到，哪怕是最强大的军力，也无法沿整个正面取得压倒性优势。因此，他们选中某个重点地段达成突破，把狭窄的突击地段分配给用于决定性地点的部队。他们还把大部分重兵器和预备队集结在此处。在战线的其他地段，他们以实力较弱的牵制性力量遂行交战。选择主要突击地段时，德国人会考虑：敌军防御阵地的弱点；地形是否合适，特别是能否投入坦克，以及诸兵种协同的便利性；接敌路线；能否提供支援火力，特别是炮兵支援。尽管德军所有进攻都会选择主要突击地段，但他们通常也会预先拟制好方案，一旦在其他地段取得意想不到的成功，就迅速把主要精力转向那里。为顺利实现重点转移，他们会组织充足的预备队和强有力的统一指挥。

按照德国人的学说，对狭窄正面的进攻必须投入足够的兵力，在保持突击势头的同时扩大渗透，并"掩护渗透的两翼"。他们认为，一旦发动进攻，就必须直奔预定目标，无论对方的抵抗情况如何。

二、进攻类型

1. 翼侧进攻

德国人认为，最有效的进攻是打击敌军翼侧。翼侧进攻要么从接敌行军（有时候会进行迂回）发起，要么从翼侧行军发起。这种进攻力图达成突然性，让敌人来不及采取反制措施。翼侧进攻不仅需要机动性，还要欺骗其他地段的敌军，因而从远处发动最有利；只有在地形特别有利的情况下或在夜间，才能在靠近敌军的地方实施机动所需要的部队运动。德国人认为，仅在兵力占有明显优势的前提下，才能进攻敌人的两个翼侧。

2. 包围

包围是翼侧进攻和正面进攻的结合，德国人对此极为热衷。包围可以针对敌人的一个或两个翼侧进行，同时还辅以正面进攻，从而牵制敌军。在实施包围时，越是深入敌军翼侧，自身陷入包围的危险也越大。因此，德国人强调强大的预备队、组织纵深包围力量的必要性。包围成功与否，取决于敌人能在多大程度上把兵力投入遭受威胁的方向。

3. 合围

德国人认为，合围是深具决定性的进攻方式，但往往比翼侧进攻或包围更难执行。合围中，进攻方仅以小股力量遂行正面进攻，甚至根本不从正面进攻敌人，而是以突击主力彻底迂回对方（实施机动的目的是让敌人陷入不利境地）。成功合围需要强大的机动性和精心谋划的欺骗措施。

4. 正面进攻

德国人认为正面进攻最难执行。正面进攻是打击敌人最强大的防御地段，需要进攻方拥有人员和物资优势。正面进攻，只能在己方步兵可以突破到敌军防御阵地纵深有利地形处时遂行。进攻正面应当宽于进攻方为达成渗透选择的实际地段（重点），从而把敌人牵制在突破地段两侧。进攻方必须掌握充足的预备队，以随时应对敌人投入的预备力量。

5. 翼进攻

德国人认为，与正面进攻相比，进攻敌人的一翼或两翼，成功的机会更大——因为在发起进攻时只需面对敌人的部分兵力。而且，突击力量只有一个翼侧会暴露在敌军火力下。敌人的一翼向后弯曲时，可能会给翼侧进攻、一翼或两翼包围创造机会。

6. 渗透和突破

渗透和突破不是单独的进攻方式，而是"发展进攻方对敌军正面、翼、翼侧的成功突击"。渗透可破坏敌军防线的连贯性，"渗透得越宽，渗透楔子就能插得越深"。强大的预备队可负责击退敌人对渗透力量翼侧的反冲击。德军部队接受过相关训练，会最大限度地发展渗透，抢在对方采取有效的反制措施前，把渗透发展成彻底突破。进攻方渗透得越深，越能有效实施包围，挫败敌人撤往后方、封闭防线的企图。突击力量能以包围和隔离的方式，逐一消灭单独的敌军阵地。德国人认为，只有打垮敌军的炮兵阵地（对付敌炮兵阵地的任务通常会交给坦克部队来执行），才算达成突破。最后，预备队会从新形成的翼侧卷击敌军防线。

德国人通常把上述机动称为"楔子和包围"。

三、组织进攻

1. 进攻命令

德军的进攻命令通常包括进攻目标、步兵的部署、部队作战地带和分界线、炮兵的部署和支援任务、预备队的位置，以及进攻发起时间。虽然进攻命令并不是千篇一律的，但它们通常会遵循以下模式：

- 态势评估（敌我军队的部署）。
- 任务。
- 先遣连集中地域、目标、作战地带分界线、持续实施战斗侦察的命令。
- 重兵器火力支援准备的指令（特别是密集火力）。
- 炮兵实施炮火准备和协同的命令。
- 预备队集中地域。
- 进攻发起时间。
- 后勤（医疗勤务和补给）指令。
- 各指挥所的位置。
- 其他。

2. 进攻地带

进攻中，分配给步兵部队的进攻地带的宽度，取决于该部队的任务和战斗兵力、地形条件、所有兵种的可用火力支援，以及敌军可能的抵抗力量。排级部队的进攻地带，宽度通常在 165—220 码之间；连级部队的进攻地带，宽度通常在 330—550 码之间；营级部队的进攻地带，宽度通常在 440—1100 码之间；师级兵团的进攻地带，宽度通常会达到 4400—5500 码。这些进攻地带也为其他兵种提供了分界线，特别是支援步兵的炮兵。不过，炮兵可以使用友邻地带的有利观察所——这一点同样适用于重型步兵兵器。

一般来说，德军会依靠地图来确定大股部队的进攻地带，而小股部队的进攻地带则依据地形来确定。这些进攻地带会根据作战计划的要求，尽可能深入敌方地域。随着态势发展，原定方案会频频发生变动，但重点总是在各部队的进攻地带内——除非他们遭到多股敌军攻击。德国人认为，没必要占领进攻地带的整个宽度。值得一提的是，德军敞开的翼侧通常没有分界线。

3. 火力方案

德军的步兵和炮兵会"协同实现火力优势"。火力方案的基础是投入所有武器的相关条例。火力方案包括以下内容：

- 分配战斗任务。
- 为步兵和炮兵分配观察地带和射界。
- 评估炮兵有效执行战斗任务的能力。
- 开火令和火力打击时间表。
- 准备实施密集火力的命令。
- 关于弹药供应的指令。德国人强调平射、曲射兵器的协同，力求以火力覆盖所有死角。但他们信号设备不足的缺陷，会经常给火力方案的应用造成妨碍。

四、遂行进攻

1. 总则

在二战中，德国人的大多数胜利都是以装甲兵团来实现的。德国人原先的闪电战战术，基于这样一种理念：在俯冲轰炸机的支援下，独立行动的装甲兵团具有势不可挡的力量。过去几年，德国人对这种理论做了大幅度修改。目前，德国人的进攻战术不如 1939 年时那么大胆，但此类战术背后的基本理论几乎没有什么变化。不过，在德国人不再拥有强大的空中支援后，他们的装甲战术更多的是强调步坦协同。

自 1939 年以来，在德国人所有的大规模进攻中，主要突击力量都是装甲师。步兵师仅限于发起规模较小的局部进攻，或是在装甲师身后遂行扫荡。德国人从来没想过，以步兵兵团对固定防御阵地发动大规模进攻。德国人的战术一直是以装甲兵团迂回或包围敌军防御的主要地区，并用步兵从后方卷击敌军防御，或以集中的装甲力量正面突破敌军防御，实施著名的"楔子和包围"机动。

德国人在付出高昂的代价后学会了一点：集中装甲力量冲击敌军反坦克防御，在武器和射程都不占优的情况下发动坦克战，纯属徒劳。此外，他们还明白了：在面对由反坦克炮构成的有效屏障时，如果没有其他兵种协助的话，大股坦克编队无法达成突破。因此，德国人认为必须重视坦克与装甲掷弹兵（也就是随同坦克行进的机械化或摩托化步兵）的合同战术。

虽然德国人的进攻理论非常重视炮兵的作用，但在实践中，炮兵支援任务却越来越多地交由坦克和突击炮来完成。尽管如此，德国人还是保留了以下原则：支援火力应当集中于狭窄正面，也就是坦克和步兵最有可能达成突破的地段。

实际上，进攻发起前，德军很可能无法发现敌军的某些抵抗点。因此，他们做不到彻底集中所有野战炮兵力量。这种情况让突击炮应运而生，且不断得到发展。突击炮的主要作用是在进攻中为步兵和坦克提供近距离支援——装甲和机动性让这款武器能比野战炮兵更加靠前地投入战斗。

德国人倾向于把野战炮兵营从野战炮兵团中分离出来（这种倾向非常普遍）。因此，他们很少能在进攻前集中大股炮兵力量——要实现这一点，需要高度集中控制。不过，德国人在很大程度上以多管火箭炮的火力替代了炮兵的集中炮火（尽管火箭炮的准确度欠佳）。

德国人会明确区分从行进间发起进攻与从预设阵地发起进攻——后一种进攻更加常见。

2. 机械化和摩托化力量的进攻

(1) 进攻

在装甲力量的作战行动中，德国人强调"在决定性地点和时间集中投入有统一指挥的坦克和其他兵种的必要性"，而不太需要预备队。由坦克构成的打击力量，通常会作为进攻的第一梯队向前推进。他们的主要任务是达成突破与打击敌军炮兵，而不是寻找和歼灭敌坦克（反坦克部队能更有效地对付敌坦克）。其他兵种的任务是协助坦克前进，特别是消灭敌军的反坦克兵器。这种诸兵种合成力量的最小战斗单位是连。

装甲排、装甲连与装甲营的基本队形是单路纵队、两路纵队、楔形和倒楔形队形。用于特定任务的队形，很大程度上取决于地形条件和敌军抵抗力量。德军装甲排通常编有一辆指挥坦克和两个装甲班，每个装甲班配有两辆坦克。

装甲团通常遂行波次进攻，具体方式有以下两种：

第一种，装甲团呈梯次纵深配置，一个装甲营位于另一个装甲营身后，团长位于两个装甲营之间。这种进攻方式的优点是正面宽大（1100 码左右），指挥官能在进攻中与部队保持紧密联系。此外，梯次纵深配置的纵深通常在 3000 码左右。两个装甲营会先后投入进攻，穿过己方步兵大约需要半小时的时间。

第二种，两个装甲营并排投入战斗，但这需要由另一个装甲团构成后续波次。这种队形的缺点是正面过于宽大，团长无法观察麾下部队的状况，且没有可在关键时刻投入的后备力量。采用这种进攻方式时，进攻通常会分成三个波次遂行。

第一波次冲击敌军反坦克防御和炮兵阵地。

第二波次为第一波次提供掩护火力，尔后打击敌军步兵阵地。部分装甲掷弹兵位于坦克前方、旁边或身后，他们会在尽可能靠近敌人的地方下车。第二波次的目标是残存的敌军反坦克阵地、重型步兵支援武器阵地，以及阻挡步兵前进的机枪巢。

第三波次则是在其他装甲掷弹兵的协助下，遂行扫荡任务。

德国人现在经常把三个波次缩减成两个波次：第一波次迅速冲过敌军阵地，径直攻往敌军炮兵阵地；第二波次彻底粉碎敌军前进阵地，肃清第一波次没有消灭或第一波次通过后重新恢复的抵抗。

装甲师辖内部队在发起这种进攻时的典型队形如下：第一波次沿 2000—3000 码左右的正面投入进攻（可能编有一个装甲营），两个装甲连向前推进，突击炮营辖内部队在翼侧提供支援。第一波次身后通常跟随一两个搭乘半履带装甲车的装甲掷弹兵连。第二波次位于第一波次身后 150 码左右，以排成同样编队的第二个装甲营构成，紧随其后的是由半履带装甲车运送的其他装甲掷弹兵——再往后一段距离，就是乘坐卡车的装甲掷弹兵。反坦克炮掩护翼侧——他们通常会分成一个个排投入战斗，以逐次跃进的方式前进。炮兵前进观察员会乘坐装甲车跟随第一波次前进，而炮兵支援部队的指挥官则通常和装甲部队指挥官一同行动。突击炮部队一般也伴随第二波次行进。

坦克利用火力和运动交替掩护前进，中型或重型坦克会占据只露出炮塔的发射位置，以火力掩护速度更快的坦克前出到下一处有利位置。随后，快速坦克再以火力掩护中型或重型坦克前出到下一个跃进点。

一旦第一波次到达敌军前进防御后方，就会径直向前，打击敌军炮兵。攻克这些阵地后，坦克力量就会在炮兵阵地后方重组——要么准备发展胜利，要么在合适的地带构成环形防御阵地。

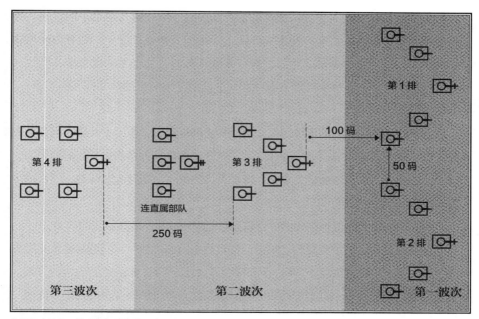

德军坦克编组，排成倒楔形的装甲连

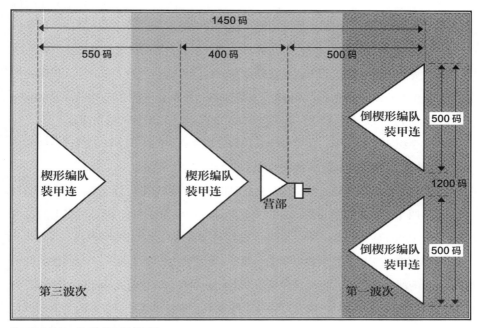

德军坦克编组，排成倒楔形的装甲营

15

装甲部队指挥官在大多数情况下会亲自指挥战斗队和纳入他麾下的其他兵种（装甲掷弹兵、炮兵、工兵、反坦克部队）。德国人知道，统一、强有力的指挥是一切军事行动的重要条件。不过，执行某些任务时，装甲部队也会纳入其他兵种——这种情况下，上级会在制订最终作战方案前征询装甲部队指挥官的意见。

(2) 步坦协同

敌人利用天然或人为坦克障碍据守精心构建的阵地时，德国步兵会在坦克前方遂行进攻，负责肃清通道。步兵的任务是：充分发挥自身力量和支援武器的火力，在身后坦克和自行式武器的额外支援、掩护火力加强下，渗透敌军阵地，消灭对方的反坦克武器。

只有在消灭敌军的反坦克武器后，坦克才能投入战线，发挥最大的效力。

在敌军阵地前方的坦克障碍已肃清，预计敌主防御阵地纵深没有其他坦克障碍的情况下，步兵可以跟随装甲部队一同突破。这种情况下，步兵遂行进攻的方式，与没有坦克协同时一样。重型步兵兵器随时准备打击有可能新发现的反坦克阵地。特别重要的是，梯次配置翼侧部队并投入重型兵器，掩护敞开的翼侧。

大多数情况下，步兵会紧紧跟随坦克，充分利用坦克的火力和它们给敌军防御造成的"瘫痪效应"。德国人通常用坦克或运兵车把步兵运到进攻出发线，以保护步兵并加快他们的前进速度。步兵在最后一刻下车，主要携带轻型自动武器投入战斗。而坦克则以交替掩护的方式逐次跃进，侦察前方地形并为下车的步兵提供掩护火力。坦克不会减缓前进速度以便步兵伴随左右，而是会独自向前并在隐蔽处等待，直到步兵跟上。地形无法提供足够的掩护时，坦克应当以最快的速度通过。

步兵会组成小股队形，在重型步兵兵器和坦克火力的掩护下向前跃进。他们会远离单辆坦克，因为这些战车会吸引敌人最猛烈的火力攻击。

装甲连和步兵投入进攻时，通常会在最前方部署两个排，另一个排跟在他们身后，而第四个排则担任预备队。各坦克之间通常间隔100—120码。坦克上的机枪一般打击1000码内的步兵目标，而坦克炮则对付2000—2500码远的目标。

装甲掷弹兵乘坐半履带装甲车投入战斗，坦克与他们的协同——与纯粹的装甲编队采用的战术类似。因为半履带装甲车不仅是运兵车，也是战斗车辆。地形有利于坦克战的情况下，第一波坦克打垮敌军阵地后，乘坐半履带装甲车的装甲掷弹兵紧跟第二波次投入战斗（他们会排成又长又窄的队形）。达成渗透后，装甲掷弹兵的主要任务是消灭第一突击波次通过后残存的敌军阵地。

　　德国人以坦克、步兵、工兵组成的战斗群进攻敌人的碉堡，并由炮兵提供协助。进攻掩体的德军战斗群，一般编有一个装甲排和一个步兵排，并获得一个工兵班加强。战斗群对付敌军碉堡前，炮兵会朝相邻的碉堡发射高爆弹和烟幕弹，以此隔开对方。同时，他们还会炮击各碉堡间的地带，遂行反炮兵连火力。然后，获得火力掩护的战斗群会逼近碉堡，而其他步兵部队则会进攻盘踞在各座碉堡间地带的敌人。

　　一个装甲班以直瞄火力轰击碉堡，特别是打击碉堡观察孔和武器射孔，掩护其他装甲班和步兵排前进。第一个装甲班尽可能停在隐蔽处，掩护第二个装甲班推进。

　　战斗群到达碉堡周围的铁丝网时，两个装甲班会执行不同的任务。一个装甲班留在碉堡前方，几辆坦克驶入可俯瞰整片地带的位置，提防敌人的反坦克炮和机枪阵地。另一个装甲班（碉堡装甲班）碾过障碍物，让步兵和工兵逼近碉堡。随后，碉堡装甲班从近距离朝碉堡开炮，而步兵班则占据周边地带，掩护工兵用炸药炸开碉堡入口。

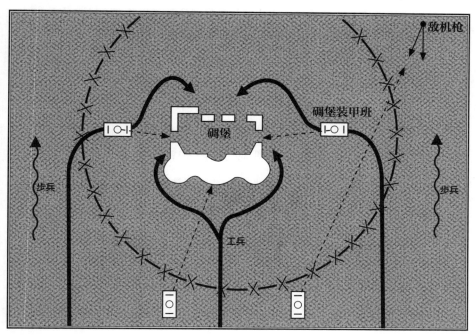

进攻敌碉堡

(3) 炮坦协同

坦克进攻的准备和成功实施，炮兵支援至关重要。只要步兵和装甲部队在同一条战线上战斗，就应当统一指挥整个炮兵力量，控制炮火。坦克突破敌军前沿防线后，"指定用于支援装甲部队的自行火炮和其他炮兵营，应当置于装甲部队指挥官的指挥下"。

德国人认为，炮火决不能妨碍突击势头。因此，最猛烈的炮火必须落在坦克前方或坦克作战地带外。进攻开始前，炮火准备的任务是摧毁或至少压制敌人部署在接触线与团属预备防线间的反坦克防御。持续的反炮兵连火力，可以阻止敌人炮击坦克集中地域，破坏装甲力量的进攻准备。

装甲部队投入进攻前，炮兵的任务如下：

• 以反炮兵连火力打击敌炮兵、对方部署的阵地，控制装甲部队进攻需要穿过的地带。

• 集中炮火打击敌坦克集中地域。

• 以扰乱炮火打击敌反坦克部队驻扎或有可能驻扎的所有地域。对己方坦克无法采取行动，但会遭到对方有效打击的地域施以最猛烈的炮火。

• 校正炮火，以高爆弹轰击可能存在或控制进攻地段的敌观察所。进攻开始后，应当以烟幕弹遮蔽这些观察所。

相关经验教会德国人，坦克进攻期间的翼侧是最脆弱的。因此，他们赋予炮兵和火箭炮部队的任务是：以高爆弹和烟幕弹弹幕掩护翼侧。

装甲部队进攻期间，炮兵的任务如下：

• 反炮兵连火力。

• 遮蔽敌人的观察所。

• 随着进攻的发展，持续打击敌人的反坦克防线，特别是进攻地段后方和翼侧地区。

• 以烟幕弹遮蔽己方进攻的翼侧，压制敌步兵和后方地域。

• 阻滞敌预备队，特别是敌坦克的运动和展开。

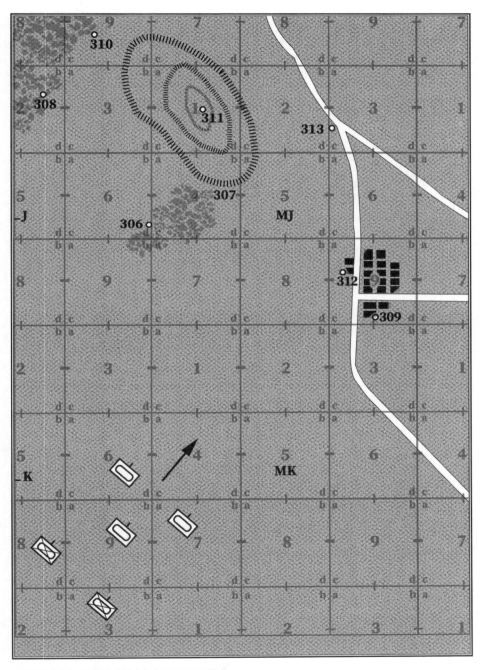

地图上标有叠加坐标系和坦克车长使用的炮兵参照点

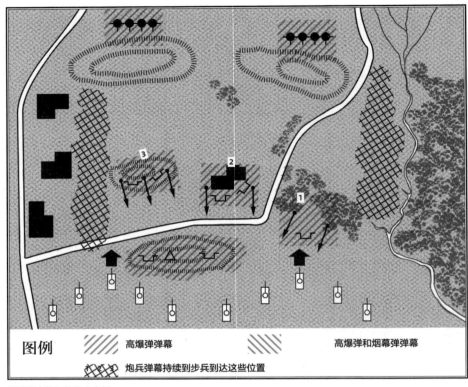

坦克突击期间的炮火支援

　　德国人强调，林林总总的任务决不能分散力量。炮兵的主要任务，始终是消灭敌人的反坦克兵器、坦克和炮兵。

　　进攻期间，指挥官和炮兵联络组在炮兵与装甲部队间建立联系，炮兵联络组通常跟随第一波次前进。可能的情况下，装甲观察所里的炮兵前进观察员应跟随最前方的部队一同前进。德国人给装甲部队安排的权宜之策，是让先遣坦克带上一名炮兵前进观察员。但经常发生的情况是，由坦克组员充当炮兵观察员——他可以呼叫炮火支援，并在必要情况下指引炮火转移。

3. 进攻中的步兵师

（1）总则

　　德国人曾设想过，既然装甲和机械化兵团能穿过的敌军防御阵地，那步兵师也可以实现渗透。但此次战争期间，德军步兵师从来没在缺乏装甲师支援的情况下执行过大规模进攻。实际上，大规模进攻主要由装甲师遂行，只有少数普通步兵部队参与其中。步兵师几乎总是执行巩固任务，跟随装甲和机械化兵团前进，有条不紊地消灭装甲和机械化兵团绕开的抵抗枢纽或朝装甲兵团的突破翼侧寻求胜利，肃清士气低落的敌人残存的防御。简而言之，步兵师的作用就是巩固、据守机械化兵团夺得的地域。

鉴于步兵师受领的任务微不足道，因此除了小股步兵战术（例如小规模进攻），本书不罗列其他信息。

(2) 进攻准备

在冲击敌人预有准备的阵地时，步兵的集中方式与装甲师类似。步兵进入集中阵地之际，炮兵实施炮火准备支援进攻。这种炮火准备旨在引出敌军炮火，并以反炮兵连火力打击已探明的敌炮兵连。

此外，德国人还会以炮火打击远距离的重要目标，以及大股敌军的集中地域。为避免暴露己方实力和意图，德国人会保留部分炮兵连（不参加炮火准备）。而且，他们还会以炮火同时覆盖其他地域，让敌人弄不清己方意图。为避开盟军的观察，在可能的情况下，进攻准备不会在昼间进行。有时候，为达成突然性，德国人会不实施炮火准备就投入进攻。另外，他们会在夜色或雾气的掩护下发动突然袭击。

为避免损失，德国人通常以渗透的方式占领出发地域。他们下达的命令会给各个连队阐明在各种情况下应当采取的行动，这些情况包括遭遇敌军防御、敌人从侧面开火、敌人发起反冲击、到达目标、几个连似乎在分散、连里部分力量远远超出友邻部队或友邻部队受阻。

后方连的重机枪、部分迫击炮和重型迫击炮用于对付敌人的侧射火力。

重武器连连长通常待在营指挥所，从那里控制重型步兵支援兵器的火力。

(3) 部署

德国人的部署分为两个阶段。

① 第一阶段。德国人把第一阶段称为"展开"，按照美军的程序，相当于行军纵队展开。在第一阶段，步兵团通常会部署到各个营，但在需要高度戒备的情况下，这种程序可能会下到连级。第一阶段部署的特点如下：

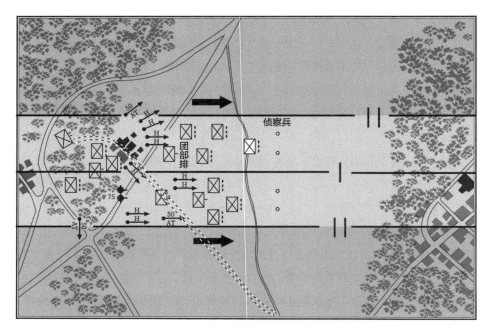

德军步兵营的部署（第一阶段）

- 各连待在战斗车辆上，直到他们的武器和装备运抵卸载地点。如果情况允许，武器装备的卸载地点应尽可能靠前。

- 德国人通常只在前方部署一个连，营长会尽可能长时间把营主力掌握在手里，这样就可以把主力投入最有利的进攻方向。

- 倘若因地形条件和敌军火力导致各分队的间隔发生变化，应尽快恢复正常间隔。

- 支援兵器用于掩护部署的展开阶段和随后的前进，这些兵器留在各连队间的行军纵队里或全营后方。

- 完成第一阶段部署后，营先遣分队可能会奉命夺取重要的战术地点。

- 如果在夜间或树林里部署，必须仔细侦察情况、标出路线、在前方布置强有力的掩护力量、缩短各分队间的间隔。

- 第一阶段部署完成后，营长跟随先遣分队前进——通常会派出侦察巡逻队或亲自侦察敌军阵地。支援兵器指挥官跟随营长一同行动，侦察发射阵地。

②第二阶段。德国人把第二阶段称为"发展"（也就是具体部署），是连队向各排各班延伸的最终行动。第二阶段部署的特点如下：

- 进入炮火射程后，各连队呈纵深部署，排成纵队前进——这样目标较小，连队也比较容易控制。但采用这种队形前，必须考虑到纵射火力的危险。
- 倘若敌人的火力和复杂的地形要求进一步部署，那么各连队应当分批、纵深散开。预备队和支援兵器也采用稀疏队形，留在后方较远处，以免遭遇敌人打击先遣力量的火力。
- 步兵连部署期间，应尽可能利用一切掩护向前推进，且采用不规则间隔的纵队队形。先遣力量与敌人交火后再疏开，后方分队则继续排成纵队前进。
- 确定何时部署时，德国人会考虑越野行军给官兵造成的体能消耗。

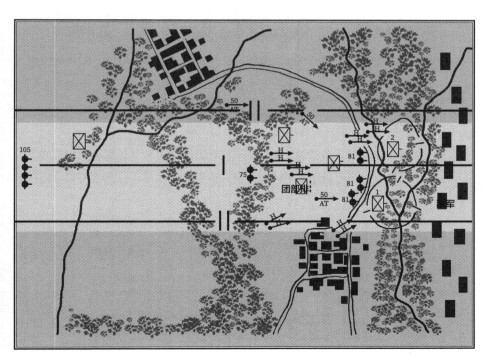

德军步兵营的部署（第二阶段）

(4) 进攻战术

步兵进攻预有准备的阵地时，遵循的顺序与装甲师相同，也就是渗透、突破、以预备队发展胜利。但步兵进攻的第一阶段，是以所谓的"突击队"遂行一系列局部冲击——目的是克服敌军防御的关键点，从而楔入敌前沿阵地，再从这里攻入敌阵地纵深或卷击突击楔子翼侧的敌军阵地。

突击队通常由步兵和工兵构成。典型的突击队编成如下：一名军官；清障组，编有2—6人，负责清理一条通道，配备轻武器、钢丝钳、爆破筒和其他炸药；射孔爆破组，编有3—4人，配备手榴弹、炸药包或爆破筒，有时候也添加两人的火焰喷射器组（火焰喷射器组经常独立战斗）；两三个规模不等的掩护组，可能是携带一挺轻机枪的三名士兵，也可能是整个排；烟幕组，编有2—3人，配备发烟罐或烟幕手榴弹；补给组，携带备用装备和弹药，具体人数视突击队的兵力而定。

进攻通常在拂晓发动，德国人一般会先实施猛烈的炮火准备（炮火准备的一个目的是制造弹坑，为前进中的突击队提供隐蔽地）。突击队到达敌军阵地周围的铁丝网后，会发射信号弹，要求用炮火把这处阵地与敌翼侧阵地隔开。如果突击队离炮火杀伤区太近，炮兵无法以覆盖火力提供掩护的话，就会由烟幕组施放烟幕。清障组随后以钢丝钳或爆破筒，在铁丝网障碍上打开一条或多条通道。射孔爆破组通过后，会攻击敌人的射孔——如果配有火焰喷射器组，也投入使用。但使用火焰喷射器不是为了迫使阵地上的敌人投降，而是掩护携带炸药包的射孔爆破组前进——德国人认为，炸药包才是决定性武器。

反坦克炮可以为射孔爆破组提供近距离支援，靠人力从一处隐蔽地推进到下一处隐蔽地。反坦克炮既可以用穿甲弹轰击敌人的射孔，也可以打击敌人有可能在坦克支援下发起的反冲击。

进攻前，德国人随时可能在任何地段遂行几次这样的行动——首先是试探防御弱点，其次是让敌人弄不清对方主要突击的最终地段。德军的佯攻相当猛烈，投入的兵力也很强大（甚至与主要突击不分伯仲）。

德国人一旦在敌军阵地牢牢插入根楔子，就展开第二阶段进攻。一直待在集中地域，或在支援第一阶段进攻的炮火掩护下缓缓向前的部队，会立即冲上去分割敌军阵地，卷击突击楔子翼侧之敌。

德国人预计敌人的防御呈纵深配置，再加上这些防御不太可能在进攻前彻底暴露出来，因此，他们不制订详细的近距离支援掩护火力方案——这种方案很难提前拟定，且会分散用于进攻第二阶段的支援兵器和火炮。进攻的第二阶段，获得加强的各营、各连、各排独立于翼侧部队，不断向前冲杀，直到实现他们的最终目标。

德军步兵进攻防御薄弱的阵地的方式，更类似于装甲师的冲击方式。第一阶段很可能在两个团的战线上部署进攻，并由第三个团担任预备队。

德国人认为，提前拓展部队队形较为有利，因为此举会迫使敌人分散火力。

盟军在火炮和战机方面占有压倒性优势，他们往往没等德国人发动进攻就打垮了对方。为抵消敌人的优势，德国人采用了以下办法：

他们在三四天内，趁夜间以不到排级的小股力量潜入敌军主阵地，或至少远远渗透到对方前进阵地后方。昼间，这些达成渗透的小组会隐蔽起来（不慎暴露的话，就装成普通巡逻队，以免引起敌人怀疑）。真正的进攻开始后，这些渗透小组制造的动静可让守军误以为已陷入包围，往往会引发巨大的混乱。

德国人从进攻转入防御时，哪怕只是暂时的，也会把支援兵器集中到受支援部队的指挥官周围，以便他控制火力方案。

(5) 步兵与突击炮协同

突击炮编为突击炮营，交给师长控制。德国人把他们的自行突击炮视为决定性兵器，明确用于主要突击地段。突击炮与步兵协同，促成渗透和突破。德国人认为，这款兵器能伴随步兵一路攻往目标，是对炮兵火力的补充。

进攻开始前，德国人禁止把突击炮用于小规模行动，以免暴露它们的存在。突击炮在夜间就位，并伪装集中地域，以期达成突然性。德国人认为突击炮最好是集中使用，主要以直瞄火力在近距离消灭敌人的支援兵器；德国人不太赞成单独或小批量部署突击炮。

德军的突击炮会伴随步兵前进，或紧跟在他们身后，绝不会冲在步兵前方。到达目标后，突击炮不会和步兵一同巩固阵地，而是后撤 1000 码左右等待后续任务。

由于突击炮在近战中难以自保，所以步兵的任务是确保敌人远离突击炮。德国人新组建的突击炮护卫（炮兵）连也会执行同样的任务。

(6) 炮兵

德国人执行全般支援或直接支援时，使用野战炮兵的方式与美国陆军相同。他们把炮兵营视为基本火力分队，只有在步兵营执行独立任务（例如掩护翼侧）或地形不允许炮兵营营长统一控制火力时，炮兵营才会被分拆成连队，让各炮兵连纳入步兵营。虽然"使用单炮违背德军战术原则"，但近期的各种报告表明，德军并没有按照相关规定行事。和苏联人不同，德国人通常不会以单门野战炮实施直瞄射击，但他们经常使用流动火炮和备用阵地上的火炮——这让对手难以确定他们的炮位。德国人的作战命令，要求从备用发射阵地实施炮火准备，但这些阵地目前只能在遭遇猛烈的反炮兵连火力的情况下使用——因为油料短缺迫使德国人大幅度减少了移动。他们经常把炮兵连的二号炮作为游动火炮，与其他火炮不同，游动炮通常不会挖掘炮位，而是频频变更发射位置，与连里的其他火炮相距250—300码。

德军炮兵经常从侧面阵地打击目标。如果与远程兵器相配合的话，这种诡计会深具欺骗性。另外，德国人还部署第二门火炮（通常口径较小），对同一目标施以精心协同的打击，以此加强欺骗效果。闪烁模拟装置也增加了视觉识别敌炮位的难度。

作战命令是实现步炮协同的第一步，由指挥官与炮兵联络指挥部间、炮兵观察员与步兵部队间的直接联络确保。

德国人还会派遣前进观察员，其任务与他们的美国同行相同。

部队、联络指挥部和观察员之间需要的通信设备，只有一部分是现成的。德国人把大部分通信设备集中在师通信营，根据需要分配给各级部队。

进攻中，大部分火炮用于支援主要突击。剩下的火炮则分配给翼侧掩护任务，应对敌人有可能发起的反冲击。

五、遭遇战斗

德国人认为：遭遇战斗中，谁能率先做好有效的进攻准备，并剥夺对方的行动自由，谁就能占据上风。交战双方能否从行进间立即发起进攻，决定性因素是下级军官的主动性和部队的效率。高级指挥官迅速协调各位军官的职责，而前卫则确保了他的行动自由和快速部署麾下部队的机会。

六、追击

与追击相关的战术原则，德军和美军非常相似。敌人无法据守阵地，主力放弃战斗地域时，进攻方就发起追击。追击的目的是彻底歼灭后撤或溃逃之敌。有效的追击，需要各级指挥官充分发挥主动性，即便麾下部队已筋疲力尽，也要毫不犹豫地立即展开追击，绝不能让敌人获得停下来整顿部队、重建防御的时间。

追击以火力和运动沿宽大的战线遂行。针对远处的目标，追击力量必须尽一切努力绕过敌人翼侧，突然袭击敌军后方。但必须留意，敌人对己方翼侧的进攻，不能导致追击部队偏离原定方向。

快速部队通常被编为追击或先遣力量。步兵驱散敌人，绕开对方负隅顽抗的支撑点，把这些据点留给身后的部队解决。部分炮兵力量集中火力打击敌后撤路线，而其他炮兵则梯次前移，为前线部队提供持续支援。德国人强调炮兵支援不可或缺，否则追击可能会沦为灾难。突击炮跟随快速前进的步兵一同向前，它们配备的重型兵器能迅速而又果断地粉碎敌人想要站稳脚跟的一切企图。战机轰炸敌后撤路线，扫射敌军队列，直接支援地面进攻。战斗工兵修理损坏的道路，确保补给物资和部队不断流动。

德国人认为，装甲师最适合遂行成功突破后的追击任务。搭乘半履带装甲车或非装甲车辆的装甲掷弹兵，可在追击敌人的过程中与坦克相互补充。沿道路前进期间，坦克担任先遣力量，但穿越林区或大型村庄时，可由装甲掷弹兵打头阵。坦克与装甲掷弹兵保持紧密联系，一旦遭遇敌军抵抗，就可以视情况迅速采取行动。用于追击的装甲力量，通常不小于连级。

第五节 防御

一、总则

按照德国人的学说，防御的目的是阻止敌人的进攻，或争取时间等待更有利的态势发展，继而恢复进攻。因此，德军和美军的学说基本相同：只有进攻才能赢得决定性胜利。

过去两年，德国人的防御作战实际上变得越来越被动。他们以前大力强调立即发动猛烈的反冲击，以此作为歼灭来犯之敌的有效手段——这需要强大的机动性和大批预备力量。现在，德国人更注重防御阵地的修筑，即便发起反冲击，也往往是局部性的。这种被动防御很可能只是权宜之策——因为他们兵力不足，且缺乏机动装备。

二、组织防御

1. 总则

一般来说，德国人会试图在主防线前方和战斗阵地前缘粉碎敌人的进攻，或迫使敌人放弃进攻。

和美军一样，德军指挥官通常会在地图上确定主战场，划出一条总线作为主防线的位置，以此确保防御阵地的连贯性。下级指挥官则实地决定主防线——因为只有彻底勘察地形，才能确定防御细节。但德军近期的一道正式指令提出，勘察工作不得延误防御阵地的修筑。

组织防御阵地，遵循的是常规模式，包括一道前进阵地和一道前哨阵地，两道阵地通常由地域指挥官直接掌握。另外，还可能设立预备阵地。

德军防御地带的宽度和深度，取决于地形和敌我兵力对比。总的说来，分配给部队的防御地段，宽度大约是同一支部队进攻地段的宽度的两倍。防御地段的宽度大致如下：排，220—550 码；连，440—1100 码；营，880—2200 码；团，2200 码—3300 码；师，6600—11000 码。

2. 前进阵地

德国人组织的前进阵地，在主防线前方 5000—7000 码处，位于他们的中型火炮的射程内。构建这样一道阵地，不仅可以阻止敌人占领重要的地形地貌，为己方炮兵提供出色的观察点，还可以让敌人弄不清己方主防线的位置。扼守前进阵地的部队的任务是让敌人过早投入兵力，甚至把兵力投入错误方向。

部署在前进阵地上的通常是侦察支队，编有机枪、装甲车和反坦克炮分队，他们的火力和机动性非常适合此类任务。通常说来，侦察支队据守重要的地形地貌，例如铁路、河流渡口、十字路口和制高点等。上级并不要求前进阵地上的守军不惜一切代价坚守，面对敌人的优势火力时，他们会在己方中型火炮的掩护下沿预定路线后撤。

3. 前哨阵地

前哨阵地一般设在主防线前方 2000—5000 码处。待战线稳定下来后，前哨阵地就是主防线前方唯一的阵地。设立前哨阵地的位置取决于地形，应总是在己方轻型火炮的射程内。

德军前哨阵地部署的兵力，从排级到连级不等，视任务、地形、防御地段宽度和可用兵力而定。通常情况下，只要前方设有前进阵地，扼守前哨阵地的兵力就不会太多。前哨阵地上的步兵力量，一般从主战斗阵地抽调，并由迫击炮和步兵炮这类近距离支援兵器为他们提供火力加强。

前哨部队通常配有反坦克炮，用于击退敌装甲侦察部队。但他们主要使用轻机枪，会在大约1300码的距离内开火，而步枪兵则在850码的距离内射击。

德国人会精心选择发射阵地，以便在敌人施加强大压力的情况下，让前哨部队悄然撤回主战斗阵地。他们为每件兵器都准备了几处预备阵地，昼夜交替。这样一来，敌人就很难发现、驱散前哨部队。德国人通常选择树林、村庄、树篱边缘或高地构建阵地。他们认为良好的射界必不可少。他们还构建了许多假阵地，包括齐膝深的堑壕——里面填满树叶，掩饰堑壕的深度和据守状况。昼间，哨兵守卫阵地；夜间，派出的前进监听哨在黄昏和拂晓尤为警惕，负责提醒部队敌人的逼近。德国人还在前哨阵地的掩护下，遂行预有准备的小规模进攻，目的是扰乱敌人的准备工作，获取需要的情报。

撤离前哨阵地的目的是不妨碍主战斗阵地的火力。遭放弃的前哨阵地，很可能会被德国人以精心部署的重兵器火力覆盖，以防敌人占领。

4. 主防线

德国人把一个个单独的支撑点连接起来，形成一道绵亘的正面，以此组织他们的纵深战斗阵地。为环形防御构建的支撑点，以铁丝网障碍和地雷场环绕，配备一具或多具重兵器，并辅以机枪、迫击炮和步枪。最小的支撑点以加强班据守——通常班支撑点并入排支撑点，排支撑点并入连支撑点，以此类推。

德军防御阵地会充分利用反斜面，通常不构筑正斜面阵地。因为敌人能迅速发现正斜面阵地，并很可能以密集炮火加以摧毁。另外，在树林里构筑阵地需要耗费大量时间和人力，还得派驻大批兵力，以弥补观察不足。因此，时间紧迫、劳力不足的情况下，德国人不会在树林内构筑阵地。他们设立的战斗阵地，防御设施前方、后方和里边都不会有树林。但德国人认为，如果能够在树林里构筑精心准备的阵地，所获得的优势可与在反斜面构筑的阵地相当。

如果德国人决定在有河流隔开的地域构筑防御阵地，那他们会在敌侧河岸便于渡河的地方建立登陆场。倘若河流形成的凹角弯曲部伸向敌军地域，德国人就在河曲部底部建立第二处阵地。倘若遇到狭窄的河道和溪流，德国人会把整条主

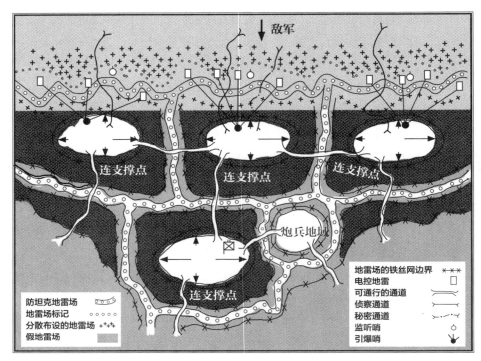

加强营支撑点的典型配置

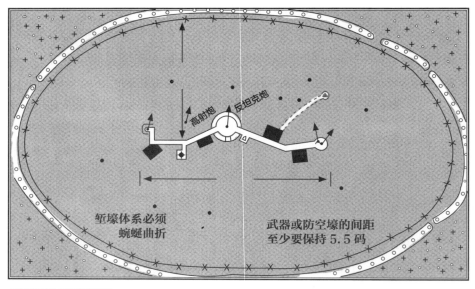

加强班支撑点的典型配置

防线置于河流的敌军一侧，以河道充当阵地的防坦克障碍。己方所在的河流这一侧，如果布满沼泽，也可以充当障碍物——在这种情况下，德国人不再把敌侧河岸纳入防御体系。

德国人竭力以火炮和重型步兵兵器加强防御阵地各地段。步兵会提前制订详细的火力方案，与炮兵的方案协同。德国人还规定以火力覆盖战斗阵地前缘前方，而地雷场和其他障碍物也提供部分掩护。他们还会挖掘预备阵地，便于支援兵器快速转移、开火。他们会以大批火炮（这些火炮的发射阵地，必须能覆盖前线部队各个有效火力区之间的缺口）集中火力轰击主防线附近和前方。

修筑防御阵地各种设施期间，德国人通常遵循"效力先于防护"的原则确定优先事宜。首先，他们挖掘战壕，布设铁丝网这类步兵障碍物，构筑机枪巢、防空壕、散兵坑、防坦克阵地。然后，他们小心翼翼地清除灌木丛，从而肃清射界。但德国人会尽量避免砍伐树木，以免破坏阵地的隐蔽性（阵地前方1—3码内的灌木丛必须保留）。他们还会为火炮和重型步兵兵器设立观察所，加大战斗阵地纵深，挖掘交通壕和重型步兵兵器发射阵地，修筑指挥所。最后，他们会构筑火炮炮位，在战斗阵地内挖掘防坦克壕，并设立假阵地。

德国人强调彻底伪装。只要能做到，他们就会沿天然地性线（例如一排排灌木或田垄）构建堑壕和铁丝网障碍。曲折的堑壕的长度在330—660码左右，具体长度视地形而定。机枪部署在堑壕里，占据1—3码宽的地段。为避免投下阴影，德国人堆在堑壕后面的泥土，远远多于堑壕前面。面对敌人的火炮和迫击炮，供步兵和机枪阵地使用的防空壕，通常能提供足够的保护——德国人会尽可能为防空壕覆盖三层圆木和泥土。

5. 预备阵地

德国人有时候会构筑预备阵地，以便主战斗阵地上的部队在遭受沉重压力的情况下撤到那里。预备阵地设在后方较远处，敌军炮兵要想以炮火打击预备阵地就必须前移。摩托化预备队通常留在预备阵地上，按照预先制订的方案遂行反冲击。

6. 防机械化防御

构筑防御阵地时，德国人强调设立障碍物和防坦克防御。可能的话，他们会选择防坦克地形和天然坦克障碍物（例如陡坡）并加以改进。极为陡峭的正斜面至少要有 8 码深，而升坡的高度则要达到 2—3 码。德国人起初会在主防线前方构建防坦克壕，但相关经历教会他们，这种壕沟不仅为敌步兵提供了有利的出发阵地，还暴露出主防线的位置。因此，德国人现在通常把防坦克壕设在主防线与炮兵阵地之间（呈不间断状态），以免给敌人留下可资利用的通道。

为确保友军的机动性，修建渡口至关重要。不过，这些渡口必须要能在最短的时间内炸毁。

德国人知道，一切障碍物只有得到各种兵器火力覆盖才有效。因此，防坦克壕后方通常设有堑壕，部署在里面的机枪和反坦克炮能以火力覆盖整道防坦克障碍。

德国人很清楚，阵地前方密集的地雷场不是一道充分的防坦克障碍。因为敌人发动大规模进攻前，往往会以密集的炮火或猛烈的空中轰炸摧毁地雷场。现在，德国人的地雷场通常布设在主作战阵地内、主防线前方，他们仅以较宽的间隔分散埋设一颗颗地雷。他们特别看重在道路上布雷。虽然后撤路线必须确保畅通，但也要做好布雷准备，如果来不及布真雷，就埋设假雷。

德国人使用的坦克障碍物多种多样。他们近期采用了埋入地下的固定式火焰喷射器。这种火焰喷射器一般成对使用，与其他坦克障碍物一同部署，待敌坦克进入射程，妥善隐蔽的人员就会操纵火焰喷射器开火。

德军反坦克炮多部署在纵深，但也有些位于前方。这些反坦克炮通常精心隐蔽在挖掘的炮位里，以防敌人在进攻前就发现反坦克防御的位置和实力。德国人喜欢把反坦克炮部署在纵向射击或反斜面阵地，每处阵地一般安排 2—3 门反坦克炮，并以几挺轻机枪保护它们免遭步兵攻击。德国人以反坦克炮打击敌坦克的距离，根据火炮口径和炮位而有所不同。虽说单门反坦克炮有时候会在 1000 码的距离与敌坦克交火，但主要的反坦克防御一般会等目标进入 150—300 码的距离内才开火。此外，还有近战反坦克小组为反坦克防御提供补充。击退敌坦克的进攻后，反坦克炮会转移到预备阵地。

德国人强调，使用烟幕对击败敌坦克的进攻大有帮助。他们把烟幕弹射入敌军先遣梯队身后大约三分之一距离的进攻队形。这样一来，烟幕不会遮蔽己方反坦克炮兵的视线，而为首的敌坦克不仅丧失了足够的支援，还会被烟幕映衬出战车的轮廓。另外，烟幕有可能涌入敌坦克战斗舱，迫使其车组人员弃车。

三、实施防御

德军的阵地防御，无论是仓促构建的，还是细致完成的，都遵循同样的原则。除非他们因为兵力和物资短缺，不得不依靠阵地的力量，否则德国人更倾向于高度集中火力，以各兵种组成的快速预备队展开协同一致、强有力的反冲击。和进攻一样，他们采用的防御原则也是选择某个地段施以主要努力。防御期间，德国人必然以相反的顺序应用这项原则，把主要火力置于敌军主要突击地段对面。

德军炮兵的意图，是在敌人到达己方防御阵地前破坏对方的进攻。

德国人指出，在主防线和前进阵地，于炮兵阵地旁边同时设立观察所是至关重要的。由此看来，他们企图对敌人进行持续不断的观察和火力打击，即便对方达成渗透也是如此。虽说他们下到排长的部队指挥官也能提出炮兵齐射的请求，但炮兵团团长必须尽可能长久地控制火力。和其他支援兵器一样，德军重型迫击炮通常都部署在反斜面，以充分发挥这款兵器的性能——德国人近来越来越趋向于集中迫击炮火力。

如果丢失部分战斗阵地，德国人会用炮火覆盖失守地段，以消灭渗透之敌。他们通常会组织预备队，哪怕可用兵力寥寥无几。渗透地段旁的步兵和支援兵器立即发起局部反冲击，竭力在敌人立足未稳之际击退对方。这些小规模反冲击，一般都会获得炮火支援——德军炮火倾向于打击渗透之敌的翼侧。

在敌人成功达成大规模渗透或突破的情况下，德军高级指挥官必须决定是以全面反冲击收复阵地，还是在后方重新建立主战斗阵地。反冲击必须做好充分准备，在可能的情况下打击敌军翼侧。集中地域、时间、目标、区域、炮火支援，以及坦克、自行火炮、突击炮、空军部队的使用，都由一名指挥官控制。

由于盟军掌握了制空权，因此德军对空防御在无法为所有地段给予充足掩护的情况下，只能集中在重点地段。德军轻型与中型高射炮的主要任务是保全各条道路。盟军的空中侦察非常准确，这迫使德军高射炮兵每天都要变更阵地（这种变更在夜间遂行）。

进入新阵地后，德国人会在最初的两小时保持炮火沉默，企图以此诱捕敌人的战斗轰炸机。他们经常沿受保护的道路平行布设探照灯，以防敌机投下照明弹照亮道路。这一点尤为重要，因为德国人通常在夜间前运援兵、口粮和弹药。

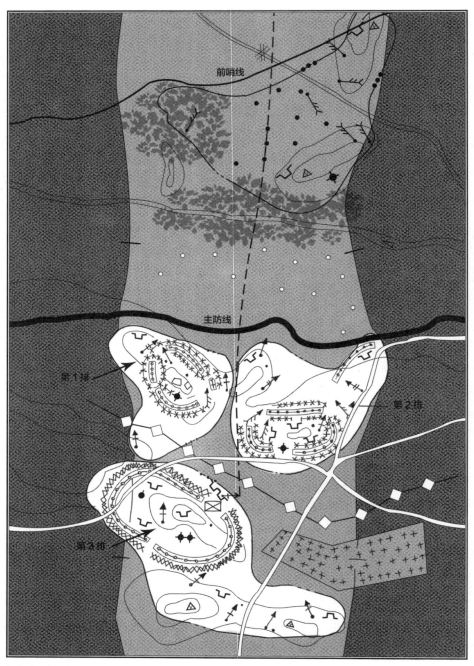

前哨线

主防线

第1排

第2排

第3排

据守防御阵地的德军步兵连

四、城镇防御

德国人认为城镇和村庄是出色的支撑点，要是城镇和村庄里有石制建筑，那就更好了。他们还把城镇视为有利的防坦克阵地，因为敌步兵和炮兵摧毁一处处障碍物需要付出巨大的努力。

据守城镇或村庄时，德国人会把主防线设在建筑物林立的地区。由于城镇边缘很容易沦为炮火打击的目标，所以德国人认为此处过于危险。主防线的布设呈不规则形状，以此形成侧射火力，德国人还会竭力隐蔽主防线的位置，直到最后一刻。次要支撑点会设在主防线前方，目的是粉碎敌人的进攻，提供额外的侧射火力。德国人还会构建死胡同，企图以快速预备队发起反冲击，把进犯之敌逼入死胡同并歼灭。这些预备队会留在城镇内待命，但其他预备力量则待在城镇外，以防敌人迂回机动。

组织防御阵地时，有人据守或无人据守的建筑物都要布设诡雷。德国人会封锁建筑物入口，并打开所有窗户——以免暴露射出火力的窗户。房间内不得开灯，各座建筑物间的墙壁还要凿开通道。为避免暴露目标，德国人会从房屋中间开火，并频频变更位置，利用地窖和屋顶保持交通。他们把机枪部署在低处（通常设在地下室），以此提供更好的低伸火力。屋顶上的人以烟囱和飞檐为掩护，并拆掉砖瓦形成射孔。德国人还以探照灯照亮射界——没有探照灯的话，就使用汽车大灯。房屋坍塌后，他们则在地窖和损毁地区废墟瓦砾中构建的支撑点继续抵抗。

德国人认为，坦克在城镇防御中没什么用处。不过，他们也在十字路口和广场把坦克半埋起来作为固定炮台使用。东线的经历告诉他们，单辆坦克很容易被燃烧瓶、磁性地雷和炸药包干掉。而德国人自己使用这些反坦克武器时，往往会把其部署在城镇郊外的散兵坑里，德国人会想办法炸掉被反坦克行动打得无法行驶的敌坦克（无论是在城镇内还是在郊外），以免敌人回收或是充当炮兵观察所和机枪巢。因为德国人把遂行进攻的步兵视为主要威胁，所以防坦克地雷场也会埋设防步兵地雷。

如果敌军突击部队达成突破、瓦解了德军阵地，那么突击炮可以提供直接防御支援火力。为利用砌筑墙提供的额外保护，德国人可能会把突击炮或坦克部署在建筑物内，打击敌人的装甲车辆和步兵。以突击炮或坦克为支援的反冲击，不会等到态势岌岌可危时才展开，德国人随时会发动突如其来的反冲击。

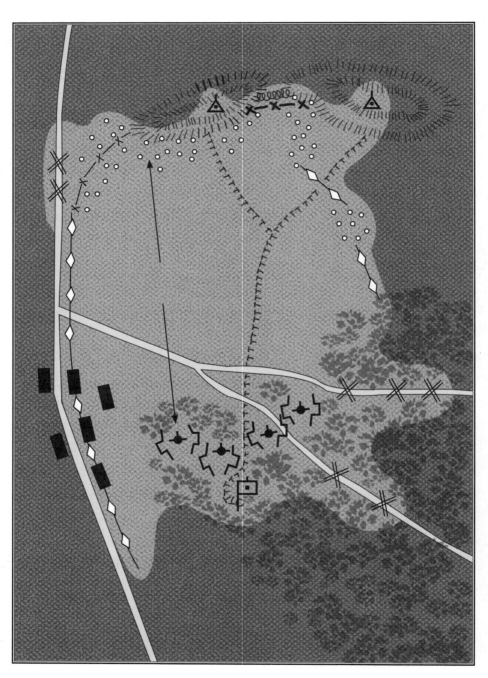

炮兵连发射阵地的防坦克防御

为防御村庄支撑点，德国人会任命一位特别战斗指挥官。战斗指挥官通常是高级军官，也是该地区所有军队、应急部队和民兵组织的战术指挥官，他的纪律惩戒权相当于团长。

　　较小的村落，德国人认为巩固当地的防御就足够了。而较大的村庄，除了内部防御，德国人还要构建外部防御体系。

　　内部防御体系以若干同心阵地构成，分为外环阵地、中间阵地和内环阵地。内部防御体系还分成一个个地段，每个地段都形成支撑点体系（由环形防坦克、防步兵障碍物保护这些支撑点），各支撑点以堑壕相连。

　　外环阵地是内部防御最重要的组成部分，由一道或多道连贯的堑壕体系构成，每道堑壕都有深邃的主作战地域。外环阵地前沿通常设在村郊前方，如果那里的条件不利于防坦克防御，德国人就会把外环阵地设在村内。德国人会整体使用火炮和重型支援兵器，支援外环防御阵地。不过，他们也可能会抽调单门火炮，用于防御支撑点和道路。战斗越是逼近内环阵地，德国人越有可能分拆支援兵器部队，派他们紧密配合步兵突击队。

　　外环防御体系同样以若干同心阵地组成，彼此相距4—6英里，这样一来，敌炮兵就不得不为对付每一道阵地而变更部署。防御地域较大的城镇，德国人会尽量在郊外12.5—18.5英里处构建外环阵地。德国人会在外环防御阵地前方2200码左右的地方设立前进阵地，掩护部队部署在更前方的主干道和铁路线上。

　　德军各种类型的巡逻队，包括摩托化和自行车巡逻队，会发出敌人逼近的预警，并持续观察对方。非军事哨所，例如警察岗哨、党内官员、当地农民也会从事这些工作。

　　德军各连各营的防区分界线，从外环防御阵地延伸到村镇中心，通常不会与重要的主干道重合——这些主干道总是由整个连或整个营防御。每个支撑点、防御街区（几座毗邻的建筑物）、防御地段都有局部预备队；步兵、坦克、突击炮和自行火炮构成的战斗群会担任快速预备队，用于更大规模的反冲击。

　　德军的城镇防御部队，除了正规部队外，还有由陆军、海军和空军人员组成的应急部队。另外，他们还以散兵游勇、各兵团残部、正在重建的部队组成临时性应急部队。这些应急部队的使用是临时性的，其主要任务是保护指挥部、补给点和机场等地，以及担任筑垒地区驻军勤务。

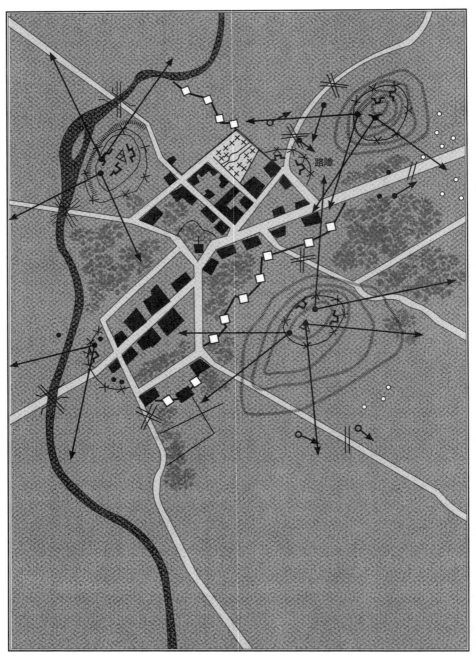

路障

社区防御

五、西墙体系学说

德国人认为，规划永备筑垒地区的基本原则是节约兵力。他们最初沿法国边境修建西墙作为掩护屏障，以便在东方投入最大规模的进攻力量。因此，1939年德国人仅以大约20个师据守西线，投入40—50个师对付波兰。

西墙的修建于1940年停工，此时德国的西线战略是进攻，企图以宽大的包围入侵法国。德军主力部署在北面，那里的西墙防御相对薄弱。而德军遂行机动的枢纽在摩泽尔河南面，那里的西墙防御最强大。

德国人从来没有放弃"进攻是最好的防御"这项原则。1944年，德国军队被迫退回西墙，以这道防御体系为基地，在选定地域（例如萨尔和艾费尔）发起进攻行动。他们还利用这片保护区提供的优势，横向调动部队，以掩体掩护和隐蔽预备队、武器、补给物资。

德国人的西墙战术，建立在扼守个别筑垒工事、对渗透地域遂行局部反冲击、以机动总预备队对纵深渗透地域展开反突击的基础上。

德军没有获准发展静态防御体系，这种体系可能会助长"阵地一旦陷入包围就会失守"的想法。掩体守军接到指示，即便被包围也要继续抵抗，因为他们的顽强斗志不仅会给进攻方的前进造成妨碍，还能促成己方部队的反冲击。部队训练期间的一条原则是，步兵往往在掩体间的开阔地取得决定性战果。和运动战一样，德军西墙防御的骨干是步兵重兵器和火炮。他们通常会把预备队隐蔽起来，直到发起反冲击。

德国人总是企图达成突然性。例如，他们的掩体和重兵器往往部署在反斜面，一方面是为了隐蔽，提供遮蔽掩护，另一方面，如果进攻方贸然翻越丘顶或绕开山头，就会遭到突如其来的打击。渗透西墙防御体系的进攻方，必须做好应对以下情况的准备：身后突然爆发意想不到的抵抗、中短距离内骤然袭来准确的侧射和纵射火力、德国人突然以实力不明的部队在该地区发起反冲击（进攻方渗透得越深，德国人的反击力度越大）。

德国人的学说规定，无论渗透地域的情况如何，防御完好的地段必须继续战斗，直到相关指挥部下令调整防线。德国人通常按以下方式应对敌人的渗透：以机动预备队正面封堵渗透；从获得掩护的翼侧发起反冲击或反突击，威胁渗透之敌的后方地域；双管齐下，就像他们在亚琛地区做的那样。不管怎样，德国人都会抢在进攻方重组并巩固既得战果前，瓦解他们的渗透。在这个问题上，他们又一次遵循节约兵力的总原则，从防御严密、受威胁较小的地域抽调兵力，集中足以发起反冲击或反突击的力量。因此，进攻方必须有充足的兵力挡住德军强有力的反制措施，并同时利用渗透获得的优势。

第六节 退后行动

一、退出战斗

1. 总则

德国人会出于以下一个或多个原因中止交战：已达成目的；作战态势要求部队或部分部队部署到另一条战线；继续战斗无法保证赢得胜利；失败迫在眉睫。

在进攻势头耗尽也没能达成预定目标的情况下，德国人认为防御是退出战斗的第一步。如果要在后方阵地继续防御，就必须预先精心拟制脱离接触、退却、恢复防御的方案。后方阵地是为接收部队而设的，特别是在这些部队进行了激烈交战后。部队退却，应当与友邻部队同时实施，重点是保持退却部队的凝聚力。

德国人保持所有兵器的常规火力，尽可能长时间欺骗敌人，让对方误以为德军仍以相当一部分力量扼守原先的阵地。

由于盟军战机和装甲力量曾给昼间脱离接触的德军部队造成严重损失，所以德国人会等到天黑后再退出战斗。夜间，他们在宽大的战线上中止战斗，尽可能沿近乎垂直的路线退往地形特点适合阻滞行动的地域。如果战场态势迫使他们昼间后撤，德国人会按照各部队作战地域执行后撤，并协调毗邻部队的行动。

2. 命令

德军连长遵循以下大纲拟制中止战斗的命令：

- 总体指示。补给物资、弹药载运车、技术装备的退却。
- 侦察、标注后撤路线。
- 详细指示。下达给掩护部队（侦察部队、重型支援兵器、医护人员、步兵战车、步兵工兵）的战斗命令。
- 各步兵排和重兵器后撤的样式、时间、行军令。

- 集中地域。
- 连长的位置。

二、退却

1. 总则

退却是强制性后撤，只有在赢得胜利的一切可能性都荡然无存的情况下，德国人才会下令退却。退却的目的是让己方部队与敌人拉开足够的距离，以确保己方部队有序后撤，并在后方占领新阵地。

2. 掩护力量

德军掩护退却的力量，通常以与敌人接触最密切的部队组成——不是整支战术部队，就是由几支部队辖内力量拼凑而成的。这些部队会设法让敌人相信，他们仍在扼守阵地。工兵在需要扼守的阵地内和前方布设额外的障碍物、地雷场、诡雷。部分火炮和重型步兵兵器支援掩护力量会尽可能长久地保持原先的火力，以此欺骗敌人——哪怕为完成任务而损失个别火炮也在所不惜。分配给掩护力量的防御地段通常较宽，一名指挥官难以有效控制，因此需要几名指挥官紧密协同行动。相关命令会明确规定掩护力量是与敌人保持接触直到对方向前推进，还是在指定的间隔时间后跟上退却的主力。

3. 后卫

（1）随着与敌人的距离不断增加，退却部队会组成行军纵队。可能的情况下，一个师会沿两条平行路线退却。可用的新锐部队担任后卫。因为后卫无法指望退却中的主力提供支援，所以其自身需要具备一定的实力。后卫以步兵力量组成。一般说来，师属野战炮兵跟随主力退却，不会分配给后卫。自行火炮、重型步兵支援炮，甚至榴弹炮，都经常被配给后卫。坦克也可能交给后卫。退却中的师级力量，用于每条路线的典型后卫力量是一个步兵营，该步兵营还配有部分侦察力量（用于掩护翼侧）和工兵分队（负责实施爆破）。

（2）后卫步兵营通常只以一个步兵连执行积极的后卫任务。只要实力大致相当，三个步兵连就会轮流执行这项任务。地形需要的情况下，也可以同时投入两个连。两门或多门反坦克炮、分配给整个后卫力量的半数自行火炮或重型步兵炮，会被用于支援最后方的一个或两个步兵连。如果敌人施加的压力太大，一个步兵连就会穿过另外两个步兵连后撤，这两个步兵连会获得其他配属重兵器支援。这种交互退却会一直重复到天黑，直至与敌人彻底脱离接触后才恢复原先的队形。

（3）后卫交互退往已选定但预先没有准备的阵地。阵地最终准备到何种程度，取决于追兵的距离、每处特定阵地需要坚守多久、个别连排长的决定。退却期间的每个阶段，后卫连连长都可以下令撤往后卫主阵地，但撤离每处后卫主阵地，则必须由主力指挥官下达命令。后卫的后撤速度通常基于"时间与距离进度安排"，如撤离某座城镇期间，后卫接到指示是：每天的退却距离不得超过3000码。

（4）相关经历表明，在某些地区，一个获得加强的后卫连，往往能沿宽达3英里的防线挡住实力强大的追兵。有一次，某个德军装甲师沿河流线撤离防御阵地，以一个装甲掷弹兵营和配属力量担任后卫，一个步兵连提供掩护——该步兵连获得一个装甲连（坦克主要用于掩护步兵力量后撤）、一个中型榴弹炮连和四门步兵炮（包括两门自行式步兵炮）加强。还有一次，类似规模的后卫力量也获得一些重型迫击炮加强。得到四辆坦克支援的重型迫击炮掩护步兵后撤，随后坦克又带着重型迫击炮退往下一处阵地。

（5）装甲师辖内的装甲侦察营的装甲力量和火力都很强大，特别适合执行后卫任务。德国人在地形可提供掩护的地段使用装甲侦察营时，会把精心伪装的半履带装甲车部署在林区、平坦的反斜面、高高的庄稼地里，在非常近的距离内以所有兵器开火。半履带装甲车随后冲入混乱的敌军队列，击退对方后撤往预先组织的预备阵地。

三、阻滞战斗
1. 基本原则

德国人对"阻滞行动"和"阻滞战斗"进行了区分。阻滞行动主要指上级指挥官为阻挡敌人而制订的总体方案，而阻滞战斗则是下级部队为贯彻上级指挥官的方案而采取的措施。

阻滞战斗的目的是让德军主力脱离交战，有序退却并建立新的防御阵地。因此，阻滞战斗旨在欺骗敌人，让对方弄不清德军的实力、部署、意图；阻止敌人与德军主力遭遇；防范敌主力紧密追击。阻滞战斗可依靠后卫、特别战斗群与支撑点完成，其特点是强大的自动火力、强大的机动性和节约兵力。

阻滞战斗不在主防御地段组织，而是在防线上遂行。这些防线间的距离，足以让敌人无法从同一处炮兵阵地打击两道德军防线。因此，对方不得不变更部署，前移炮兵，逐一对付德军每道防线。这些防线通常沿正斜面设立，以便在获得掩护的情况下，与敌人脱离接触后撤离。另外，每道防线前方还设有战斗前哨。阻滞战斗以机动部队在防线前方遂行。

德军遂行阻滞战斗的主要兵器是机枪、迫击炮、自行式武器，有时候他们也会使用少量坦克。

保持接触，是德国人遂行后撤和阻滞战斗最显著的原则。他们随时观察敌军的规模、编成、方向和意图。

2. 遂行阻滞战斗

阻滞战斗期间，德军以广泛部署的炮兵部队（必要情况下，火炮会部署在各个地段）和步兵支援兵器覆盖广阔的地带，尔后建立由小股部队据守的支撑点，进一步组织防御。

遂行阻滞战斗的阵地的纵深较浅。通常说来，一支部队受领的防线宽度，是常规防御作战的两倍：连防御地段的宽度为650—1300码，营防御地段的宽度为1750—4400码，团防御地段的宽度为4400—6600码，师防御地带的宽度则达到了13000—22000码。

撤离防线时，德军掩护部队会设法在夜间脱离接触。如果做不到这一点，他们的行动会遵循以下原则：敌人与他们之间的距离不得小于他们与下一道防线间的距离。部队必须在敌人到达旧阵地前退到新阵地，否则就会遭受严重损失。

因此，德军认为部队不能在敌军巡逻队面前退却（必须尽力消灭此类巡逻队），只能在敌人发动进攻时后撤。一旦确定敌人正准备发动大规模进攻，德国人就会及时后撤，以免让部队暴露在对方密集的炮火下。危急情况下，先遣部队会利用烟幕逃脱。步兵则掩护重兵器脱离战斗——这些重兵器以交互退却的方式撤离。此外，部队还必须抓住一切机会遂行反冲击，杀伤冒进之敌。

各种兵器会从最大射程打击大举进攻的敌人，但允许敌侦察部队逼近，尔后努力歼灭这些侦察巡逻队。

部队不得实施大规模反冲击，除非敌人构成渗透防线的威胁。发生这种情况的话，德国人会以后卫主力展开反冲击，以期恢复态势，继续执行分阶段后撤方案。

局部反冲击的目的是保护或控制对主力安全后撤至关重要的某些地形地貌，或是为准备防线、阶段线争取时间。

德国人称各道防线间的地域为中间地域。德国人认为，必须下达明确的命令，让部队直接越过中间地域还是战斗。下一道防线没有准备妥当或必须争取时间的情况下，就有必要在中间地域战斗。各支队必须尽早开抵防线，确保及时占领各处主要阵地。

弹药补给是精心组织的。阻滞战斗需要大量弹药——宽大防线上的一些兵器发射的弹药和防御阵地上正常数量的火炮一样多，甚至更多。弹药不足时，德国人会明确规定每处阵地可以使用的弹药数量，必要情况下，相关命令会下达到各个地段。此外，每个指挥官都备有应急弹药。

德国人强调以各种手段欺骗敌人的重要性，火炮和重兵器频频变更阵地，给对方造成守军实力强大的印象。而且，德国人还广泛使用假阵地和各种伪装。

为充分指导陷入孤立的部队，德国人特别重视通信联络。

在山地遂行阻滞战斗，德国人更多地使用侦察和工兵分队。侦察分队几乎不间断地与敌军先遣力量和掩护翼侧的部队保持接触，参与后卫和战斗群的大多数战斗。

3. 阻滞战斗中的支撑点

德国人利用支撑点或防御地点体系，掩护后卫的抵抗或阶段线。后卫的任务是防止追兵与退却中的主力发生接触，而支撑点的作用是防止敌人渗透防线或阶段线，直到己方主力撤入下一道阵地。

和组建后卫一样，德国人据守支撑点也很注意节约兵力。近郊支撑点的典型火力配系是1—2门自行火炮、两门重型迫击炮、六挺机枪；设在开阔地的支撑点通常有一门自行火炮，再辅以三辆坦克，以及乘坐半履带装甲车、配备迫击炮和机枪的少量步兵。

支撑点通常按照"刺猬"原则构建，呈环形火力配置，但各支撑点不一定相互支援。这些支撑点往往设在居高临下的地方，有时候也设在大小不一的村庄前沿——前提是这些村庄控制着道路或地形瓶颈。但在平坦地带，除了狙击手外，德国人通常不进入村庄，而是占领村庄后方的阵地，与冲出村庄的敌先遣部队交火。各种兵器不构建阵地，发射位置频频变更——这样一来，敌人很难实施反炮兵连火力（因为空中侦察没发现预有准备的阵地）。因此，敌人为驱散支撑点的守军，不得不在炮兵支援下发起大规模进攻，而德军支撑点往往会在敌人投入进攻前撤离。德国人一般会在无法以炮火覆盖的支撑点接近地埋设地雷，他们经常在丘陵地带凹角前方布设大规模地雷场。

4. 阻滞战斗中的战斗群

后撤期间，德国人往往会组建战斗群来执行某些特定任务，例如局部反冲击或扼守对主力顺利后撤至关重要的某些特定地点。

德国人用于进攻、防御和阻滞任务的战斗群大小不一，可能是配有近距离支援兵器的一两个连，也可能是一个团或几个营。战斗群可获得坦克、火炮、高射炮、工兵和侦察分队加强。任何情况下德国人都会尽量让战斗群在战斗中自给自足。但实践中，德军战斗群的编成似乎不是遵照"应以哪些部队组成自给自足的战斗力量"的理论，而是指挥官不得不以手头实力不足、支离破碎的部队应对紧急情况的临时性举措。德军战斗群用于执行短期、长期或变更的任务，通常以指挥官的名字命名。

5. 爆破和障碍物

为防止追击中的敌军纵队过于接近，并与后卫部队发生战斗，德国人会不断实施爆破，布设各种障碍物。整个战争期间，德国工兵干得越来越彻底：他们有条不紊地炸毁一个个涵洞、一座座桥梁；在各条道路和天然弯路埋雷、挖坑或砍倒树木挡住道路；用建筑物的废墟瓦砾堵塞城镇和村庄的各条街道；设立垂直的栏杆障碍，阻塞主路线。障碍物边缘30码左右通常埋有地雷。德国工兵大量使用木箱式地雷，以此充当炸药包，有时候也以航空炸弹和炮弹发挥类似作用。

后卫方部队频频进行阻滞行动，为他们身后的爆破准备提供掩护。总后撤的静止期间，德军占领相应的防线或阶段线后，工兵部队就在后方准备爆破。主力撤离后，德国人以狙击火力、机枪和自行式兵器，为爆破工作提供尽可能长久的掩护。

第七节 地雷场

一、总则

德国人广泛使用地雷，视之为最有效的防御兵器。地雷场主要用于掩护防御行动和退却，不常在保护翼侧的进攻行动中使用。静态情况下，德国人认为地雷场是前线阵地的组成部分，按照总体布雷方案埋设，与所有兵器的射界紧密配合。

最近几个月，德国人修改了他们选择地雷场位置的既定原则，主防线前方不再布设密集的地雷场（那里只稀疏地埋些地雷），真正的地雷场设在主战斗阵地内。

二、地雷场测定

德国人认为，测定地雷场和地雷场内单颗地雷的位置很有必要。德国工兵奉命为地雷场选择易于识别的参照点。在平交道口、两条改善道路的交叉点、村庄边缘或诸如此类的有利地点，参照点不难选择。但某些情况下，德国人不得不使用"指引线"和辅助固定点。有一种切实可行的辅助固定点：以边长 15—25 英尺的等边三角形为中心，各个拐角点和固定点可能是 3 英尺高的标桩、栏杆、混凝土或钢梁，与铁丝网相连。这种固定点重建起来很容易，因为最猛烈的炮击最多也只能炸毁一两根标桩。

地雷场位于 A1、A2、A3、A4 四个拐角点内。拐角点按顺时针方向标注，A1 和 A2 形成德军一方的基线。测定地雷场时，参考基线上一个或两个点，辅助固定点称为"地雷场标桩"，仅在必要情况下使用。固定点可以是地图上找到的参照点，也可以是部队设立的辅助固定点。距离以米为单位。德国人配发的罗盘，方位角读数与美军罗盘仪一样，分为 6400 密位，但逆时针读取，罗盘上有 KZ 两个字母。新型罗盘称为"行军指北针"，标有顺时针刻度，还有 MKZ 三个字母。德国人使用磁方位角，总是从己方朝敌方实施勘测。

德国人认为，师作战地域内，设立一连串间隔 600—900 英尺的参照点较为有利。这条参照点链可用于确定沟渠、堑壕、障碍物、碉堡和地雷场的位置。每个参照点都以罗马数字标注，从师作战地域右侧开始。

三、布设地雷场
1. 样式

为确保最大效力，地雷场通常以确定的样式布设。但德国人不一定完全按照规定行事，特别是在他们不打算采取进攻行动的地段。在那里，他们只于各防御阵地间的地域不规则地布设些地雷。

重要的防坦克地雷场，主要地带按照统一的样式布设，通常以防坦克地雷构成，地雷场前沿也埋设防步兵地雷。两种地雷可能都有防排装置，有些防步兵地雷还设有绊线。某些情况下，这些地雷设在双挡板式栅栏对角线间的间隙，绊线固定在对角线上。

一些防坦克地雷埋设在防步兵地雷场前沿，以防敌人的装甲车引爆防步兵地雷场的主要地带。各种类型的地雷场前沿通常设有装在木箱里的炸药（使用压发引信）。这些爆炸物可作为防坦克地雷，也可以充当防步兵地雷，探雷器很难发现。

大多数常规地雷场前缘，特别是通道前方，稀疏排列或随机埋设了许多未标明的地雷。地雷还埋设在从地雷场前缘沿直角延伸的地带，目的是破坏沿地雷场移动，寻找通道的敌军车辆。

所有压发式防坦克、防步兵地雷都沿直线布设。为测量距离和间距，德军士兵使用旧电话线制成的地雷测量线。地雷测量线长 24 米，每一米都用一块木头标出，两端缚有直径 5 英寸左右的圆环。除了测量固定点间的距离，地雷测量线还可以标出边长分别为 6 米、8 米和 10 米的三角形，以此布设一个个直角。地雷的间距，参照测量线上的标志来确定，测量线一端的四个圆环用于调整每行地雷的位置，呈交错排列。

地雷场的密度，取决于地雷的间隔和列数，具体密度参阅本书第 48 页的表格。

地雷场必须为巡逻队和突击部队留下穿行通道。如果经常外出巡逻的话，就要不时开辟新通道，同时封闭旧通道。地雷场朝向德军一方，留有没埋设地雷的安全地带。

德国人通常在 80 英尺 ×105 英尺的各个地段布设地雷带，这些地段往往呈交错状态。另外还有大规模地雷带，是以三四个地雷带形成的正向、反向箭头状或梯形的地雷带。测定排成梯阵的地雷场，是以中间地雷场敌方一侧的角柱作为联测点的。

德国人强调，必须以火力覆盖地雷场，但仓促退却期间，他们往往顾不上遵循这项原则。常规地雷场常设有监听哨，这种监听哨位于地雷场后缘，配有两名士兵；再往后 70—80 码，一般设有四五名士兵组成的掩护组，配备 1—2 挺轻机枪。

德军仓促后撤时，通常会布设大批规模较小的扰乱地雷场。这些地雷场以许多不同类型的地雷构成，通常没有标志，仓促布设的迹象非常明显。但这种不够整齐的布雷样式，导致探测、排除地雷的任务变得艰巨而又危险。虽说德国人这种地雷区的布局和使用的地雷型号在规律上不容易被看出，但他们选择的布地雷地点却有迹可循。

地雷型号	布设方式	每颗地雷的间隔	每列地雷的数量	每米正面的密度
35 式 T 型地雷	埋设	4 米	8 枚	2 枚
			12 枚	3 枚
			16 枚	4 枚
42 式 T 型地雷	放置	4 米	8 枚	2 枚
			12 枚	3 枚
			16 枚	4 枚
43 式 T 型地雷	埋设	2 米	4 枚	2 枚
			6 枚	3 枚
			8 枚	4 枚
43 式 R 型地雷	埋设或放置	4 米左右	2 枚	0.5 枚
			4 枚	1 枚
35 式 S 型地雷	埋设	4 米	4 枚	1 枚
			8 枚	2 枚
			12 枚	3 枚
		2 米	2 枚	1 枚
			4 枚	2 枚
			6 枚	3 枚
42 式木盒地雷	埋设	1 米	1 枚	1 枚
			2 枚	2 枚
			3 枚	3 枚
		0.5 米	1 枚	2 枚
			2 枚	4 枚

2. 地点

总的说来，德国人通常把地雷埋设在道路旁或道路上、机场和铁路上，以及电报线路沿线。仓促的布雷人员一般不会把地雷放在路面上，但他们有时候会把漆成卡其色的 T 型地雷直接置于道路低洼处，指望某些司机没能及时操纵车辆避开地雷。德国人也在路肩布雷，选择的是司机不得不绕道通行的道路狭窄处。另外，他们还在隘路入口布雷，司机在这里不得不驶离道路，等待对面而来的车辆通过。另一些经常布有防坦克地雷的地方是岔道口、急弯和未铺面的隆起部，有时候也会在十字路口、堤道和碾压严重的车辙印里发现地雷。

3. 伪装

德国人深具创造力，想方设法让他们布设的地雷难以发现。他们把地雷埋在地表下深达24英寸处，待许多车辆顺利通过，充分压实路面后，才会压发引信引爆地雷。他们把炸药放在木箱里，以防普通探雷器发现，还用拆下的车轴和车轮在埋有地雷的地面滚过，留下轮胎印。

德国人在敌军的前进路线上随机布设的防步兵地雷，也展现出聪明才智：遭爆破的道路上布满S型地雷；设有里程标，司机不得不下车判明方向的地方同样如此。德国人还把S型地雷置于沟渠里，并往往靠近另一颗地雷的绊线桩。

交通线上的扰乱地雷场靠得比较近，有时候甚至因为靠得太近引发殉爆。地雷埋设时，压力板几乎与地面齐平，只稍稍覆盖些泥土——这种情况特别容易引发殉爆。

德国人采用多种样式构建假地雷场。废铜烂铁经常和货真价实的地雷分散置于浅坑，诱使探雷器发出反应。假地雷通常连接着诡雷。

四、地雷场标志

德国人强调地雷场标志，企图以这样的方式标出地雷场：敌人无法识别，但己方部队很容易发现。他们标识地雷场的方式并不统一。地雷场前缘通常既没有标志，也没有铁丝网，而地雷场后缘很少这样。有些地雷场没有标志，由于他们自己的地雷场造成许多事故，所以德国人最近几个月下达了命令，要求给地雷区添加适当的标志。

以下是德国人标识地雷场的典型例子（具体使用何种类型，视情况和地形而定）：角柱式标记桩；双挡板式栅栏面朝敌军一侧，单线式铁丝网朝向己方，或相反；单根齐膝高的铁丝网；围栏；空地雷箱；标牌。

标记桩的高度根据不同地形各有差异。标记桩一侧呈扁平状，高度在8英寸左右。扁平面涂成红色，写有黑色字母M（Minen），这种标记桩通常只用于地雷场朝向己方的边缘。

木板或金属板上的地雷场标志涂成红色或白色（这种标牌用两根木桩固定）。地雷场边缘以水平条纹标志标出。穿过地雷场的通道边缘，以垂直分隔的标志指明，白色部分在车道一侧，红色部分在地雷场一侧（危险）。标牌反面，也就是朝向敌人的一面，涂成草绿色。如果没有红漆，德国人就以黑白标志替代。标牌上标有以下文字：

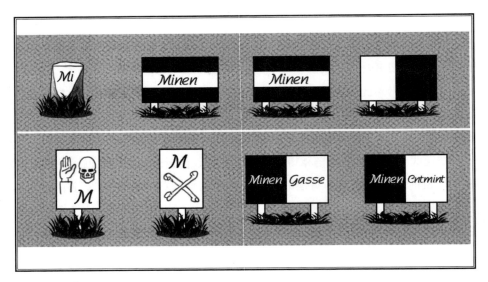

地雷场标志示意图

Minen——地雷

Gasse 或 Gassen——地雷区通道

Entimint 或 Entmint——已肃清地雷的区域

　　地雷场以直体字标出，假地雷场用斜体字。但这种区别只有德军工兵部队知道，让其他部队知道的话，他们可能会直接穿过，从而暴露假地雷场的位置。

五、布雷方案、草图、报告

　　德国人的布雷方案，会标出一片或多片地雷场所有必要的技术细节。另一方面，他们的雷区图会标出一处前线地段内的所有地雷障碍物及其战术重要性，但没有技术细节。

　　虽然德国人的布雷报告和草图使用许多不同的形式，但所有形式都基于同样的原则。上图是一种常见形式。布雷图上方三分之一的位置，用于书写说明，还可以添加一幅较小的态势草图（绘制在空白处）。工兵负责绘制布雷图，确保图上反映的是最新情况。额外的说明有时候可以写在布雷图背后。

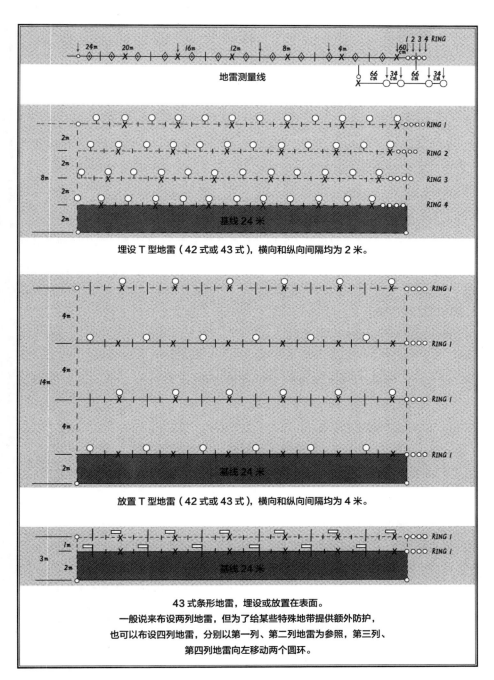

地雷测量线

埋设 T 型地雷（42 式或 43 式），横向和纵向间隔均为 2 米。

放置 T 型地雷（42 式或 43 式），横向和纵向间隔均为 4 米。

43 式条形地雷，埋设或放置在表面。
一般说来布设两列地雷，但为了给某些特殊地带提供额外防护，
也可以布设四列地雷，分别以第一列、第二列地雷为参照，第三列、
第四列地雷向左移动两个圆环。

布雷报告和草图

1. 布雷图的细节

德国人的布雷图，通常标出以下细节：

- 障碍物名称，布设障碍物的部队番号。
- 障碍物布设地域的名称。
- 坐标格网，所参照地图的详情。
- 用红笔在小幅草图里画出障碍物。
- 布设地雷场的日期。
- 负责布设地雷场的军官或军士的姓名、军衔。
- 测定日期和使用的仪器（德制旧型或新型罗盘）；负责测定地雷场的军官或军士的姓名、军衔。

2. 图上的地雷数据

图上需要标出地雷的以下数据：

- 数量、型号、点火具（例如：72 颗 T 型地雷，配有 T-Mi.Z. 42 点火具，诡雷）。
- 地雷是否以埋设的方式布置。
- 列数，每列的地雷数。
- 围栏（例如：朝向己方的警告围栏）。
- 特点（例如：在中间炸毁敌坦克，位于敌人一侧）。

3. 图中识别地雷场类型

斜向穿过布雷图右上角的彩色线，标出地雷场的类型，具体如下：

- 红色对角线表示地雷场无法肃清，因为部分或全部地雷以诡雷的方式埋设。
- 黄色对角线表示，地雷场可以利用地雷场档案提供的数据肃清。
- 绿色对角线表示假地雷场。
- 已取出或爆炸的地雷用红色标出。

地雷场布设方案编号和部队番号标在右上角。营、团、师属工兵在空白处填写注解。例如，S 型地雷布设在距离德军防线 50 米处，工兵会用红笔标注：注意，只有 50 米间隔！

如果使用电点火具，表格上会注明如何处理这些点火具，以防布设地雷场的部队调离。

4. 地雷场草图上的信息

地雷场草图绘制在表格下方空白处，尽可能使用 1：500 到 1：2000 的比例尺，包含以下信息：

- 地雷场的形状和大小。
- 样式。
- 诡雷的位置。
- 标有方位角和距离的联测点位置。
- 警示围栏的类型和位置。
- 前线和防御工事的位置。
- 临近的地雷场、地雷场通道、地形地貌和特点等。

德国人认为，局部草图详尽的话，就无须在地雷场草图上标出每颗地雷的位置。德国人的布雷方案标有详细的符号，对地雷场草图来说，使用简单的战术符号就足够了。

德国人根据布设地雷场期间绘制的草图和汇编的数据，在连、营指挥所完成布雷方案。所有布雷方案会制作五份副本，具体分付如下：一份交给负责地雷场的工兵连；两份交给师部；一份上交集团军；最后一份在德绍—罗斯劳归档。

地雷场的变动记录在布雷方案背面，三次变动后，就要重新绘制布雷方案。

布雷草图是简化的布雷方案，目的是以最快速度传递地雷场的信息。这种草图不是按比例尺绘制的，而是战术态势、恶劣的天气或其他情况给绘制布雷方案造成妨碍的情况下，不得已为之的临时性举措。

前线部队会收到工兵的说明或标出地雷场大致位置和范围的草图。一般说来，这些草图上没有地雷或点火具的型号、地雷场样式和联测点的详情。

负责地雷场的工兵部队，必须记录下地雷场的一切变动，还要保管相关记录，并在换防后把布雷方案移交给新来的部队。

5. 布雷报告

集团军通常会指定某些区域，用于布设散布式地雷场。这种情况下，布雷报告替代了布雷方案。布雷报告通常包含以下内容：

- 批准散布地雷的命令编号。
- 负责散布地雷的部队番号。
- 散布式地雷场的名称和编号。
- 散布式地雷场在地图上的位置。
- 散布地雷的数量，按型号和点火具细分。
- 诡雷的数量和型号，以及诡雷的种类。

第八节 特殊行动

一、城镇和巷战

德国人采用迂回和包围战术进攻城镇和村庄。他们会设法切断供水、供电、供气和其他公用管网设施。遂行迂回机动期间，他们以猛烈的炮火和空中轰炸压制守军。必须执行直接突击时，德国人会把包括炮兵和空军力量在内的所有可用重兵器，集中于一个目标。他们惯于以密集火力打击社区前沿，特别是独立建筑群和孤立的房屋。火力准备期间，步兵集中，炮火准备一结束，就立即进攻目标。坦克和突击炮伴随步兵，以火力遏制可能出现的一切新锐之敌。这些战车还支援步兵清除路障，在墙壁上炸开通道，以及粉碎铁丝网障碍。火炮和迫击炮用于对付隐蔽阵地，反坦克炮用于掩护小巷，对付有可能发生的翼侧战斗。机枪打击屋顶上的敌狙击手。

德国人的当前目标是分割敌人占领的地域，尔后把这些地域尽可能多地孤立成一个个更小的地带，剥夺对方的行动自由。

德国人采用的另一种进攻样式是穿过一片社区，在镇外建立出色的阵地，阻止守军退却，尔后设法消灭扼守社区的敌人。

德国人把突击部队分成若干纵队，遂行一连串协同一致的平行进攻——不能从相反的方向或相互冲突的角度遂行进攻，这会造成混乱，误射己方部队。各突击纵队细分为突击群和扫荡群。工兵突击队配备爆破装置、火焰喷射器、手榴弹，和步兵一同行动。可能的情况下，德国人会沿前进路线，在一排排建筑物的墙壁上炸开通道，为步兵提供安全的接敌路径。这些通道，也为前运补给物资、后送伤员提供了掩护。德国人以轻武器火力肃清各座房屋内的守军。他们尽可能避开街道，穿过后院，翻过屋顶，同时达成渗透。他们竭力夺取提供制高点和广阔射界的高楼，以此推动进攻不断向前。

必须穿越街道时，德国人分成两列向前，每列都贴着通道边缘。左侧是首选，因为这个位置更利于用右手从门廊射击。战斗中必须考虑到敌人在纵深和高处都组织了防御，因此德军士兵受领明确的任务，监视一个个房间、各座建筑每个楼层和地下室的窗户。一条条小巷立即封锁。夜间，探照灯随时准备照亮屋顶。

一旦占领某座建筑，德国人就设立支撑点，把窗户和其他开口改成枪眼和射孔。地窖和阁楼必须先行占领，尔后立即组织防御。

即便是彻底摧毁的建筑物，也要保持观察，以防敌人重新占领。德国人从占领的建筑物里不断发射机枪和步枪火力，目的是不让敌人得到占领预备阵地的机会。

由于地下通道和下水道为守军提供了出色的掩护，必须施以果断攻击。如果无法立即肃清地道里的敌人或把他们熏出来的话，应当封锁、炸毁或守住出入口。

德国人知道，他们的坦克和突击炮很容易遭到反坦克部队攻击，因而派步兵掩护战车。步兵和工兵负责排除路障和其他障碍物。无论战场上是否危险，德国人都会召集所有身强体壮的平民清理街道上的废墟瓦砾。

占领部分城镇后，德国人会关闭进出既占地域的所有街道，封锁一座座建筑的出入口，展开逐屋逐房的搜查。具体任务很详细，例如肃清屋顶、阁楼、地下室、庭院和楼梯等。

二、进攻筑垒阵地

德国人清楚进攻敌人强化筑垒阵地的难度，因而会在实际行动前，为此类进攻做好充分准备。庞大而又复杂的筑垒阵地，往往掩护大片地域，比利时的埃本—埃马儿要塞就是个典型的例子。进攻这种阵地前，德国人除了以常规侦察获取情报，还雇佣间谍和第五纵队分子，以此确保行动方案正确无误。时间允许的话，他们会在德国境内地形类似的地方建造筑垒阵地模型，就像他们突袭埃本—埃马儿要塞前做的那样。德国人不惜工本建造此类设施，以便专门组建的突击队反复演练。这些突击队通常以战斗工兵构成，由步兵、反坦克和化学战分队提供加强。

进攻要塞前，德国人一般会投入俯冲轰炸机和远程重型火炮，施以猛烈的火力打击。轰炸和炮击的目的是摧毁障碍物和地雷场，同时制造弹坑。弹坑不仅能为突击部队提供掩护，还能改造成发射阵地。伞兵通常会在地面突击即将开始前降落在筑垒阵地附近，并在着陆后立即与特战队指挥部建立无线电联络。

行动的顶点是突击，主要目标是让工兵前出到某些选定的工事。接敌期间，炮兵提供最大密度的火力，直到工兵到达敌筑垒阵地。反坦克炮以直瞄射击的方式对付敌人的射孔，化学战分队施放烟幕，遮蔽堡垒和毗邻的支援工事。步兵以机枪和步枪火力覆盖敌人的射孔，随时准备前进，巩固工兵可能取得的一切战果。配有手榴弹、炸药块和冲锋枪的工兵匍匐向前，利用一个个弹坑作掩护。这些工兵小组，有的配备爆破筒，有的扛着炸药杆，还有的携带重型火焰喷射器。他们使用 TNT 和炸药杆，有条不紊地爆破较弱的工事（例如炮孔、枪眼、塔楼、结合部和大门等）。

三、林区战

德国人在树林里遂行进攻，往往把整片地域分成一个个连级地段。他们强调不断实施侦察（必须执行这种侦察，哪怕暂时削弱连队的实力也在所不惜），借此发现防御最薄弱的敌军阵地。侦察巡逻队从既占阵地出发，通常沿顺时针方向运动。连长和他的排长、班长仔细研究侦察报告。

在前进期间，连队往往会排成楔形编队。为达成突然性，德国人经常离开道路，越野前进。

一旦连队楔形编队顶点进入敌人的视野，德国人就匍匐前进，进入近战距离，始终与友邻和支援部队保持联系。连队随后冲击敌军阵地，大量使用手榴弹、炸药杆和近战兵器。先遣力量竭力楔入敌阵地纵深，楔形编队主力扩大两侧的渗透。连长随后决定，是朝更重要的翼侧卷击敌军阵地，还是扼守既占地域，待援兵开抵再继续进攻。

每个排至少要选派一名配备自动武器的观察员，负责消灭树梢上的敌狙击手。

德国人认为，有效对付敌狙击手，必须使用连发火力，而不是单发射击。

德国人把林区战斗视为步枪手和机枪手的主要任务，因为这种地形几乎无法使用重型支援兵器。他们偶尔会给重机枪换上两脚架，当成轻机枪使用。有时候，他们以人力推动的方式，前调小口径反坦克炮和轻型步兵榴弹炮（在无法施以间接火力的情况下，他们就以直瞄火力打击目标）。轻型迫击炮单独部署。德国人从芬兰军队那里学到在树林里有效使用迫击炮的办法。迫击炮观察员在话务员陪同下，跟随先遣分队一同前进。连接迫击炮组的电话线，刚好长 200 码。一名炮组人员会仔细检查电话线，确保途中不出问题，并尽可能保持平直。先遣分队与敌人接触后，观察员会判断自己与目标的距离，然后再加 200 码就是迫击炮的射程。之所以采用这种做法，是因为交战双方距离太近，夹叉法试射非常危险。

德国人离开树林或必须穿越林地内的大片空地时，部队会尽量贴近树林边缘。然后，所有人同时离开树林，至少要冲刺 100 码才能寻找隐蔽地。

四、山地战斗

1. 总则

德国人在山区进行战斗的原则，与平坦地区的作战原则大致相同。山区地形的特殊性（例如有限的路线、极端恶劣的天气状况和困难的交通），是在战术部署期间要额外考虑的因素。在山区战斗和在平坦地区战斗最大的不同在于，德国人会在更高的山脉上使用受过专门训练的山地部队，队伍里包括大名鼎鼎的提洛尔和巴伐利亚登山者。

德国人强调，在山区遂行的一切行动，都会比在低地的行动持续更长时间。因此，必须充分考虑时间和空间因素。要完成依据地图划定的路程，当实际地形每上升 330 码或下降 550 码时，他们就要增加一个小时的预估时间。德国人认为，山区的运动、指挥和补给是造成困难的根源。

2. 山地战的战术特点

德国人把他们的部队分为若干行军群，每个行军群通常编有一个加强步兵连、一个炮兵连和一个工兵排。他们以这种方式抵消遭遇伏击的危险，因为每个行军群都能独立战斗。德国人还派工兵分队和前卫一同前进，这样前者就可以帮着修理道路。德国人知道，小股敌军完全能阻滞整个纵队的前进，因此他们把单门火炮靠前部署。另外，他们还组织固定和机动巡逻队掩护翼侧。

下级指挥官的技能和领导能力，会在山地战中受到严峻考验。因为部队往往被分成多个小群体，要有效指挥这些群体需要严格的纪律和高标准的训练。无法通行的大片地域经常隔开行军纵队，由于横向交通往往非常困难，所以已展开部队的指挥工作比在平坦地区复杂得多。

一般说来，后勤补给分成山丘和山谷两个梯队。

德国人在山地战中大量使用高弹道兵器。不过，他们也用反坦克炮和重机枪掩护路障。山地炮兵的效力，取决于精心选择的观察所，这些观察所与单个炮位保持联络。

电台是通信的主要手段，因为不可能铺设电话线。

3. 山地战术

翻越山脉遂行进攻，是为了掩护主要突击的翼侧，绕到敌人后方，或是为主要突击提供侧射火力。德国人会设法夺取制高点和山口。

德国人选择的集中地域会尽可能靠近敌人，以便实施短距离突击。支援兵器配给各个连，可能的话，会下放到各个排。

防御中，德国人在正斜面组织前进阵地，主战斗阵地和重型支援兵器布设在反斜面。他们通常把一支部队的大部分力量留作预备队。这种做法需要组织相对狭窄的地段，但能为反冲击创造有利条件。

五、冬季作战

德国人遂行冬季作战的许多技术都是从山地部队的技术中发展而来的，这些技术使他们很容易适应极寒条件。

滑雪巡逻是在遍布积雪的地形实施侦察的主要手段。通常说来，滑雪巡逻队的实力是一个班，由受过工兵训练的步兵、炮兵观察员、一个通信组提供加强。除了常规侦察任务外，巡逻队还获取诸如积雪深度、冰面承载力、雪崩的危险这类信息。滑雪巡逻队在树木或岩石上做标记、树立木杆或旗帜，以这些方式开辟路径。标桩用于标志道路的尽头。

冬季条件下，德军部队行军期间会把支援兵器和火炮部署在前方，把反坦克兵器分布在整个纵队。他们还组织滑雪分队掩护翼侧，以雪橇运送武器和补给物资。

德国人交给探路分队的任务是为他们身后的编队开辟道路。一个连的探路分队，实力通常是一个或两个班，一个营最多以两个排充当探路分队。如果地形复杂，他们的实力可能会增加一倍。探路分队分成若干小队，每个小队 6—10 人，梯次排列在为首的探路分队身后。滑雪分队的行军编队，一般排成单列，但他们经常使用平行的路径，以缩短队列长度。

冬季作战中，目标有限的进攻较为常见。极寒和大雪条件下，德国人尽可能把正面和翼侧进攻结合起来。能做到的话，他们会尽量前调支援兵器。进攻通常以滑雪部队遂行。由于运送火炮非常困难，滑雪部队不得不放弃炮火支援。出于这个原因，德国人认为更有必要把重型和轻型步兵兵器集中在主要突击地段，协同弯曲弹道和低伸弹道兵器。如果有驮载榴弹炮，他们就拆卸火炮，用雪橇前运。突击炮可以在不到 16 英寸深的积雪中为滑雪部队提供有效支援。只要道路状况允许，突击炮就协同进攻，或在远离道路的地方沿专门清理出来的路径驶入不超过 3500 码的有效射程。进攻开始前，突击炮占领阵地。一般说来，配属的突击炮以排、连级力量部署，不会单辆使用。坦克部队仅在特殊情况下配属。

在深深的积雪或冰冻的地面组织防御阵地，需要耗费很多时间。因为部队必须把防御兵器部署就位，还要挖掘小径和道路，构建强有力的前哨和环形防御支撑点。这种情况下，德国人尤为重视伪装。在深深的积雪中，以常规部队担任预备队的机动性很有限。因此，德国人尽可能以滑雪部队充当预备力量。可能的情况下，这些滑雪部队会立即发起反冲击，打击进攻之敌的翼侧。另外，德国人也以滑雪部队执行突袭任务，扰乱敌人的前方和身后。

六、游击战

1. 总则

为了解德国人的反游击措施，这里有必要简单介绍盟军游击队组织方面的特点和战斗技巧。以下内容完全基于德国官方资源，所涉及的原则可能会让德国人欣然接受，并于不久后加以实践。

2. 盟军游击战的任务

德国人认为，盟军游击队的战略任务是给德国占领军造成最大伤害。盟军游击队完成这项任务的具体手段如下：

- 袭击孤身司机、休息地、运送部队和补给物资的火车、指挥部、机场、弹药和物资堆栈。
- 炸毁道路、桥梁、铁轨。
- 破坏有线通信和铁路系统。
- 破坏工业设施和农作物。
- 恐吓德国人的合作者。
- 动摇当地招募的辅助人员的士气。

3. 盟军游击队的组织工作

(1) 总则

盟军的游击力量，一部分是在德国人占领前组织的，一部分是德国人占领期间，由打散的军队人员和平民围绕共同的领导者组成的。德国人认为，盟军游击队招募人员的来源如下：

- 军事行动中，逃脱覆灭厄运的盟军部队残余力量。
- 散兵游勇。
- 渗透德军防线的盟军小股部队或个别人员。
- 盟军伞兵。
- 逃脱的战俘。
- 占领当局从当地招募的辅助人员里的逃兵。
- 平民志愿者。
- 受到恐吓的平民。
- 妇女，她们可以在后勤、医护、通信勤务中担任战斗或辅助人员。

(2) 苏联游击队

德国人概述了苏联游击队的编成，具体如下：

- 3—10 人的分散团体。
- 75—100 人的战斗部队，分为两三个连，每个连辖两三个排。

- 营级力量。

- 辖数个营的团。

- 数百人组成的旅。

- 数千人的部队，编制和战斗力各不相同。

- 指挥若干作战群体的师级指挥部。

- 控制若干旅和团的军级指挥部。

- 侦察支队、搜索支队。

- 高级情报部门。

另外，苏联游击队还有通信机构，从事爆破任务的特种编队，以及架桥支队、骑兵支队，某些情况下甚至有火炮和反坦克炮。他们还建立了特种地勤组织，红空军为游击队运送补给期间可与该组织对接。

(3) 法国游击队

据德国人说，法国游击力量的编成是：

- 每个班 4—5 人。

- 每个排 30 人左右。

- 每个连 100 人左右。

- 每个营辖三四个连。

(4) 武器

游击队的武器是步枪、轻机枪、轻型迫击炮、手枪、冲锋枪、手榴弹、炸药和燃烧物。战斗部队还配有重机枪、重型迫击炮与火炮。

(5) 军装

游击队员没有统一的军装，他们身着便装、己方与敌方军队五花八门的制服。这些军装的库存，靠袭击德军补给仓库来维持。

(6) 营地

游击队的营地设在难以进入的地区，例如茂密的森林、沼泽、树木繁茂的山地和洞穴。这些营地通常以工事、防空壕、树木平台与地雷场加强。一般说来，游击队营地附近还设有预备营地。此外，游击队营地里有物资堆栈、屠宰设施、面包房、急救站和武器维修厂。一座座营地戒备森严，由游击队员或邻近社区的志愿者担任警卫。

4. 盟军游击队的战术

(1) 总则

游击队上级部门下达总体性指令，各支小股游击队负责人决定具体的执行方案。从他们的战略职能看，游击队通常会避免激烈的战斗。倘若陷入困境，不得不进行战斗的话，他们会根据自身的实力采取不同的措施：大股部队投入战斗；小股部队尽力分散成更小的团体，设法渗透进攻方的防线或伪装成无辜的平民百姓。防御期间，游击队员隐蔽在精心构建、妥善伪装的阵地里顽强抵抗，甚至可以说打得很勇猛，他们让进攻方进入近距离，突然施以猛烈的火力打击。在华沙，波兰游击队利用一座座建筑，以娴熟的技巧顽强战斗了好几个星期，给德国人造成很大损失。

(2) 战斗方式

游击队遂行游击战，主要是突然袭击占领军的指挥部、营地、武器仓库，或伏击军用运输设施、纵队、车队。

袭击纵队时，游击队沿纵队行进路线布设障碍物，然后击毁纵队首尾车辆。他们还炸毁铁路路基或扒掉铁轨，以此破坏火车。设法逃出卡车或火车的士兵，会遭到游击队的火力打击。袭击前，游击队通常会破坏所有电话通信。

游击队经常改变行动地域，目的是执行受领的任务、获取补给物资、避免被敌人发现、防止陷入包围等。行军期间，他们保持严格的纪律，并通常在夜间行军，使用只有当地人知道的路线。游击队每天能行进40—45英里。

游击队常用的方法是，散布关于自身力量和武器装备的假消息，装出实力强大的样子。游击队员经常身着占领军军装，实施侦察或征用当地物资。

为确保行动成功，游击队需要线人，而线人几乎能在每座村庄找到。必要情况下，游击队的情报部门会雇佣大批妇女和儿童。除了收集情报，这些妇女和儿童还在各支游击队间传递消息。他们通常号召当地居民为游击队提供帮助。

5. 德国人的反游击措施

(1) 总则

德国人把对付游击队的措施分为进攻行动和消极防御。两种措施形成的专业活动，是双方采用的特定手段造成的。由于游击队的武器装备低劣，正规军往往会低估他们，没有谨慎采取防范措施就贸然展开行动。按照德国人的学说，对付游击队必须提高警惕，不仅要大胆，还要充满攻击性。只有如此，才能应对这些"极度狡猾、残忍的敌人"。另外，德国人认为己方部队必须接受特殊训练，以适应树林、沼泽、山地、建筑区这类复杂地形，并能在夜间或冬季条件下进行战斗。相关经历教会德国人，反游击措施成功与否，取决于德国国防军、党卫队、警察、民政部门是否通力合作，必要时可以无视国境线。

(2) 进攻行动

德国人整合了反游击措施的指挥和控制，还就国防军最高统帅部、党卫队全国领袖、警察首脑各自负责的领域做出安排。1942—1943 年年间，组织、指导反游击措施的工作，由作战地区的军方司令部和总督辖区的党卫队最高领袖负责，但党卫队领袖在获得更大权限后，便承担起了反游击的全部职责。

隶属党卫队最高领袖的是反游击指挥部负责人、党卫队兼警察高级领袖，在他们的指挥下，陆军和空军部队有时候会配合行动。

所有德军部队都做好肃清游击队的准备，紧急情况下，文职人员也参与其中。在清剿游击队的战斗中，德国人使用以下陆军部队：各个师、独立特遣部队、骑兵部队、摩托化部队、装甲列车、勤务部队、应急部队，以及当地征募的部队。除了这些力量，德国人还使用海空军部队、党卫队和警察机构，包括保安处和战地秘密警察。

德国人强调，为他们的反游击部队配备易于运输的速射武器，例如冲锋枪、自动步枪、配瞄准具的步枪、轻重机枪、轻型和中型反坦克炮、轻型步兵炮、轻型高射炮和轻型火焰喷射器。虽然更重型的火炮、反坦克炮、高射炮、坦克和装甲车能加强反游击部队的实力，但无法用于所有情况和地形。

德军反游击部队的服装和装备能让他们在各种地形、各种气候条件下展开行动。

德国人知道，深入细致的情报工作对反游击措施能否取得成功至关重要。上级指挥官掌握关于各支游击队具体情况的态势图，相关情报由武装部队各指挥部和部队，以及民政机构提供。安保机构负责系统性监视，这些机构包括保安处、战地秘密警察、军事情报局（阿布维尔）。邻近的相关部门传送、交流敌人情报。

为了给反游击部队的战术部署提供必要的情报，德国人会在行动前实施强化侦察。这项任务是由合作者、机动巡逻队或侦察机来完成的。德国人打算采取的行动必须绝对保密的话，合作者就成了唯一的侦察手段。另外，德国人认为审讯俘虏是最好的情报来源，因而放弃了原先的做法，不再当场枪毙抓获的游击队员。

如果手头有足够的力量，德国人会设法围歼游击队。拟制此类行动的方案，必须确定实施包围的地域——一般仅限于已知的游击队实际控制区。围剿部队集中地域，必须远离计划包围的地区，并派部队悄然占领阵地，以免暴露进攻意图。参加清剿行动的所有部队都从集中地域出发，这样就能同时到达封锁线。选定的封锁线必须易于防御，例如横跨前进方向的山峦或森林里的小径。

德国人通常会保留足够的预备力量，这些局部或机动预备队配有重型支援兵器。他们认为，强化封锁线对清剿行动的结果深具决定性意义。因为游击队的战斗巡逻队会试探德军封锁线，企图在找到薄弱点后突出重围。加强封锁线遵循防御的常规原则，例如部署前进战斗前哨、为轻型与重型支援兵器制订火力方案、强化支撑点、形成环形防御、机动预备队随时待命。歼灭陷入重围的游击队，确切的办法取决于德国人的可用兵力、地形、被围之敌的应对。一个办法是逐渐压缩包围圈，但这只能在有限的地域实施。因为在大幅地域，遂行包围的部队无法以同样的速度推进，难免产生缺口——游击队可能会趁机逃脱。另一个办法是，从包围圈一侧施加压力，而另一侧的部队只实施防御。这个办法用于游击队扼守的易于防御的地带，例如河流、山脊、树林边缘等。德国人还利用强有力的楔子，把封闭的包围圈分割成几个较小的"口袋"，尔后逐一消灭。此外，还有一个办法：如果战斗侦察表明游击队打算扼守他们的中央阵地，就把预备队编为强大的突击力量，从封锁线发动进攻。

倘若时间紧迫，遂行包围的兵力不足，德国人会以突袭的方式击败游击队，尔后追击、歼灭个别游击团体。事实证明，在游击队无法守住阵地的情况下，这个办法很有效。因此，德国人的行动取决于游击队的应对措施。如果游击队投入力量顽强战斗，德国人就集中兵力和火力，按部就班地遂行进攻。如果游击队打算避免接触，德国人就从正面展开追击，其他部队遂行包围运动。可如果游击队分散行动，德国人就不得不实施侦察，他们必须在展开新的进攻前确定游击队新的集中地域。德国人这些行动的主要目标是游击队领导人，他们经常开出高额悬赏缉拿游击队领导人，死活不论。

德国人在社区与游击队激战时，会大量使用重型支援兵器、坦克、突击炮、自行火炮、重型榴弹炮，甚至会集中所有可用重兵器打击单个目标。他们采用的战术，遵循巷战和城镇战斗的方式。

德国人还以战斗巡逻队对付游击队，采用的方式与游击队如出一辙，目的是扰乱对方，妨碍游击队的集中和补给。游击队经常征用食物，他们实施袭击和破坏行动穿越的地域，为德国人投入战斗巡逻队提供了良机。这些战斗巡逻队从排级到连级不等，由精心挑选、作风顽强、训练有素的"游击队猎手"组成，巡逻队员通常身着便装或游击队的军装。

(3) 安保措施

德国人认为，指挥部有责任确保部队的安全。一般说来，他们派驻偏远地区的部队从来不会低于连级兵力。所有兵营和营地均组织环形防御，所有哨所都被打造成支撑点。行军前，指挥官必须查阅标有当地游击队情况的地图。

为保护铁路设施，德国人组建了特别安保部队——他们的任务，除了保护交通中心，还有实施巡逻。所有重要设施内都设立了支撑点——通常沿铁路线部署。

德国人还组建了用于保护公路和水道的特别部队，并辅以公路上的军事警察部队和水路上的水上警察。

为维持治安，德国人采用了众所周知的无情手段（这里不再详述）。从枪杀个别嫌犯到大规模屠杀整个社区，焚烧一座座村庄，他们犯下的罪行罄竹难书。

6. 德国的游击战准备

毫无疑问，随着盟军不断攻占德国领土，德国人企图以狂热的国社党员、党卫队、国防军成员进行游击活动。后备军总司令海因里希·希姆莱的一项主要职责就是监督在盟军即将占领的地区组建游击队，留下潜伏特工。德国人囤积了大批弹药和物资，特别是在德国境内的山区。此外，他们还在各地设立训练中心，培训日后的党卫队游击队员。这份培训方案里包括不少女性。至于德国人最有可能采用的手段，也许需要通过认真研究盟军游击队的战斗方式，才能掌握他们进行游击活动的大致构想。

七、反空降行动

德国人认为，以地雷和铁丝网对付敌人的空降行动特别有效。他们封锁着陆区，可能会在伞兵着陆区域布设 S 型地雷、木桩、沟渠、堆砌的泥土、石块、木头、没有轮子的普通车辆和其他障碍物，并布设地雷场和假地雷场。

为保护重要的设施免遭空降突袭，德国人构建环形防御，特别注重以机枪火力覆盖接近路径。他们在教堂塔楼和地形高处设立观察所，以便及早预警敌人的着陆。这种哨所也设在后方——人烟稀少的地区尤为重要。因为，有线通信是敌伞兵部队的特定目标。德国人以教堂大钟、鼓、号角发出的特殊信号，警示他们的机动预备队。这些预备队是为对付敌人的空降攻击和游击活动专门组建的，通常以摩托化部队构成（他们的车辆上安装有机枪和反坦克炮）。尽管德国人认为，推迟投入预备队的做法不妥，但他们也强调谨慎使用预备队，以免上敌人的当（例如对方可能会空投假伞兵）。

德国人通常在近距离内以步枪火力打击降落的伞兵，在较远距离上使用机枪火力。他们认为，趁对方刚刚着陆、立足未稳之际，施以火力打击最有效。敌人的运输机是特别好的目标，因为伞兵跳出机舱前，运输机必须减慢速度。

德国人深知，立即对敌空降部队展开行动至关重要。在别无选择的情况下，他们会以战斗力较差的部队对付敌人的空降攻击，希望借此阻滞对方的进攻，为抽调精锐预备队争取时间。

第二章

兵器

第一节 概述

一、综述

这场战争之前和头几年，德国军队的政策是：使用最少种类的兵器，满足作战需求即可，将重点置于研发高战斗效能的兵器上。但近期的战事发展（特别是去年），逐渐迫使德国人采取相反的试验政策，在兵器设计方面做出许多创新。

二、近期的趋势

过去一年，德国人的兵器研发，明显出现了不同的趋势。

1. 坦克和坦克歼击车

德国人近期研发坦克和坦克歼击车的趋势是：牺牲部分机动性和操控性，给战车装备更重型的兵器，披挂更厚的装甲。这种做法得到补偿：他们的战车能在很远的距离有效开火。

2. 步兵反坦克兵器

德国步兵对抗盟军坦克的能力显著提高。这得益于德国人研发及不断改进采用空心装药原理的近距离手榴弹和火箭筒。

3. 火箭兵器

德国人在战前开始试验，让火箭兵器达到了较远的射程，并以这些火箭兵器作为传统火炮的补充。这些火箭兵器试验仍在继续，可以预见，火箭兵器的射程和准确性会进一步提高。一旦爆发化学战，火箭兵器的重要性肯定远胜今日。德国人的无后坐力炮，最初是作为航空机关炮研发的，几乎可以说是兼具火箭兵器的轻便性和机动性，以及制式榴弹炮的射程和精度。

4. 火炮

德国人为改进他们的制式火炮，做了些姗姗来迟的工作，但目前似乎没考虑重新设计的问题。

第二节 轻兵器

一、综述

德国人在轻兵器方面的总体趋势是，增加半自动和全自动兵器的产量，加大机枪的射速。1944 年间，德国人的轻兵器类别中，增加了额外的近距离反坦克兵器。

二、手枪

1. 概述

德国陆军目前主要使用两款制式手枪——从上次世界大战起就已开始使用的卢格尔手枪和更现代的瓦尔特手枪。这两款德制武器的停止力，比不上美国 M1911 或 M1911A1 柯尔特点 45 手枪。使用毛瑟手枪的人很少见。

2. 卢格尔手枪（Pistole 08）

(1) 概述

这是款枪管短后坐式半自动手枪，使用肘节式闭锁机构。

卢格尔的保险装置位于枪身左后侧，保险这个词显露出来时，手枪处于保险状态。卢格尔还有一款长枪管型，握把后方可以安装枪托。长枪管型与标准型的结构几乎相同，只是枪管更长，还设有刻度高达 800 米的表尺照门。

(2) 技术参数

口径：9 毫米

枪管长度：4.25 英寸

重量：2 磅

供弹方式：8 发容弹量的握把弹匣

(3) 使用弹种

卢格尔手枪发射标准的德制 9 毫米帕拉贝鲁姆手枪弹。

3. 瓦尔特手枪（Pistole 38）

(1) 概述

瓦尔特是一款握把弹匣供弹的半自动手枪。自动方式采用枪管短后座式，每发射一颗子弹，闭锁装置都会向后滑动。这款手枪可以在膛内有弹、不拉起击锤的情况下安全携带，第一枪通过双动机构发射。保险擎位于枪身左侧。

(2) 技术参数

口径：9 毫米

枪管长度：4.75 英寸

含弹匣重量：2 磅 5 盎司

供弹方式：8 发容弹量的握把弹匣

(3) 使用弹种

这款手枪可以使用德制或英制 9 毫米帕拉贝鲁姆手枪弹。

4. 毛瑟手枪（Mauser Pistol）

(1) 概述

这既是一款半自动手枪，也可以装上木托（木托制成空枪套的形状）作为卡宾枪使用。这款手枪的保险装置位于扳机护圈左后部上方。这款手枪以插入扳机护圈前方的固定弹匣供弹，容弹量 10 发，作为卡宾枪使用时，插入容弹量 20 发的弹匣。

(2) 技术参数

口径：9 毫米

不含木托的长度：12 英寸

含木托的长度：25.5 英寸

不含木托的重量：2 磅 8 盎司

供弹方式：10 发或 20 发容弹量的弹匣

三、信号枪

1. 轻型信号枪（Light Signal Pistol）

这是德军标准的滑膛枪管信号枪，口径 26.7 毫米，用于发射各种彩色信号弹。此外，该枪还可以发射哨声弹，以此作为毒气警告信号。

2. 改款信号枪（Modified Signal Pistol）

德国人对轻型信号枪（德：Leuchtpistole）进行改进，使用线膛枪管，再加上个小小的瞄准具，就成了战斗手枪（德：Kampfpistole）。通过这番改进，战斗手枪不仅可以使用标准的信号弹，还能发射装有弹头引信的小型榴弹、烟幕榴弹、橙色烟幕榴弹。战斗手枪最大射程 100 码左右，可发射一枚 5 盎司重的高爆弹。

3. 双管信号枪（Double-barreled Signal Pistol）

这款信号枪与标准的轻型信号枪类似，但采用两套枪管和击发机构。击锤后方、信号枪握把上方，是个用于双管霰弹枪的选择杆——可以设置为扣动扳机后，一根枪管发射或两根枪管同时发射。双管信号枪使用标准信号弹。

4. 榴弹和信号枪（Grenade and Signal Pistol）

这款武器基本上就是标准款信号枪加了个活动式钢衬管，德国人称其为突击手枪（德：Sturmpistole）。钢衬管有膛线并配有底座，无法发射标准子弹。一套前后组合式瞄准具夹在枪管上，握把上方配有折叠式枪托。钢衬管和折叠式枪托能让这款信号枪发射空心装药榴弹，作为近战武器对付坦克。去掉钢衬管后，这款突击手枪可以发射标准的信号弹。

四、冲锋枪

1.MP40（Maschinenpistole 40）

（1）概述

这款自由枪机式冲锋枪从 MP38 发展而来。早期型号的 MP38 主要配备伞兵，目前仍在服役。这两款冲锋枪的显著特点是配有采用金属和塑料结构的折叠枪托。保险凹槽位于拉机柄止动处后方，标有字母 S。给冲锋枪设置保险，就要把拉机柄尽量往后拉，再向上推入保险凹槽。后期型号的 MP40 在拉机柄上加了个保险螺栓，弹匣垂直插入机匣下方。MP40 配有表尺 100 米的固定照门和表尺 200 米的折叠照门。

(2) 技术参数

口径：9 毫米

总长：33.5 英寸

不含弹匣的重量：9 磅

供弹方式：容弹量 32 发的弹匣

射速：理论射速每分钟 500 发，战斗射速每分钟 180 发

(3) 使用弹种

这款冲锋枪使用标准的 9 毫米帕拉贝鲁姆手枪弹。

2.MP43/1（Maschinenpistole 43/1）

(1) 概述

这款导气式冲锋枪几乎完全以金属冲压件构成，可拆解程度很有限。虽然MP43/1 冲锋枪提供单发和连发两种射击模式，但不建议采用每次超过 5 发子弹的长点射，最好把它当作单发武器使用。事实证明，这款冲锋枪不太成功，因为它无法就地修理且发火性欠佳。由于形成导气管和枪身外壳的冲压件使用的材料太薄，很容易损坏。这款冲锋枪以机匣下方的弧形弹匣供弹，配有表尺800 米的照门。

(2) 技术参数

口径：7.92 毫米

长度：37 英寸

重量：11 磅

供弹方式：容弹量 35—38 发的弹匣

枪口初速：每秒 2200 英尺

(3) 使用弹种

这款冲锋枪使用特殊型号的步枪短弹。

3.MP44（Maschinenpistole 44）

这款武器是对 MP43/1 "稍事修改"，以适应标准款步枪杯形发射器（Schiessbecher）的产物。枪口末端的枪管经过机加工后，前准星块更小，位置更靠前，更便于安装杯形榴弹发射器。虽然 MP44 能发射标准的步枪榴弹，但这种做法是否已成为惯例还需考证。

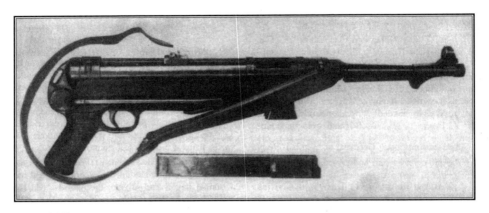

MP40 冲锋枪

MP43/1 冲锋枪

MP44 冲锋枪

五、步枪和自动步枪

1. 98 式步枪和卡宾枪（Gewehr 98 and Karabiner 98）

(1) 概述

虽然德军制式步枪和卡宾枪都采用同样的毛瑟栓动式设计方案，但可以分成三种不同型号：98 式步枪型，全长 49 英寸，下方装有背带；98b 式长枪管卡宾枪型，长度与步枪差不多；98k 式短卡宾枪型，全长 43.5 英寸。这三款枪的保险栓都在枪栓后部（与美国 M1903 式步枪的保险装置类似），还装有准星和 V 形照门，表尺刻度从 100 米到 2000 米。其中，98 式步枪型可以使用杯形榴弹发射器或套栓式发射器发射步枪榴弹。

(2) 技术参数

口径：7.92 毫米

重量（各款）：9 磅左右

供弹方式：容弹量 5 发的弹夹

有效射程：800 码

(3) 使用弹种

这几款枪使用标准的德制 7.92 毫米轻武器无缘弹。

2. 33/40 式步枪（Gewehr 33/40）

德国人设计 33/40 式步枪的目的，是作为一款特别的短步枪配备给伞兵或需要隐秘携带武器的人员。这款步枪配有折叠枪托，铰链装在枪身左侧，可按压枪身右侧的搭扣固定枪托的位置。不使用时，可以沿枪身左侧折叠枪托。除了折叠枪托，这款步枪的设计没什么特别之处。

3. 41 式步枪（Gewehr 41）

(1) 概述

这是款半自动步枪，有 41m 式和 41w 式两种型号——操作方式类似，只是结构稍有些不同。这两个型号都采用了导气式自动原理，枪口处的导气装置压缩火药气体，把围绕枪管同心安装的浮动活塞推向后方。活塞的运动传递给枪机头，每发射一发子弹，下一发子弹就自动上膛。这款步枪以插入机匣的弹匣供弹，弹匣可容纳两个标准的步枪桥夹。两个型号的 41 式步枪都装有准星和表尺照门，刻度从 100 米到 1200 米。装上光学瞄准具后，41 式步枪可作为狙击步枪使用。

(2) 技术参数

　　口径：7.92 毫米

　　全长：45 英寸

　　重量：10 磅 14 盎司

　　供弹方式：两个容弹量 5 发的桥夹

(3) 使用弹种

　　这款半自动步枪发射 7.92 毫米无缘弹。

4.42 式自动步枪（Fallschirmjdgergewehr 42）

(1) 概述

　　虽然德国人的命名方式表明这款步枪是配备伞兵部队的自动武器，但它也可以作为轻机枪或卡宾枪使用。这款步枪的设计更像轻机枪，而不是步枪。42 式自动步枪采用导气式自动原理，装有不可拆卸的折叠式两脚架，既可以单发，也可以连发。该枪的枪口装有补偿器（可以安装光学瞄准具），还配有刺刀。弹匣水平插入机匣左侧，觇孔式照门的表尺刻度从 100 米到 1200 米。保险擎设在手枪式握把左侧上方，快慢机位于扳机上方靠后处。这款自动步枪的改进型的分量稍重，结构更牢固，两脚架更靠近枪口。

(2) 技术参数

　　口径：7.92 毫米

　　带刺刀的长度：43.75 英寸

　　重量：9 磅

　　供弹方式：容弹量 20 发的弹匣

(3) 使用弹种

　　这款自动步枪使用标准的 7.92 毫米子弹。

5.43 式半自动步枪（Karabiner 43）

(1) 概述

　　这款半自动步枪从 41 式步枪发展而来，最初被称为 Gewehr 43。扳机和枪机机构与 41 式步枪完全一样，但活塞和导气管的设计不同，活塞组件位于枪管顶部，而不是同心布设。43 式步枪半自动步枪既可以插入一个满弹匣，也可以把两个弹夹从上方塞入弹匣。照门表尺从 100 米到 1250 米。

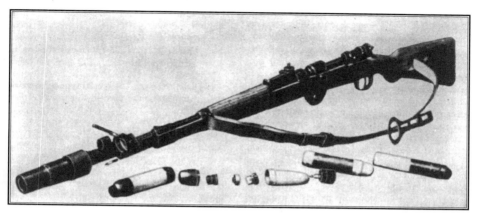

配有榴弹发射器的 98 式步枪

41 式步枪

42 式自动步枪

(2) 技术参数

口径：7.92 毫米

全长：45 英寸

重量：10 磅

(3) 使用弹种

这款步枪使用标准的 7.92 毫米子弹。

六、机枪

1. 34 式机枪，即 MG34（Model 34 Machine Gun）

(1) 概述

这款武器原本是德国军队制式通用机枪，虽然目前仍在服役，但很大程度上已被 MG42 替代 [MG 是德语"机枪"（Maschinengewehr）的缩写]。MG34 既可以装上两脚架单独使用，也可以并列安装执行防空任务或者装上三脚架作为重机枪使用。这款机枪现在依然是所有德国坦克的辅助武器。它采用枪管短后坐式工作原理，配以索洛图恩型闭锁机构。这款机枪装有表尺照门，刻度从 200 米到 2000 米；也可以安装用于防空的环形瞄准具；使用三脚架时，还可以安装光学瞄准具。MG34 可由金属弹链（容弹量 50 发，几条弹链可以连接起来）和弹鼓供弹。这款机枪的气冷是通过钻孔的枪管套筒来实现的。

(2) 技术参数

口径：7.92 毫米

总长：48 英寸

配两脚架的重量：26.5 磅

配三脚架的重量：42 磅

供弹方式：弹链或弹鼓

射速：理论射速每分钟 900 发；作为轻机枪使用时的战斗射速为每分钟 100—120 发，作为重机枪使用时的战斗射速为每分钟 300 发

有效射程：作为轻机枪使用时 600—800 码，作为重机枪使用时 2000—2500 码

(3) 使用弹种

这款机枪发射 7.92 毫米无缘轻武器弹。

2. 42 式机枪，即 MG42（Model 42 Machine Gun）

(1) 概述

这是目前已知的最新型德制机枪，大多数情况下作为制式通用机枪替代MG34。和 MG34 一样，MG42 也可以使用两脚架、三脚架、高射型三脚架，但方形枪管套筒让这款机枪不适合作为坦克武器。MG42 的主要特点是：枪身结构大量使用冲压件，射速大幅度提高，拥有快速更换枪管功能（高射速会导致机枪迅速发烫，这个功能不可或缺）。MG42 与 MG34 基本类似，也采用枪管短后坐式工作原理，不过 MG42 无法单发。

(2) 技术参数

口径：7.92 毫米

全长：49 英寸

重量：23.75 磅

射速：理论射速每分钟 1200—1400 发；作为轻机枪使用时的战斗射速为每分钟 250 发，作为重机枪使用时的战斗射速为每分钟 500 发

有效射程：作为轻机枪使用时 600—800 码，作为重机枪使用时 2000—2500 码

(3) 使用弹种

这款机枪发射标准的德制 7.92 毫米无缘弹。

3. 15 式机枪，即 MG15（Model 15 Machine Gun）

(1) 概述

虽说德国人设计 MG15 的主要目的是用作航空机枪，但使用夹在枪管上的连接器、架上标准的两脚架，以及枪托延伸部分，就可以将其当成地面武器使用。这是款采用枪管短后坐工作原理的轻武器，只能连发。

(2) 技术参数

口径：7.92 毫米

全长：42 英寸

重量：15 磅 12 盎司

供弹方式：容弹量 75 发的鞍形弹鼓

射速：理论射速每分钟 1000 发，战斗射速每分钟 300 发

34 式机枪

装上三脚架作为重机枪
使用的 34 式机枪

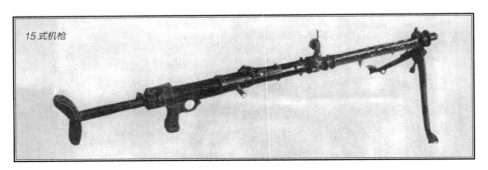

15 式机枪

(3) 使用弹种

这款机枪发射标准的 7.92 毫米无缘弹。

4. 151/20 式机关炮，即 MG151/20（Model 151/20 Machine Gun）

(1) 概述

虽然这款武器主要作为航空机关炮使用，但德国人也曾把它用于地面作战——临时装上脚架充当反坦克兵器，或以三脚架安装在半履带装甲车上。在地面上使用时，这款机炮必须手动上膛、机械发射，无法使用战机提供的电动上膛和击发机制。MG151/20 采用枪管短后座式工作原理。15 毫米口径的 MG151/15 有时候会替代 MG151/20 安装在三脚架上——许多人误以为它们是可以互换枪管的同一款武器，可事实并非如此，尽管这两款武器的结构非常相似。

(2) 技术参数

口径：20 毫米

全长：69.75 英寸

重量：93.5 磅

供弹方式：可散式金属弹链

射速：每分钟 800 发

初速（高爆弹）：每秒 2656 英尺

(3) 使用弹种

这款机炮发射高爆弹、穿甲弹和高爆穿甲弹。

七、反坦克兵器

1. 反坦克步枪（Rifles）

德国人最初的反坦克步枪是 7.92 毫米口径、具有自动抽壳装置的 38 式反坦克步枪（Panzerbüchse），以及完全手动操作的 7.92 毫米 39 式反坦克步枪。这些效力不佳的武器已过时，随之而来的是 20 毫米的索洛图恩。索洛图恩有两个型号：一款只能单发，另一款既可以单发，也可以连发。1944 年年间的趋势是，德国人使用反坦克榴弹发射器，而不是反坦克步枪——硕果仅存的榴弹步枪（Granatbüchse）是 39 式反坦克步枪的改进型，装上杯形榴弹发射器后就可以发射榴弹。

2. 无后坐力反坦克榴弹发射器——铁拳（Panzerfaust）

德国人的一系列反坦克榴弹发射器都叫铁拳，但名称后附有不同的数字。

(1) 铁拳 30

① 概述

这款武器也称为"拳弹"（Faustpatrone 2），是德国生产的四款无后坐力反坦克榴弹发射器中的第一款。它的设计目的是在 30 码左右的距离内对付坦克，在这个距离发射的话，它的破甲深度刚好超过 200 毫米。

拳弹就是根钢制发射管，内含着发射击推进剂，可射出一枚空心装药反坦克榴弹。

这款武器可以站姿、跪姿、卧姿发射，以垂直瞄准具和弹头前端瞄准。

② 技术参数

发射管直径：1.75 英寸

全长：41 英寸

重量：11 磅

③ 使用弹种

榴弹尾部装有便于安装的弹簧钢尾翼，榴弹从发射管中射出后，鳍片打开，稳定飞行中的榴弹。

(2) 小型铁拳 30（Panzerfaust Klein 30）

这款武器也称为"拳弹 1"或"格蕾琴"，是铁拳 30 的缩小版，配有形状不同的弹头。它与铁拳 30 的操作系统相同，射程也是 30 码左右。据称这款武器的破甲深度为 140 毫米。

(3) 铁拳 60（Panzerfaust 60）

这款反坦克榴弹发射器的外观与铁拳 30 相似，但安装了重新设计的击发机构和新的瞄准具——瞄准具有几个表尺孔，刻度分别为 30 米、60 米、80 米。

铁拳 60 的发射管比铁拳 30 略粗，重量也增加到了 13.5 磅。

与铁拳 30 一样，铁拳 60 的破甲深度也是 200 毫米。

(4) 铁拳 100（Panzerfaust 100）

这是迄今为止铁拳反坦克榴弹发射器系列中的最新款，外表与铁拳 60 相似，但尺寸稍有增加，性能也略有提升。这款武器的破甲深度据说能达到 200 毫米，瞄具表尺刻度也提高到了 150 米。

3. 火箭筒 [Rocket Launcher（Raketenpanzerbüchse 54）]

(1) 概述

这款武器也称为"烟囱"（Ofenrohr）或"战车噩梦"（Panzerschreck），与美国的 2.36 英寸巴祖卡火箭筒类似，发射空心装药火箭弹。战车噩梦是"一根装有准星和照门的钢管"，以待发杆和扳机操作电击发装置。发射前，火箭弹插入发射管尾部，以卡扣确保火箭弹就位，并与发射器后部的电引线相连。射手扣动扳机后，一根磁化钢杆就穿过发射器下方外壳里的线圈产生电流，形成火花，点燃发射器尾部的火箭弹。战车噩梦的后期型号装有夹在发射管上的钢制防盾——开有观察孔的防盾位于射手左侧。这样一来，射手就不用穿戴防护服。德国人声称战车噩梦的有效射程为 120 米。

(2) 技术参数

口径：88 毫米

全长：5 英尺 4.5 英寸

外径：3.7 英寸

重量：20.5 磅

最大射程：120 米

(3) 使用弹种

战车噩梦发射 7 磅重的空心装药火箭弹（尾管装填推进剂）。火箭弹装有弹头引信和圆形尾翼，长度为 2 英尺 1.25 英寸。

4. 重型火箭筒 [Heavy Rocket Launcher（Raketenwerfer 43）]

(1) 概述

这款武器是更重型的火箭筒，可发射空心装药火箭弹打击坦克。安装在两轮单轨炮架上的发射管配有防盾，简单的铰装炮闩带有击针机构。炮架上没有高低机或方向机手轮，射手必须用铲形手柄让发射管保持在需要的高度，并在横移滑轨上手动横移发射管。这款武器的发射管前部有准星，后部装有可调式照门（表尺刻度从 180 米到 700 米）。也就是说，这款火箭筒可以充当迫击炮，从远距离杀伤人员。

(2) 技术参数

口径：88 毫米

全长：9 英尺 2 英寸

39 式反坦克步枪

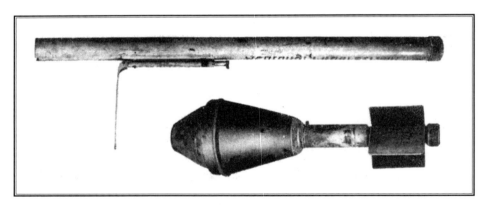

铁拳 30 反坦克榴弹发射器

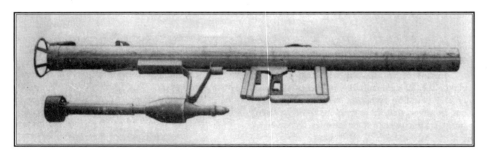

被称为"战车噩梦"的反坦克火箭筒

重量：270磅左右

炮架宽度：3英尺3.5英寸

发射管高度：1英尺6英尺

俯仰角：-18度到+15度

(3) 使用弹种

这款火箭筒发射88毫米空心装药火箭弹，与火箭筒使用的弹种类似，但稳定尾翼末端的凸缘底中央有个显眼的底帽。发射后，凸缘底会留在后膛。

第三节 迫击炮

一、综述

这场战争开始时，德国人主要使用两款迫击炮：50毫米迫击炮和81毫米迫击炮（分别为连级与营级支援兵器）。但他们发现，这些兵器的火力比不上敌人的迫击炮，特别是苏联人。为弥补这种不足，德国人采取了两项主要措施：研发了一款短炮身81毫米迫击炮；仿制苏制120毫米迫击炮——这款兵器的性能远远优于任何一款德制迫击炮。

二、轻型迫击炮

1.36式50毫米轻型迫击炮（5cm Leichter Granatenwerfer 36）

(1) 概述

这是一款炮口装填，以扳机击发的迫击炮，只能用于高射界射击。炮手可通过安装在座钣上的、支撑炮筒的升降臂来实现高度调整（能进行粗调和微调）。这款迫击炮使用了传统设计的方向机，可以朝左右横移15度左右。座钣两侧各有一个在发射前铺放座钣的手动调平螺栓，可在发射期间稳定迫击炮。

(2) 技术参数

口径：50毫米

总重量：31磅

最大回旋角度：34度

射击仰角：43度到90度

最大射程：570 码

炮弹重量：2.2 磅

发射速率：每分钟 12—20 发

(3) 使用弹种

这款迫击炮发射 2.2 磅重的高爆弹，内含 4.5 盎司 TNT 炸药。

2.50 毫米自动迫击炮（5cm Maschinengranatwerfer）

(1) 概述

这款靠动力操作的自动迫击炮的长度，几乎是标准款 50 毫米迫击炮的两倍。容弹量 6 发炮弹的弹夹，需手动装入左侧的弹架。每发炮弹填入炮闩后，炮筒向下滑过炮弹，释放击针。这款迫击炮的供弹、闭锁和击发机构都以电力操作。这款迫击炮只部署在固定防御体系的特制混凝土炮塔里。自动迫击炮的炮塔，除了顶部，其他部分都在地下（包括弹药库、动力设施、弹药升降机和炮组人员宿舍）。

(2) 使用弹种

这款自动迫击炮发射标准的 50 毫米迫击炮弹，炮塔里的距离标尺表明其最大射程为 820 码。

三、中型迫击炮

1.34 式 81 毫米中型迫击炮（8cm Schwerer Granatenwerfer 34）[①]

(1) 概述

这款兵器可被视为美国 81 毫米口径 M-1 迫击炮的德国版，是一款炮口装填、装有固定击针的滑膛迫击炮（高低机、方向机、水平装置都是常规设计）。

(2) 技术参数

口径：81.4 毫米

总重量：124 磅

最大回旋角度：14 度

射击仰角：40 度到 90 度

---

① 编者注：81 毫米是标准口径，"8cm Schwerer Granatenwerfer 34"是该兵器的型号，并不是翻译错误。下同。

最大射程（高爆弹）：

主发射装药时为 591 码

加 1 号装药时为 1094 码

加 2 号装药时为 1597 码

加 3 号装药时为 2078 码

加 4 号装药时为 2625 码

炮弹重量：7.7 磅

发射速率：每分钟 10—12 发

(3) 使用弹种

高爆弹含 1.1 磅 TNT，烟幕弹含 1 磅三氧化硫。

除了标准的烟幕弹和高爆弹，这款迫击炮还使用一种称为"跳弹"的炮弹——德国人想要实现空炸效果，但实际使用下来却不太成功。跳弹的重量与标准高爆弹相同，但只含 0.8 磅 TNT。

2.42 式短炮身 81 毫米迫击炮（8cm Kurzer Granatenwerfer 42）

(1) 概述

这款兵器表明，德国人竭力把中型迫击炮的打击力，与轻型兵器（例如 50 毫米迫击炮）的机动性和轻便性相结合。

42 式短炮身 81 毫米迫击炮是标准款 81 毫米迫击炮的简化版本，配有经过修改的高低机和升降机。值得一提的是，42 式短炮身 81 毫米迫击炮的水平调整装置与美国的 81 毫米 M-1 迫击炮类似。

(2) 技术参数

口径：81.4 毫米

总重量：62 磅

最大回旋角度：10 度

射击仰角：47 度到 88 度

最大射程：1200 码

(3) 使用弹种

这款兵器发射的炮弹与标准款 81 毫米迫击炮相同，但只能使用三个附加药包，发射高爆弹时的最大射程是 1200 码。

操作迫击炮的士兵

34 式 81 毫米中型迫击炮

四、重型迫击炮

1. 35 式 105 毫米烟幕迫击炮（10cm Nebelwerfer 35）

(1) 概述

这是标准款 81 毫米迫击炮的放大版，最初配备化学战部队，主要用于发射烟幕弹和化学弹（现在也发射高爆弹）。从外表上来看，它与 81 毫米迫击炮几乎一模一样。

(2) 技术参数

口径：105 毫米

总重量：231 磅

最大回旋角度：13 度

射击仰角：45 度到 80 度

最大射程：使用四个附加药包后可达 3300 码

炮弹重量：16 磅

(3) 使用弹种

这款迫击炮发射的高爆弹和烟幕弹的重量都是 16 磅，高爆弹含 3.75 磅 TNT。

2. 40 式 105 毫米烟幕迫击炮（10cm Nebelwerfer 40）

(1) 概述

这是款炮口装填的滑膛迫击炮，需装在炮架上运输、射击。这款采用整体结构的迫击炮，闭锁机构的设计不同寻常——操作手柄的运动导致迫击炮尾部越过固定在边框上的炮闩。该迫击炮的边框两侧内部各有一个缓冲杆，有缓冲活塞连接炮闩两侧。此外，这款迫击炮的炮架以钢管制成，装有高低机、方向机和瞄准具。

(2) 技术参数

口径：105 毫米

总重量：1708 磅

最大回旋角度：14 度

射击仰角：45 度到 85 度

最大射程（高爆弹）：6780 码

高爆弹重量：19.1 磅

(3) 使用弹种

这款迫击炮可以发射高爆弹和烟幕弹，烟幕弹比高爆弹重 0.5 磅。

3. 105毫米固定式防御迫击炮（10cm Leichte Haubitze Turm）

(1) 概述

这款迫击炮用于地下防御体系，部署在大型圆柱形炮台的上隔层，处于全封闭状态（只留一个小小的射孔），而射孔也以钢板活门掩护。炮台下隔层可存放弹药，并为炮组人员提供休息场所。炮弹以传送带运到迫击炮旁，然后由炮组人员手动装填。

105毫米固定式防御迫击炮是一款后膛装填的滑膛迫击炮，配有半自动闭锁机构、横向滑移炮闩、液气后座系统。迫击炮的身管固定在支架上——支架可以升高、锁止发射位置。此外，炮台还设有回转机构，转动方向机可以旋转整个战斗舱。通常情况下，观察所会以电控方式击发迫击炮，但也可以通过战斗舱里的潜望镜来控制击发。

(2) 技术参数

这款迫击炮的射击仰角是45度到90度，其他技术特点尚待考证。

(3) 使用弹种

这款武器使用的炮弹与40式105毫米烟幕迫击炮相同，但装药量不同。

4. 42式120毫米迫击炮（12cm Granatenwerfer 42）

(1) 概述

实际上，这款迫击炮完全是同款苏制武器的德国仿制型（采用了传统结构，由身管、圆形座钣和两脚架构成）。不过，这款迫击炮的机动性很强——它配有两个轮子、可以快速安装的车轴和夹在迫击炮上的两脚架，能够随时投入战斗。

这款武器可通过快速拖曳或人力推动的方式进入新发射阵地，大口径炮弹和较远的射程所提供的火力支援，可以和105毫米野战榴弹炮媲美。

(2) 技术参数

口径：120毫米

总重量：616磅

最大回旋角度：16度

射击仰角：45度到85度

最大射程：6600码

炮弹重量：35磅

(3) 使用弹种

这款迫击炮发射四种型号的高爆弹。

5.200 毫米轻型插杆式迫击炮（20cm Leichter Ladungswerfer）

(1) 概述

200 毫米轻型插杆式迫击炮由两脚架、座钣、插杆和插杆臂构成。采用常规设计的座钣有个插口，供插杆下端的底盖球形突起物插入。

该迫击炮所使用的两脚架与 81 毫米迫击炮和 105 毫米迫击炮使用的脚架类似，但配有更强大的减震器。插杆以拔制钢管构成，较小的下端刻有螺纹（可供安装支撑臂）。

此外，在 200 毫米轻型插杆式迫击炮的支撑臂上方还有两个绝缘的电接触板。而且，支撑臂内的连接导电管直接通往插杆上端，接触发射装药的电底火。

(2) 技术参数

插杆直径：3.5 英寸

总重量：205 磅

最大回旋角度：5 度

射击仰角：45 度到 80 度

最大射程：使用三个附加药包后可达 766 码

炮弹重量：46 磅

(3) 使用弹种

这款迫击炮发射高爆弹和烟幕弹，高爆弹含 15 磅阿马托炸药。

相关报告表明，德国人还以这款迫击炮发射"鱼叉弹"，据说这种炮弹可投射用于肃清地雷场或电网的绳索和抓钩。

6.380 毫米重型插杆式迫击炮（38cm Schwerer Ladungswerfer）

(1) 概述

这款兵器很可能是 200 毫米轻型插杆式迫击炮的放大版（没人见过它，但一枚曝光的 380 毫米插杆式高爆弹似乎可以反证这款武器的存在）。

(2) 技术参数

插杆直径：6.25 英寸

炮弹重量：110 磅

(3) 使用弹种

这款迫击炮可发射高爆弹和烟幕弹，高爆弹装有 3.31 磅炸药。

40 式 105 毫米烟幕迫击炮

第四节 火炮

一、综述

1. 发展

相对而言，德国人在战争初期忽视了他们的炮兵力量。

1939 年，德国人发动现代战争的理念是"闪电战"，他们以装甲力量和俯冲轰炸机的协同作战来统治战场。他们先以轰炸削弱敌人，再以坦克粉碎对方，炮兵仅仅充当配角。面对装备欠佳的军队，德国人的闪电战大获成功。可后来德国的敌人逐渐恢复过来，再加上闪电战理论的彻底破产，迫使德国人设法更新他们的炮兵学说。

2. 师属炮兵

德国发动战争时，师属炮兵兵器都是"18"级（例如 100 毫米的 le.F.H.18、100 毫米的 K.18、150 毫米的 s.F.H.18），这些火炮仍沿用旧标准。德国人经过各种试验性修改，最终把这些火炮定为 42 系列，并以此实现标准化。

不过，德国人目前似乎没考虑彻底重新设计任何一款火炮。

二、步兵炮

1.75 毫米轻型步兵炮（75mm Light Infantry Gun）

(1) 概述

75 毫米轻型步兵炮（德：7.5 cm le.I.G.18）是一款步兵近距离支援兵器，可射击低处和高处。这款装有防盾的方匣形火炮安装在配备充气轮胎的炮架上。另一个改款是 le.Geb.I.G.18，采用木制辐条炮轮、开脚式管状大架，没有防盾；改款的步兵炮性能相似（配备给空降部队）。这两款步兵炮都有个包在滑动支座里的不寻常的炮身。

(2) 技术参数

口径：75 毫米

炮身长度：34.75 英寸

战斗全重：880 磅

最大射程：3900 码

炮口初速：每秒 725 英尺

最大回旋角度：12 度

射击俯仰角：-10 度到 +73 度

牵引方式：车辆或马匹拖曳

山地版：可拆卸成六个部分运送，最重的一部分重 165 磅

(3) 使用弹种

这款步兵炮可发射高爆弹和空心装药破甲弹，高爆弹的重量为 13.2 磅和 12.13 磅。

2.75 毫米步兵炮（75mm Infantry Gun）

(1) 概述

这款 75 毫米步兵炮（德：7.5cm le.I.G.37）以前被称为 "75 毫米 Pak 37"，由安装在 37 毫米反坦克炮炮架上的 75 毫米口径、21 倍径的炮身构成。这款步兵炮配有四片挡板的炮口制退器，横截面呈方形。

(2) 技术参数

口径：75 毫米

炮身长度：5 英尺 1.95 英寸

战斗全重：1124 磅

最大射程（大架埋在 3 英尺深的坑里，以增加仰角）：5630 码

炮口初速：每秒 1165 英尺

最大回旋角度：小于 60 度

射击仰角：22 度 30 分

牵引方式：车辆或马匹拖曳

(3) 使用弹种

和 75 毫米轻型步兵炮一样，这款火炮可以发射高爆弹和空心装药破甲弹。空心装药破甲弹以 30 度的入射法线角击中目标，侵彻深度可达 75 毫米。

3.150 毫米重型步兵炮（150mm Heavy Infantry Gun）

(1) 概述

150 毫米重型步兵炮（德：15cm s.I.G.33）是一款制式步兵兵器，可用于俯仰角射击。这款火炮采用整体式炮身，配有水平滑动炮闩和弹壳密闭装置。该兵器安

75 毫米步兵炮

150 毫米重型步兵炮

装在两轮炮架上，大架呈匣状。

近期，150毫米重型步兵炮配备了用于对付铁丝网和地雷场的棒状炸弹。

(2) 技术参数

口径：150毫米

炮身长度：5英尺4.57英寸

战斗全重：3360磅

最大射程（高爆弹）：5140码

炮口初速：每秒787英尺

最大回旋角度：11度15分

射击仰角：0度到73度

牵引方式：车辆或马匹拖曳

(3) 使用弹种

除了棒状炸弹，这款步兵炮还可以发射高爆弹和烟幕弹。这些弹种的重量如下：高爆弹84磅、烟幕弹85磅、棒状炸弹197磅。

三、山炮

1.75毫米山地榴弹炮（75mm Mountain Howitzer）

(1) 概述

75毫米山地榴弹炮（德：7.5cm Geb.G.36）是德军制式轻型山地榴弹炮，整体式炮身可以安装反射隔板或圆柱形侧孔炮口制退器，缓冲器和复进机都在炮身下方。炮闩采用水平滑动式，炮架配有开脚式匣状大架和实心橡胶轮胎，但不配防盾。这款榴弹炮运输时可以迅速分解成11个部分，最重的是炮身（249磅），以及摇架和反后坐装置（250磅）。

(2) 技术参数

口径：75毫米

炮身长度：57.09英寸

战斗全重：1650磅

最大射程：10100码

炮口初速：每秒1558英尺

最大回旋角度：40 度

射击俯仰角：-8 度到 +70 度

牵引方式：马匹拖曳，或用雪橇和人力运送分解件

(3) 使用弹种

这款山地榴弹炮可以发射高爆弹和空心装药破甲弹。高爆弹的重量为 12.6 磅和 12.81 磅，空心装药破甲弹的重量为 9.75 磅。

2.105 毫米山地榴弹炮（105mm Mountain Howitzer）

(1) 概述

105 毫米山地榴弹炮（德：10.5cm Geb.H.40）是德国人最新式的山炮，近期才出现。它装有双气室炮口制退器，侧面有宽大的凸缘，配备水平滑动炮闩和弹壳密闭装置。该炮采用开脚式大架的炮架，安装在轻合金炮轮上。运送时，这款榴弹炮可以分解成 9 个部分，最重的是炮身和炮口制退器（551 磅）。

(2) 技术参数

口径：105 毫米

炮身长度：11 英尺 3.4 英寸（包括炮尾环和炮口制退器）

战斗全重：3660 磅

最大射程：13810 码

炮口初速：每秒 1870 英尺

105 毫米山地榴弹炮

最大回旋角度：50度40分

射击俯仰角：-4度47分到+70度

牵引方式：通常以马匹拖曳的大车运送

(3) 使用弹种

这款105毫米山地榴弹炮发射半固定装药高爆弹、烟幕弹、照明弹和空心装药破甲弹。高爆弹的重量为32.6磅。

四、空降兵无后坐力炮

1.75毫米空降兵无后坐力炮（75mm Airborne Recoilless Gun）

(1) 概述

这款75毫米空降兵无后坐力炮（德：7.5cm L.G.40）的后膛会把发射药产生的部分气体排向后方，借此抵消后坐力。该炮的炮架主要以轻合金制造，重量大为减轻。这款火炮可以装在两个容器里，用降落伞空投。较薄的水平滑动炮闩需手动操作，一根文氏管从炮闩尾部伸出（上面钻有孔洞，以便气体逃逸）。炮架上装有轻金属盘式车轮。

(2) 技术参数

口径：75毫米

炮身长度：45.28英寸（含炮尾环和喷口）

战斗全重：321磅

最大射程（高爆弹）：约为8900码

炮口初速（高爆弹）：每秒1238英尺

仰角-15度到+42度的最大回旋角度：左右各30度

仰角-15度到+20度的最大回旋角度：左右各360度

回旋角度360度的射击俯仰角：-15度到+20度

回旋角度30度的射击俯仰角：左右各-15度到+42度

牵引方式：机载

(3) 使用弹种

这款无后坐力炮可发射高爆弹、被帽风帽穿甲弹、空心装药破甲弹。炮弹的重量如下：高爆弹12磅、被帽风帽穿甲弹15磅、空心装药破甲弹10.13磅。空心装药破甲弹以 30 度入射法线角击中目标，侵彻深度可达 50 毫米。

2.105 毫米空降兵无后坐力炮（105mm Airborne Recoilless Gun）

(1) 概述

和 75 毫米无后坐力炮一样，该炮（德：10.5cm L.G.40）可利用炮尾喷口排出发射药产生的部分气体，而不是依靠反后坐装置。这款火炮没有炮闩，击发机构从炮尾环顶部操作(底火位于药筒侧面)。10.5 cm L.G.40/2 是这款无后坐力炮的改进型。

(2) 技术参数

口径：105 毫米

含喷口在内的炮身长度：6 英尺 3 英寸

战斗全重：855 磅

最大射程（高爆弹）：8694 码

炮口初速（高爆弹）：每秒 1099 英尺

最大回旋角度：80 度

射击俯仰角：-15 度到 +40 度 30 分

牵引方式：机载

(3) 使用弹种

这款无后坐力炮可发射高爆弹和空心装药破甲弹。弹壳底部有个圆形胶木盘，会在火炮击发时损毁。各弹种的重量如下：高爆弹 32.63 磅、空心装药破甲弹 25.88 磅。

3.105 毫米空降兵无后坐力炮（105mm Airborne Recoilless Gun）

(1) 概述

与上一款 105 毫米空降兵无后坐力炮不同的是，105 毫米空降兵无后坐力炮（德：10.5cm L.G.42）装有水平滑动炮闩——炮闩上有孔，便于气体向后喷出。为快速分解、重新组装专门设计的炮架，由相对较重的管子制成。这款无后坐力炮既可以机载，也可以驮载。该炮的另一个变款是 105 毫米 L.G.42/1（重量为 1191 磅）——虽然两者的重量不同，但却使用相同的射程表。

(2) 技术参数

口径：105 毫米

含喷口在内的炮身长度：6 英尺 0.28 英寸

战斗全重：1217 磅

105 毫米空降兵无后坐力炮

最大射程（高爆弹）：8695 码

炮口初速：每秒 1699 英尺

最大回旋角度：仰角 12 度时，回旋角度 360 度；仰角超过 12 度时，回旋角度
71 度 15 分

射击仰角：15 度到 42 度 35 分

牵引方式：机载或驮载

(3) 使用弹种

这款无后坐力炮可以发射高爆弹、空心装药破甲弹、烟幕弹和高爆燃烧弹。各
弹种的重量如下：高爆弹 32.58 磅、空心装药破甲弹 26.62 磅或 27.17 磅、烟幕弹
32.36 磅、高爆燃烧弹 33.52 磅。

五、野战炮和中型火炮

1.38 式 75 毫米野战加农炮（7.5cm Feld Kanone 38）

(1) 概述

这款常规设计的加农炮配有半自动水平滑动炮闩，整体式炮身上装有开槽的圆柱形炮口制退器。液气复进机位于炮身上方，液压缓冲器则位于炮身下方。该炮采用了弹簧式的平衡机和铆接箱体结构的开脚式大架，配有炮轮。

(2) 技术参数

口径：75 毫米

炮身长度：9 英尺 3.5 英寸

战斗全重：3136 磅

最大射程：12570 码

炮口初速：每秒 1985 英尺

最大回旋角度：50 度

射击俯仰角：-5 度到 +45 度

牵引方式：牵引车

(3) 使用弹种

这款野战加农炮发射两种高爆弹和一种空心装药破甲弹。高爆弹的重量为12.85 磅和 13.88 磅，空心装药破甲弹的重量为 10.07 磅。

2.105 毫米野战榴弹炮（10.5cm Leichte Feld Haubitze 18）

(1) 概述

这是第一次世界大战期间研发的制式师属野战炮兵榴弹炮，装有液气反后坐装置，以及沉重、设计简单的炮尾结构（有水平滑动炮闩和弹壳密闭装置）。1941 年，这款榴弹炮推出了第一个改款——为发射新式远程装药，安装了常规设计的炮口制退器（射程增加了 1800 码）。第一个改进型为 le.F.H.18（M），1944 年推出的第二个改进型为 le.F.H.18/40。le.F.H.18（M）的炮身安装在为40 式 75 毫米反坦克炮大规模生产的炮架上。德国人改进升降和击发机构，提高了射速，而更有效的炮口制退器也减小了后坐力。两款改进型的弹道特性相同，射表也完全一致。

(2) 技术参数（le F.H.18/40）

口径：105 毫米

含炮尾环和炮口制退器在内的炮身长度：10 英尺 8.252 英寸

战斗全重：4320 磅

最大射程：13480 码

炮口初速：每秒 1772 英尺

最大回旋角度：56 度

射击俯仰角：-6 度到 +40 度

牵引方式：牵引车

(3) 使用弹种

可发射高爆弹、烟幕弹、燃烧弹、照明弹、宣传弹、空心装药破甲弹、脱壳高爆弹、脱壳穿甲弹，但装有炮口制退器的火炮可能无法发射脱壳弹。高爆弹的重量为 32 磅 11 盎司。

3. 150 毫米中型榴弹炮（150mm Medium Howitzer）

(1) 概述

这是标准的师属炮兵中型榴弹炮，与 105 毫米中型加农炮使用同样的底盘。在热护套内动作的炮身粗大结实，手动操作的炮尾装有水平滑动炮闩，还有连续拉发机构和弹壳密闭装置。这款 150 毫米中型榴弹炮（德：15cm s.F.H.18）配有弹簧平衡机，炮架采用开脚式匣状大架（有两个实心橡胶轮胎）。这款火炮的新型号是 150 毫米口径的 s.F.H.18/40——装有炮口制退器，发射同样的弹种，但炮口初速更高（达到每秒 1952 英尺），最大射程也增加到了 16514 码。据说，该炮还有进一步改进的 F.H.42 型。

(2) 技术参数

口径：105 毫米

炮身长度：14 英尺 5.16 英寸

战斗全重：12096 磅

最大射程：14630 码

炮口初速（8 号药包）：每秒 1705 英尺

最大回旋角度：60 度

射击俯仰角：-1 度 30 分到 +45 度

牵引方式：马匹或牵引车

(3) 使用弹种

这款火炮可发射高爆弹、混凝土破坏弹、烟幕弹。炮弹的重量为 95.7 磅。发射装药由 8 个药包构成。

4.105 毫米中型加农炮（105mm Medium Gun）

(1) 概述

这款 105 毫米中型加农炮（德：s.10cm K.18）的底盘可以和 150 毫米中型榴弹炮互换。手动操作的炮尾装有水平滑动炮闩和弹壳密闭装置。

(2) 技术参数

口径：105 毫米

炮身长度：17 英尺 11.28 英寸

战斗全重：11424 磅

最大射程：20850 码

炮口初速：每秒 2740 英尺

最大回旋角度：60 度

射击俯仰角：-1 度 30 分到 +45 度

牵引方式：马匹或牵引车

(3) 使用弹种

这款加农炮发射高爆弹、穿甲弹、被帽风帽穿甲弹。各弹种的重量如下：高爆弹 33.5 磅、穿甲弹 31.25 磅、被帽风帽穿甲弹 34.63 磅。该加农炮使用大、中、小三种发射药包。

5.150 毫米加农炮（150mm Gun）

(1) 概述

这款 150 毫米加农炮（德：15cm K.18）具有德国"18"级野战火炮设计的典型特征，包括炮身上方的复进机和下方的缓冲器。常规的水平滑动炮闩靠手动操作，两个液气平衡机用螺栓固定在炮身热护套上。底盘装在两个炮轮上，炮架采用匣状大架。

(2) 技术参数

口径：150 毫米

炮身长度：27 英尺 0.5 英寸

战斗全重：31350 磅

最大射程：27040 码

炮口初速：每秒 2838 英尺

最大回旋角度：12 度

射击俯仰角：-40 度到 +45 度

牵引方式：车辆拖曳

(3) 使用弹种

这款加农炮发射流线形高爆弹、穿甲弹、混凝土破坏弹。各弹种的重量如下：高爆弹 94.6 磅、混凝土破坏弹 95.7 磅。

6. 150 毫米加农炮（150mm Gun）

(1) 概述

这是后期型号的 150 毫米加农炮（德：15cm K.39），使用配备开脚式大架和带橡胶轮胎的炮架，可以作为野战加农炮使用。如果把野战炮架安装在入驻炮台的转盘上，则可作为海防炮使用。

(2) 技术参数

口径：150 毫米

炮身长度：27 英尺 0.84 英寸

战斗全重（不含平台）：29630 磅

最大射程：27040 码

炮口初速：每秒 2838 英尺

最大回旋角度：60 度

安装在平台上的最大回旋角度：360 度

射击俯仰角：-4 度到 +45 度

牵引方式：车辆拖曳

(3) 使用弹种

这款加农炮发射流线形高爆弹、半穿甲弹、穿甲弹、混凝土破坏弹。各弹种的重量如下：高爆弹 94.6 磅和 99.25 磅、混凝土破坏弹 95.7 磅、半穿甲弹 99.25 磅、穿甲弹 99.25 磅。

7. 170 毫米 K 型加农炮（170mm Gun）

(1) 概述

该炮架版 170 毫米 K 型加农炮（德：17cm K.in Mörserlafette) 是一款远程机动火炮，安装在 210 毫米榴弹炮的炮架上。这款加农炮采用组合式炮身，上炮架装有单独的反后坐装置（上炮架会在后坐力的作用下向后移动）。手动操作的炮尾机构，装有水平滑动炮闩和弹壳密闭装置。尽管这款火炮很重，但它能迅速投入或脱离战斗。炮组成员用千斤顶放下发射平台，抬升炮轮后就可以发射。一个人使用大架钉就能围绕发射平台360度转动火炮。

(2) 技术参数

口径：170毫米

炮身长度：28英尺3.6英寸

战斗全重：41976磅

最大射程（流线形高爆弹）：32370码

炮口初速（流线形高爆弹）：每秒3035英尺

最大回旋角度（在方向齿弧上）：16度

射击仰角：70度（实际上被挡块限制在50度）

(3) 使用弹种

这款加农炮可发射流线形高爆弹、流线形高爆风帽弹、穿甲弹。高爆弹的重量为138磅，高爆风帽弹的重量为148磅。

8.210毫米榴弹炮（210mm Howitzer）

(1) 概述

这款210毫米榴弹炮（德：21cm Mörser18）是标准的重型榴弹炮。火炮在支架上后座，而支架则用炮耳固定在上炮架。后座时，上炮架也沿下炮架移动。炮尾机构需手动操作，装有水平滑动炮闩和弹壳密闭装置。

战斗时，炮组人员会用千斤顶放下发射平台、抬起炮轮，并用一块横板支撑大架后部。行进时，炮组人员会用两轮牵引车连接和支撑大架（单独行进时由炮架支撑炮身）。

(2) 技术参数

口径：210毫米

炮身长度：21英尺4.37英寸

战斗全重：36740磅

最大射程：18300码

炮口初速：每秒1854英尺

最大回旋角度：16 度

射击仰角：70 度

牵引方式：车辆拖曳

(3) 使用弹种

这款榴弹炮可发射流线形高爆弹、混凝土破坏弹和带有稳定翼的混凝土破坏棒状炸弹。高爆弹的重量为 249 磅，混凝土破坏弹的重量为 268 磅。

150 毫米中型榴弹炮

105 毫米中型加农炮

170 毫米 K 型加农炮

210 毫米榴弹炮

六、反坦克炮

1. 28/20 毫米反坦克炮（28/20mm Antitank Gun）

(1) 概述

这款反坦克炮（德：2.8cm s.Pz.B41）是第一款格里希高速锥膛反坦克炮，于1941 年推出。整体式炮身配有半自动炮尾机构，并安装了水平滑动楔式炮闩和炮口制退器。这款反坦克炮还有个空降兵型，把同样的炮身安装在轻合金支架和两轮管状炮架上，重量只有 260 磅。

(2) 技术参数

口径（初期）：28 毫米

口径（改款）：20 毫米

炮身长度：5 英尺 7.62 英寸

战斗全重：501 磅

炮口初速：每秒 4600 英尺

最大回旋角度：90 度

射击俯仰角：-5 度到 +45 度

(3) 使用弹种

这款反坦克炮发射高爆弹和碳化钨芯穿甲弹。高爆弹的重量为 3.1 盎司、穿甲弹的重量为 4.6 盎司。穿甲弹在 400 码距离以 30 度入射法线角击中目标，侵彻深度达 53 毫米。

2. 37 毫米反坦克炮（37mm Antitank Gun）

(1) 概述

以前，这款 37 毫米反坦克炮（德：3.7cm Pak）是德国人最主要的反坦克炮。40 型穿甲弹让这款反坦克炮在 400 码的距离内有不错的侵彻性能。该炮采用了水平滑动式炮闩，而火炮防盾则是一块 0.19 英寸厚的装甲板。

(2) 技术参数

口径：37 毫米

炮身长度：5 英尺 5.52 英寸

战斗全重：970 磅

炮口初速（40 型穿甲弹）：每秒 3450 英尺

炮口初速（穿甲弹）：每秒 2625 英尺

最大回旋角度：60 度

射击俯仰角：-8 度到 +25 度

牵引方式：车辆拖曳或搭载，机载

(3) 使用弹种

这款反坦克炮可发射高爆弹、穿甲弹、40 型穿甲弹、空心装药棒状炸弹。高爆弹的重量为 1.38 磅，穿甲弹的重量为 1.5 磅，40 型穿甲弹的重量为 12.5 盎司，直径 6.25 英寸的棒状炸弹的重量为 18.75 磅。这款兵器在 400 码的距离发射 40 型穿甲弹，以 30 度入射法线角击中均质装甲，侵彻深度 49 毫米；棒状炸弹能侵彻 152.4 毫米左右的均质钢板。不过，这款火炮攻击移动目标时的射程可能不超过 150 码。

3.42/28 毫米反坦克炮（42/28mm Antitank Gun）

(1) 概述

这是德国人的第二款锥膛反坦克炮。这款火炮的整体式炮身较长，具有明显的外锥度和内锥度，没有炮口制退器。水平滑动炮闩需要手动操作，炮架与 37 毫米反坦克炮相同，但装有两块防盾——第二块 0.19 英寸厚的防盾铆接在火炮的标准防盾上，两层防盾间的空隙约为 1.88 英寸。

(2) 技术参数

口径（初期型号 4.2cm le.Pak 41）：42 毫米

口径（改款型号 2.8cm le.Pak 41）：28 毫米

炮身长度：7 英尺 4.5 英寸

战斗全重：990 磅

炮口初速：每秒 4100 英尺

最大回旋角度：44 度

射击俯仰角：-8 度到 +32 度

牵引方式：车辆拖曳

(3) 使用弹种

这款反坦克炮可发射高爆弹和碳化钨芯穿甲弹。高爆弹的重量为 0.56 磅、穿甲弹的重量为 0.69 磅。这款兵器在 700 码距离发射穿甲弹，以 30 度入射法线角击中目标，侵彻深度达 68 毫米。

4.38 式 50 毫米反坦克炮（50mm Antitank Gun）

(1) 概述

德国于 1941 年推出 38 式 50 毫米反坦克炮（德：5cm Pak 38），以替代 37 毫米反坦克炮。38 式 50 毫米反坦克炮安装在常规设计、开脚式大架的炮架上，整体式炮身装有炮口制退器，半自动炮尾机构配有水平滑动炮闩。这款反坦克炮安装了实心橡胶炮轮，防盾以两块 4 毫米厚的装甲板构成，两块装甲板间的间隙在 25.4 毫米左右。

(2) 技术参数

口径：50 毫米

炮身长度：10 英尺 4.96 英寸

战斗全重：2016 磅

炮口初速（40 型穿甲弹）：每秒 3940 英尺

炮口初速（穿甲弹）：每秒 2740 英尺

炮口初速（高爆弹）：每秒 1800 英尺

最大回旋角度：65 度

射击俯仰角：-18 度到 +27 度

牵引方式：半履带牵引车

(3) 使用弹种

不同弹种的重量如下：穿甲弹 4.56 磅、40 型穿甲弹 2.025 磅、高爆弹 3.94 磅。这款反坦克炮在 1000 码的距离发射穿甲弹，以 30 度入射法线角击中目标，侵彻深度达 56 毫米。

5.40 式 75 毫米反坦克炮（75mm Antitank Gun）

(1) 概述

40 式 75 毫米反坦克炮（德：7.5cm Pak 40）的外形与 38 式 50 毫米反坦克炮相似。该反坦克炮的整体式炮身装有双气室炮口制退器，半自动炮尾机构配有水平滑动炮闩。炮架采用管状开脚式大架，装有实心橡胶炮轮和扭力杆式悬架，拖行速度可达每小时 25 英里。防盾以两块 4 毫米厚的装甲板构成，两块装甲板间的间隙在 25.4 毫米左右。

(2) 技术参数

口径：75 毫米

炮身长度：11 英尺 4 英寸

战斗全重：3136 磅

炮口初速（40 型穿甲弹）：每秒 3250 英尺

炮口初速（被帽风帽穿甲弹）：每秒 2530 英尺

炮口初速（高爆弹）：每秒 1800 英尺

炮口初速（空心装药破甲弹）：每秒 1476 英尺

最大回旋角度：65 度

射击俯仰角：-5 度到 +22 度

牵引方式：车辆拖曳

(3) 使用弹种

不同弹种的重量如下：高爆弹 12.54 磅、被帽风帽穿甲弹 15 磅、穿甲弹 9.125 磅、空心装药破甲弹 9.97 磅、烟幕弹 13.7 磅。40 式 75 毫米反坦克炮发射被帽风帽穿甲弹，在 1000 码的距离以 30 度入射法线角击中目标，侵彻深度（均质装甲）达 102 毫米。

6.41 式 75/55 毫米反坦克炮（75/55mm Antitank Gun）

(1) 概述

这是德国人研发的第三款锥膛反坦克炮（德：7.5cm Pak 41），装有炮口制退器和半自动垂直滑动炮闩。圆柱形热护套覆盖了炮身后半部分，以球形万向节连接防盾。

(2) 技术参数

口径（初期）：75 毫米

口径（改款）：55 毫米

炮身长度：13 英尺 7.375 英寸

战斗全重：3136 磅

炮口初速（估计）：每秒 3936 英尺

最大回旋角度：60 度

射击俯仰角：-10 度到 +18 度

牵引方式：车辆拖曳

(3) 使用弹种

41 式 75 毫米反坦克炮可发射高爆弹和穿甲弹。穿甲弹的重量为 5.68 磅，其中碳化钨芯重 2.01 磅。这款反坦克炮在 1000 码的距离发射穿甲弹，以 30 度入射法线角击中目标，侵彻深度达 130 毫米。

7.75 毫米反坦克炮（75mm Antitank Gun）

(1) 概述

德国于 1942 年推出的这款 75 毫米反坦克炮（德：7.5cm Pak 97/38），使用了著名的法制 1897 式 75 毫米火炮（安装在 38 式 50 毫米反坦克炮的炮架上，还配备了圆柱形多孔炮口制退器）。炮尾机构采用手动操作，装有偏心螺式炮闩。

(2) 技术参数

口径：75 毫米

炮身长度：9 英尺 8 英寸

战斗全重：2624 磅

炮口初速（高爆弹）：每秒 1788—1892 英尺

炮口初速（空心装药破甲弹）：每秒 1476 英尺

炮口初速（穿甲弹）：每秒 1870 英尺

最大回旋角度：60 度

射击俯仰角：-8 度到 +25 度

牵引方式：车辆拖曳

(3) 使用弹种

这款反坦克炮可发射高爆弹、穿甲弹、空心装药破甲弹。穿甲弹和高爆弹的重量分别为 14.8 磅和 13.4 磅。

8.36（r）式 76.2 毫米反坦克炮（76mm Antitank Gun）

(1) 概述

36（r）式 76.2 毫米反坦克炮 [德：7.62cm Pak 36 (r)]，是德国人以苏制 76.2 毫米野战炮为原型改造的反坦克炮。他们在组合式炮身上重新钻孔，以容纳尺寸更长的炮弹，还添加了两气室炮口制退器。半自动炮尾机构装有垂直滑动炮闩。

(2) 技术参数

口径：76.2 毫米

炮身长度：12 英尺 9.35 英寸

战斗全重（不含防盾）：3564 磅

炮口初速（40 型穿甲弹）：每秒 3250 英尺

炮口初速（被帽风帽穿甲弹）：每秒 2430 英尺

炮口初速（高爆弹）：每秒 1805 英尺

最大回旋角度：60 度

射击俯仰角：-5 度到 +75 度

牵引方式：车辆拖曳

(3) 使用弹种

这款反坦克炮可发射被帽风帽穿甲弹、40 型穿甲弹、高爆弹。不同弹种的重量如下：被帽风帽穿甲弹 16.72 磅、40 型穿甲弹 9.24 磅、高爆弹 12.64 磅。这款反坦克炮在 1000 码的距离发射被帽风帽穿甲弹，以 30 度入射法线角击中目标，可侵彻 83 毫米厚的均质装甲。

9.39 式 76.2 毫米反坦克炮（76.2mm Antitank Gun）

(1) 概述

德国人列装了苏制 76.2 毫米野战炮 [编号为 F.K.297（r）]，而 39 式 76.2 毫米反坦克炮（德：7.62cm Pak 39）就是前者的改进型。德国人在苏制 76.2 毫米野战炮的内膛重新钻孔，还安装了 36（r）式 76.2 毫米反坦克炮的制退器。半自动炮尾机构装有垂直滑动炮闩，炮架采用匣状大架，并安装了充气轮胎。

(2) 技术参数

口径：76.2 毫米

炮身长度：11 英尺 5 英寸

战斗全重：3360 磅

炮口初速：每秒 2230 英尺

最大回旋角度：57 度

射击俯仰角：-6 度到 +45 度

牵引方式：车辆拖曳

(3) 使用弹种

这款火炮发射的弹种，与 36（r）式 76.2 毫米反坦克炮相同，但性能略逊一筹。

10.43式88毫米反坦克炮（88mm Antitank Gun）

(1) 概述

43式88毫米反坦克炮（德：8.8cm Pak 43），是一款安装在十字形两轴转向架上的电击发半自动火炮。如果发射方向在火炮纵梁的30度内，它可以从炮轮上发射——但要真正发挥其效力，必须把平台置于地面发射。放下发射平台后，这款兵器的防盾只有5英尺8.38英寸高。发射仰角超过12度（早期）或16度（后期）后，自动击发机构就会去除仰角限制。43式88毫米反坦克炮的弹道特性，与43/41式88毫米反坦克炮相同。

(2) 技术参数

口径：88毫米

炮身长度：21英尺7.25英寸

战斗全重：8000磅

炮口初速（40型穿甲弹）：每秒3705英尺

炮口初速（被帽风帽穿甲弹）：每秒3280英尺

炮口初速（高爆弹）：每秒2460英尺

最大回旋角度：360度

射击俯仰角：-8度到+40度

牵引方式：牵引车

(3) 使用弹种

这款反坦克炮发射的弹种的重量如下：高爆弹20.68磅、被帽风帽穿甲弹22磅和22.36磅、40型穿甲弹16磅、空心装药破甲弹16.8磅。这款反坦克炮在1500码的距离发射被帽风帽穿甲弹和40型穿甲弹，以30度入射法线角击中目标，可侵彻130毫米左右的均质装甲。

11.43/41式88毫米反坦克炮（88mm Antitank Gun）

(1) 概述

这款71倍径的88毫米反坦克炮（德：8.8cm Pak 43/41），安装在传统的两轮炮架上。开脚式大架的两脚与底盘铰接，底盘也安装在上架，短轴上的炮轮装有单独的弹簧。发射时，火炮可获得四点支撑。这款反坦克炮装有炮口制退器，半自动炮尾机构配有水平滑动炮闩。

41 式 75 毫米反坦克炮

43 式 88 毫米反坦克炮

43/41 式 88 毫米反坦克炮

(2) 技术参数

口径：88 毫米

炮身长度：21 英尺 7.25 英寸

战斗全重：9660 磅

炮口初速（40 型穿甲弹）：每秒 3705 英尺

炮口初速（被帽风帽穿甲弹）：每秒 3280 英尺

炮口初速（高爆弹）：每秒 2460 英尺

炮口初速（空心装药破甲弹）：每秒 1968 英尺

最大回旋角度：56 度

射击俯仰角：-5 度到 +38 度

牵引方式：车辆拖曳

(3) 使用弹种

43/41 式 88 毫米反坦克炮使用的弹种的重量如下：高爆弹 20.68 磅、被帽风帽穿甲弹 22 磅和 22.36 磅、40 型穿甲弹 16 磅、空心装药破甲弹 16.8 磅。这款反坦克炮在 1500 码的距离发射被帽风帽穿甲弹和 40 型穿甲弹，以 30 度入射法线角击中目标，可侵彻 130 毫米左右的均质装甲。

七、高射炮

1. 综述

德国人的高射炮，越来越多地发展成双重用途，例如他们把 88 毫米高射炮作为多用途兵器使用。德军所有制式高射炮都可以用于打击地面目标，并可使用各种口径的穿甲弹。

2. 自动武器

(1) 30 式 20 毫米高射炮（20mm Antiaircraft Gun）

① 概述

在 38 式 20 毫米高射炮和 38 式 20 毫米四联装高射炮出现前，30 式 20 毫米高射炮（德：2cm Flak 30）一直是标准的轻型高射炮。该炮采用了炮身后座式设计，以容弹量为 20 发的弹匣供弹，可全自动或半自动发射。这款高射炮装有消焰制退器，炮架由上架和下架构成——上架以滚珠轴承支撑，下架可通过三个可调脚调平。

② 技术参数

　　口径：20 毫米

　　炮身长度：56.6 英寸

　　战斗全重：1064 磅

　　有效射高：3500 英尺

　　最大水平射程：5230 码

　　射速：战斗射速每分钟 120 发

　　炮口初速（高爆弹）：每秒 2950 英尺

　　炮口初速（穿甲弹）：每秒 2625 英尺

　　炮口初速（40 型穿甲弹）：每秒 3250 英尺

　　最大回旋角度：360 度

　　射击俯仰角：-12 度到 +90 度

　　牵引方式：车辆拖曳或自行式

　　高射瞄准具：Flakvisier 35、Linealvisier 21、Schwebekreisvisier 30/38

③ 使用弹种

　　30 式 20 毫米高射炮使用的弹种，重量如下：高爆弹 4.2 盎司、穿甲弹 5.2 盎司、40 型穿甲弹 3.6 盎司。

(2) 38 式 20 毫米高射炮（20mm Antiaircraft Gun）

① 概述

　　38 式 20 毫米高射炮（德：2cm Flak 38）是 30 式 20 毫米高射炮的继任者，该高射炮利用炮身短后座和炮身内残存的火药燃气压力来实现自动射击。除了更高的理论射速外，这款高射炮的性能与 30 式 20 毫米高射炮没什么不同。如果将 38 式 20 毫米高射炮安装在 760 磅重的炮架上，可在山地战期间轻松分解成 27 个部分——安装在这款轻型炮架上的高射炮全重 1013 磅，型号为 38 式 20 毫米山地高射炮（2cm Geb.Flak 38）。至于普通型的 38 式 20 毫米高射炮，连同炮架的全重为 1650 磅。

② 技术参数

　　口径：20 毫米

　　炮身长度：56.6 英寸

战斗全重：896 磅

有效射高：3500 英尺

最大水平射程：5230 码

射速：战斗射速每分钟 180—220 发

炮口初速（高爆弹）：每秒 2950 英尺

炮口初速（穿甲弹）：每秒 2625 英尺

炮口初速（40 型穿甲弹）：每秒 3250 英尺

最大回旋角度：360 度

射击俯仰角：-20 度到 +90 度

牵引方式：车辆拖曳、自行式或安装在火车车厢上

高射瞄准具：Flakvisier 38、Linealvisier 21、Schwebekreisvisier 30/38

③ 使用弹种

38 式 20 毫米高射炮使用的弹种的重量如下：高爆弹 4.2 盎司、穿甲弹 5.2 盎司、40 型穿甲弹 3.6 盎司。

(3) 38 式 20 毫米四联装高射炮 (20mm Four-Barreled Antiaircraft Gun)

① 概述

38 式 20 毫米四联装高射炮（德：2cm Flakvierling 38）就是以三个调平用千斤顶，把四门 38 式 20 毫米高射炮安装在三角形底座上。用螺栓固定在底座上的平衡装置，抵消了多炮口带来的重量问题。

② 技术参数

口径：20 毫米

炮身长度：56.6 英寸

战斗全重：3704 磅

有效射高：3500 英尺

最大水平射程：5230 码

射速：战斗射速每分钟 700—800 发

炮口初速（高爆弹）：每秒 2950 英尺

炮口初速（穿甲弹）：每秒 2625 英尺

炮口初速（40 型穿甲弹）：每秒 3250 英尺

最大回旋角度：360 度

射击俯仰角：-10 度到 +100 度

牵引方式：车辆拖曳、自行式或固定安装

高射瞄准具：Flakvisier 40、Linealvisier 21、Schwebekreisvisier 30/38

③ 使用弹种

38 式 20 毫米四联装高射炮使用的弹种的重量如下：高爆弹 4.2 盎司、穿甲弹 5.2 盎司、40 型穿甲弹 3.6 盎司。

(4) 18 式 /36 式 /37 式 37 毫米高射炮（37mm Antiaircraft Gun）

① 概述

18 式 37 毫米高射炮（德：3.7cm Flak 18）采用整体式炮身，利用炮身后座和残存的火药燃气压力来实现自动射击，炮口装有消焰制退器。该兵器的十字形底座有两个转向架，装有螺栓式调平用千斤顶。36 式 37 毫米高射炮（德：3.7cm Flak 36）的弹道特性与 18 式 37 毫米高射炮相同，以三个可调节的调平脚安装在三角形平台上（火炮和炮架装在两轮牵引车上），战斗全重 3771 磅。至于 37 式 37 毫米高射炮（德：3.7cm Flak 37），则是把一门常规的 18 式 37 毫米高射炮安装在改装过的炮架上，其弹道特性与 18 式 37 毫米高射炮、36 式 37 毫米高射炮相同。

② 技术参数

口径：37 毫米

炮身长度：10 英尺 8.75 英寸

战斗全重：3771—4255 磅

有效射高：5000 英尺

最大水平射程：7200 码

射速：战斗射速每分钟 80 发

炮口初速：每秒 2690 英尺

最大回旋角度：360 度

射击俯仰角：-5 度到 +85 度

牵引方式：车辆拖曳

高射瞄准具：Flakvisier 33、Flakvisier 37（37 式 37 毫米高射炮）、Schwebekreisvisier

(5) 43式37毫米高射炮（37mm Antiaircraft Gun）

① 概述

虽说这款高射炮（德：3.7cm Flak 43）与18式、36式和37式37毫米高射炮的外观没太大区别，但却采用了完全不同的导气式自动机（采用了可随炮闩前移击发的固定式击针）。43式37毫米高射炮以容弹量8发的弹夹供弹，供弹托盘固定在炮身左侧。43式37毫米高射炮的结构低矮，底座配有防盾。这款火炮还有个双联装型（Flakzwilling）——把一门火炮安装在另一门火炮上方，可以同时或单独发射。双联装型的战斗全重为6790磅。

② 技术参数

口径：37毫米

炮身长度：9英尺8.16英寸

战斗全重：3020磅

有效射高：5000英尺左右

最大水平射程：7200码左右

射速：战斗射速每分钟150发

炮口初速：每秒2750英尺

最大回旋角度：360度

射击俯仰角：-6度到+90度

牵引方式：固定安装、车辆拖曳或自行式

高射瞄准具：Flakvisier 43、Schwebekreisvisier

③ 使用弹种

高爆曳光弹、高爆燃烧曳光弹、高爆穿甲弹、高爆燃烧弹、高爆弹。

(6) 41式50毫米高射炮（50mm Antiaircraft Gun）

① 概述

41式50毫米高射炮（德：5cm Flak 41）与36式37毫米高射炮相似，采用了导气式自动机，靠炮尾机构前移实现击发（由容弹量5发的弹夹从左侧供弹）。该高射炮的底架是一个三角形平台，两根短短的斜撑向前伸出。

② 技术参数

口径：50毫米

38 式 20 毫米高射炮

自行 30 式 20 毫米高射炮

自行 36 式 37 毫米高射炮

战斗全重：7540 磅

有效射高：10000 英尺

最大水平射程：14760 码

射速：战斗射速每分钟 130 发

炮口初速：每秒 2755 英尺

最大回旋角度：360 度

射击俯仰角：-10 度到 +90 度

牵引方式：四轮牵引车、车辆拖曳

高射瞄准具：Flakvisier 41

③ 使用弹种

41 式 50 毫米高射炮使用的弹种的重量如下：高爆弹 4.8 磅、高爆燃烧曳光弹 4.8 磅、穿甲弹 4.87 磅。

(7) 其他

以下高射自动兵器，德军配备的数量有限。

28 式 20 毫米高射炮（德：2cm Flak 28）：厄利康式

28 式 40 毫米高射炮（德：4cm Flak 28）：博福斯式

47 毫米高射炮（德：4.7cm Flak）：斯柯达厂为捷克斯洛伐克陆军制造的火炮

3. 重型高射炮

(1) 18 式 /36 式 /37 式 88 毫米高射炮 (88mm Antiaircraft Gun)

① 概述

1934 年，88 炮作为制式移动高射炮投产。该火炮的炮身由外管、内锁管和可拆卸的三段式热护套组成（也能把可拆卸身管置入热护套）。这款火炮使用半自动水平滑动楔式炮闩，除了前方和后方外，炮架还有两个支架（发射时可稳定火炮）。36 式 88 毫米高射炮（德：8.8cm Flak 36）与 18 式 88 毫米高射炮（德：8.8cm Flak 18）的区别，仅仅是炮架略有些不同而已。37 式 88 毫米高射炮（德：8.8cm Flak 37）与 36 式 88 毫米高射炮也基本相同，只是传动系统的数据略有些区别。

② 技术参数

口径：88 毫米

炮身长度：15 英尺 5 英寸

战斗全重：12103 磅

最大射高：32500 英尺

最大水平射程：16200 码

射速：战斗射速每分钟 15—20 发

炮口初速（高爆弹）：每秒 2690 英尺

炮口初速（穿甲弹）：每秒 2600 英尺

最大回旋角度：360 度

射击俯仰角：-3 度到 +85 度

牵引方式：车辆拖曳

③ 使用弹种

高爆弹（20 磅）、穿甲弹（21 磅）。

(2) 41 式 88 毫米高射炮（88mm Antiaircraft Gun）

① 概况

41 式 88 毫米高射炮（德：8.8cm Flak 41）的设计目的是用于打击空中、地面和海上目标。虽然这款火炮通常从平台发射，但也可以利用平台延伸出来的侧架从炮轮上发射。41 式 88 毫米高射炮的炮尾装有水平滑动楔式炮闩，还配备了自动装填机和电击发装置。

② 技术参数

口径：88 毫米

炮身长度：21 英尺 5.75 英寸

战斗全重：19511 磅

最大射高：49200 英尺

最大水平射程：21580 码

射速：战斗射速每分钟 20 发

炮口初速（高爆弹）：每秒 3280 英尺

最大回旋角度：360 度

射击俯仰角：-3 度到 +90 度

牵引方式：车辆拖曳（12 吨半履带车 Sd.Kfs.8）或固定安装

③ 使用弹种

高爆弹（20.68 磅）、被帽风帽穿甲弹（22.45 磅）。

(3) 38 式 /39 式 105 毫米高射炮（105mm Antiaircraft Gun）

① 概述

德军的 105 毫米高射炮有两种型号（德：10.5 cm Flak 38、10.5 cm Flak 39），分别为固定式和移动式。此外，德国人也会把 105 毫米高射炮安装在火车车厢上。105 毫米高射炮的炮尾机构装有水平滑动炮闩，可进行手动或自动操作（采用电击发装置）。这款火炮配有液压缓冲器、液气复进机和弹簧式平衡机，可通过手动或电动方式实现回旋和俯仰角度调节，还配备了遥控装置、电控引信装定器与自动装填机。

② 技术参数

口径：105 毫米

炮身长度：21 英尺 9.6 英寸

战斗全重：24317 磅

最大射高：36750 英尺

有效射高：31000 英尺左右

最大水平射程：19100 码

射速：战斗射速每分钟 10—15 发

炮口初速（高爆弹）：每秒 2890 英尺

最大回旋角度：360 度

射击俯仰角：-3 度到 +85 度

牵引方式：车辆拖曳、固定安装或装在火车车厢上

③ 使用弹种

高爆弹（定时引信）、高爆弹（着发引信）、被帽风帽穿甲弹，装有定时引信的高爆弹重 33.2 磅。

(4) 40 式 128 毫米高射炮（128mm Antiaircraft Gun）

① 概述

40 式 128 毫米高射炮（德：12.8cm Flak 40）看上去很像 105 毫米高射炮。该火炮的炮闩向右水平滑动，内含电击发装置。这款火炮的反后坐装置采用常规设计，

41 式 88 毫米高射炮

38 式 105 毫米高射炮

液气复进机位于炮身上方，缓冲器在炮身下方，还使用了液气平衡机。40 式 128 毫米高射炮的回旋和俯仰角度可通过手动或电动调节。此外，该火炮的引信装定器由射击指挥仪控制，由动力装填机实现炮弹装填（装填机在炮膛口装有两根水平橡胶滚轴）。这款火炮既可以固定安装，也可以装在移动式炮架上运输，还可以安装在火车车厢上。40 式 128 毫米高射炮还有一个双管型，但该型号只能固定安装。

② 技术参数

口径：128 毫米

炮身长度：25 英尺 8.5 英寸

战斗全重：41337 磅（固定式）、31614 磅（移动式）

最大射高：48555 英尺

最大水平射程：22910 码

射速：战斗射速每分钟 12 发

炮口初速（高爆弹）：每秒 2886 英尺

最大回旋角度：360 度

射击俯仰角：-3 度到 +88 度

牵引方式：车辆拖曳、固定安装或装在火车车厢上

③ 使用弹种

高爆弹（57 磅）、被帽穿甲弹（58.13 磅）。

(5) 150 毫米高射炮（150mm Antiaircraft Gun）

150 毫米高射炮（德：15cm Flak）是一款由海军人员操作的大口径高射炮，其数量很少，仅用于德国本土的静态防御任务。

4. 高射炮火射击控制

(1) 自动武器

① 综述

自动武器的高射炮火射击控制，是由炮架上安装的各种瞄准具实现的——既有简单的手动直线式瞄准具，也有各种型号的机械式瞄准镜，还有复杂的电子式高射瞄准具。通过估计或使用一米测距机获得的射击距离，必须添加进某些简单的瞄准具。

此外，观察曳光弹也被用于射击控制。

② 21 式直线瞄准具（Linealvisier 21）

这是一款简单的可调式环形对空瞄准具，用于 20 毫米高射炮，以替代更复杂的瞄准具。目标的距离、航向、速度、俯冲或爬升角度、高角，都可通过手动操作瞄准具来设置。

③ 35 式高射瞄准具（Flakvisier 35）

这是一款带有计算装置的反射式瞄准具，可利用航向、速度、倾斜面联动原理，实现目标距离、航向、速度的准确设定（它可以对付平飞、爬升、俯冲的目标）。这款瞄准具通常用于 30 式 20 毫米高射炮，但 38 式 20 毫米高射炮和 20 毫米四联装高射炮有时候也会使用（替代 38 式或 40 式电子高射瞄准具）。

④ 38 式 /40 式高射瞄准具（Flakvisier 38/40）

38 式高射瞄准具是一款电动操作的距离变化率瞄准具，可计算横向和纵向引线，以及高角。方位角变化率和射角速率，是通过与火炮高低机和方向机相连的转速计传感器测量的。斜向距离作为电池电压引入，由变阻器修改，在数百米内校准。追踪目标时，电池电压和转速计传感器的电压替代了瞄准具头部的分化线，这样一来，高射炮就会自动瞄向目标即将到达的位置。该瞄准具利用电流消除了机械造成的时间滞后。这款瞄准具通常用于 38 式 20 毫米高射炮。至于 40 式高射瞄准具，则用于 20 毫米四联装高射炮，其与 38 式高射瞄准具的不同之处仅仅是结构方面的某些小细节（操作原理完全一样）。

⑤ 33 式高射瞄准具（Flakvisier 33）

这款瞄准具用于 18 式 /36 式 37 毫米高射炮，操作原理与 35 式高射瞄准具相似。

⑥ 37 式 /43 式高射瞄准具（Flakvisier 37/43）

37 式高射瞄准具是一款用于 37 式 37 毫米高射炮的机械计算瞄准具；43 式高射瞄准具则是用于 43 式 37 毫米高射炮的机械计算瞄准具。这两款高射瞄准具是根据仰角和方位角的角速率来计算偏差角的。通过估计或其他来源获得射击距离后，需手动设置到瞄准具。由发条驱动的马达转动三个圆盘和转轮机构，执行计算偏差角需要的乘法。而方向机和高低机的单向驱动装置，则反向转动发条驱动的马达。操作过程中，机械弥补了单倍望远镜分化线的十字线，可得到必要的偏差角。此外，还可纳入预设值修正高角和温度变化。37 式高射瞄准具采用紧凑的匣形结构，尺寸约为 10 英寸 ×9 英寸 ×4.5 英寸，重 23 磅，以悬挂架和吊耳装在火炮的瞄准具安装杆上。

⑦ 浮动点瞄准具（Schwebedornvisier）

这是德国人在二战后期研发的一款相对简单的高射瞄准具，用于 37 式和 43 式 37 毫米高射炮。这款瞄准具使用直线原理，必须把目标的速度、方向、爬升或俯冲角度手动输入瞄准具。

⑧ 30 式 /38 式浮动环瞄准具（Schwebekreisvisier 30/38）

这是德国人在二战后期推出的一款相对简单、可转动的环形瞄准具，用于各型 20 毫米高射炮。这款瞄准具越来越多地用于后期型号的 20 毫米高射炮，以替代更复杂的 38 式和 40 电子式高射瞄准具。

⑨ 41 式高射瞄准具

这是一款装有转速发条的全自动距离变化率瞄准具，用于 41 式 50 毫米高射炮。瞄准具由一人操作，在设置射击距离并计算角速度后，就能自动应用高角和垂直、横向偏差角，操作原理与 38 式和 40 式高射瞄准具相同。

(2) 重型高射炮

① 36 式指挥仪（Kommandogerät 36）

a. 这是德军最早的制式仪器，是一款直线速度测算法高炮射击指挥仪，可为重型高射炮打击空中目标提供连续的诸元。针对防空问题，它采用机械模拟式解决方案，相关装置可以对射击诸元做出必要的弹道修正。这款仪器会被安装在四轮牵引车上运输。

b.36 式指挥仪有一个主基座，装有三个调平脚和两个悬架臂，可以使用悬架臂抬升指挥仪。支撑主基座的铸件上装有指挥仪机构和托架，作战时托架上会安装体视式四米测距仪。

c. 指挥仪确定的射击诸元（方位角、仰角、引信），会通过电力传送给高射炮上相应的刻度盘。

② 40 式指挥仪（Kommandogerät 40）

a. 这是 36 式指挥仪的改进型，德军后期所有重型高射炮几乎都使用这款指挥仪。体视式四米测距仪直接安装在指挥仪上，而射击诸元则通过电力传送给火炮。40 式指挥仪也使用诸元计算的直线速度测算法，但只需要五人操作（36 式指挥仪需要 11 人操作）。

b.40 式指挥仪包含一个可处理目标高度和目标航向（曲线飞行）变化的机构。

36 式指挥仪

c.40 式指挥仪可通过调整弹道凸轮，用于不同型号的重型高射炮。而 41 式指挥仪与 40 式指挥仪如出一辙，仅仅是安装了用于 41 式 88 毫米高射炮的弹道凸轮而已——这种命名方式显然是便于区分用途。

③ 35 式指挥仪（Kommandogerät 35）

这是一款只用于辅助用途的老式高射炮射击指挥仪（又称 35 式辅助指挥仪），其采用了数据计算的角速率测算法。35 式指挥仪使用的四米测距仪是单独安装的，其提供的射击诸元通常会用电话传送给高射炮组。

40 式指挥仪

④ 测距仪（Range finders）

　　体感式四米测距仪为高射炮射击指挥仪提供斜距。用于 35 式指挥仪的 34 式测距机是单独安装的，而 36 式和 40 式测距仪则分别用于 36 式与 40 式指挥仪（安装在指挥仪托架上）。

⑤ 火控雷达（Fire control radar）

　　德军高射炮使用的多款雷达，均被称为 Flakmessgerät，它们可为高射炮射击指挥仪提供基本的射击诸元。火控雷达是二战后期研发出来的，此时各款指挥仪已做出相应修改，以接收基本诸元。

⑥41式、42式和43式马尔西高射炮射击换算仪（Flakumwertegerät Malsi 41/42/43）

这是一款绘图仪器，可把远处传来的高射炮射击火控诸元转换为适用于单个炮兵连的基本诸元。据悉，二战时德军最新型的换算仪可以处理高达5英里的位移，比两款早期型号更加准确。

5. 探照灯

(1) 34式与37式150厘米探照灯（150cm Searchlight 34 and 37）

① 这两款制式防空探照灯的直径为150厘米，装有用于接收初始定位诸元的方位角和仰角接收刻度盘。150厘米探照灯通常采用手动控制，但后期型号配备了遥控装置。

② 安装在反向位置的大电流密度弧光灯可自动调节。该探照灯的发光强度为9.9亿坎德拉，良好的天气条件下，其射程可达8800码、照高13000—16500英尺。该探照灯可以360度方位角转动，仰角从-12度到垂直，再到另一侧-12度。此外，该探照灯由八缸内燃机驱动的24千瓦发电机提供电流。

③ 德国人使用41式黑暗搜索器（Dunkelsuchgerät 41）进行视觉搜索，这款设备配有一副安装在探照灯上的望远镜（可以横向或纵向移动几度）。操作时，探照灯和光学设备根据单独来源提供的定位诸元进行初期部署。

④ 圆喇叭形声波定位器采用双耳原理，可通过预设值计算和校正"声音滞后"。声波定位器配有电子发射机，能把方位角和仰角诸元传送给探照灯上的接收器。

⑤ 对空射击火控雷达也可为探照灯提供定位诸元。被称为Flakumwertegerät的高射炮射击换算仪在作为雷达的辅助设备时，能为离雷达一段距离的三部探照灯同时提供校正后的方位角和仰角。

(2) 40式200厘米探照灯（200cm Searchlight 40）

许多探照灯部队都装备了这款大口径探照灯。尽管初始诸元的定位方式与150厘米探照灯基本相同，但更大口径的200厘米探照灯通常装有必要的遥控装置。德国人使用一款防空瞄准装置（Flakrichtegerät）来进行视觉搜索，该设备配有一副安装在控制支柱上的望远镜。据悉，这款探照灯的发光强度为24.3亿坎德拉，各方面的效力比150厘米探照灯高60%。

(3) 60厘米探照灯（60cm Searchlight）

① 这套设备由60厘米探照灯和8千瓦发电机组成，专用于在没有声波定位器

的情况下对付低空飞行的空中目标。探照灯的方位角和仰角，由坐在设备上的操作员手动控制。

这款以百叶窗式的遮板遮挡或释放光束的探照灯没有单独的定位设备，通常出现在自动武器附近。

② 安装在反向位置的大电流密度弧光灯可自动调节。该探照灯的发光强度为1.35 亿坎德拉，良好的天气条件下，其射程达 5700 码、照高 5000 英尺。在光束分散的情况下，射程也有 3500 码。

(4) 其他

① 除了上述型号，德军还有一些安装在四联装支架上的 150 厘米探照灯。这些支架除了搭载四部探照灯，还配有遥控装置。

② 德国人仍在使用某些过时的 110 厘米探照灯，以及法制 200 厘米与240 厘米探照灯。

6. 阻塞气球（Barrage Balloons）

德国人会使用阻塞气球来对付低空飞行的敌机，以此来为重要设施提供额外的保护。他们的阻塞气球主要有两种：一款是标准的阻塞气球，据悉其氢气容量为 200 立方米，通常飘浮在 6000 英尺或 8000 英尺的高度；另一款阻塞气球的尺寸较小，据悉其氢气容量为 77 立方米，通常用于 2900 英尺以下的高度。此外，德国人还有一款大型阻塞气球，据说能用于 18000—20000 英尺的高度，但这款气球还没有大量部署。

第五节 自行火炮

一、综述

1. 发展

德国人的自行火炮，此时已发展到这样一种程度：150 毫米口径以下（包括150 毫米）的任何一款火炮，几乎都已出现在至少一款自行式底盘上。这些自行火炮中，有些是试验性的，有些已实现了标准化，并大量出现在战场上。

2. 生产方式

德国人以三种不同的方式生产自行火炮。

第一种方式，他们把精心设计、制造的火炮和底盘组装起来，让这款兵器发挥特定作用。德国各大军工厂大量生产这些自行火炮，现存的数量很多，75毫米和105毫米突击炮就是典型的例子。

第二种方式，把制式火炮安装到制式坦克底盘上。这种改装经过了完美的设计，不仅需要高超的技能，还要耗费大量时间——用二号坦克的底盘搭载105毫米轻型野战榴弹炮的黄蜂自行火炮，以及在三号与四号坦克的底盘上搭载150毫米中型榴弹炮的熊蜂自行火炮就是典型的例子。

第三种方式，就地改装。改装工作在各部队或基地的维修车间内进行，几乎不需要技术、时间或材料。比如，他们可以把150毫米重型步兵炮安装到一号坦克的底盘上。

3. 战术使用

从战术角度来看，德国人的自行火炮可分为四种类型。不过，这几种类型的区别不太明确，因为许多自行火炮都会进行双重任务。

这四个类型的自行火炮分别是：包括突击炮在内的近距离支援火炮、野战和中型自行火炮、坦克歼击车、自行高射炮。

(1) 近距离支援火炮和突击炮

近距离支援火炮和突击炮的发展，是在1940年前后开始的。突击炮的设计目的，是为步兵提供近距离支援。德国人通常会把一门回旋角度有限的火炮安装在配备厚重正面装甲的自行式底盘上。

与坦克相比，虽然这些近距离支援火炮和突击炮速度较慢、机动性较差，但特别适合打击敌人的步兵重兵器和主要支撑点。

(2) 野战和中型自行火炮

野战和中型自行火炮是在1942年中期前后出现的。盟军在自行式底盘上发现了德军师属炮兵的两款榴弹炮（18式105毫米轻型野战榴弹炮和18式150毫米重型野战榴弹炮）。

(3) 坦克歼击车

德国人的第一款坦克歼击车，是把47毫米反坦克炮安装在当时（1941年）已然过时的一号B型坦克底盘上的产物。德国人的自行火炮中，数量最多的当属坦克歼击车。

(4) 自行高射炮

在所有将其他兵器搭载到自行式底盘上的研究中，德国人最先发明了自行高射炮。但到目前为止，他们还没认真试过把大于37毫米的高射炮安装到自行式底盘上。

4. 火炮和底盘改装

除了突击炮外，安装到自行式底盘上的各款火炮通常不会做重大改动（突击炮一般配有电击发装置和改进型的反后坐系统）。德国人会对自行式底盘做出较大的修改（特别是在现有坦克也使用同款底盘的情况下），不仅上层结构会出现变化，在某些情况下就连引擎也会从后部移到中部，以便炮组人员站在车舱地板上操纵火炮。

二、近距离支援火炮和突击炮

1. 使用三号坦克底盘的75毫米突击炮

(75mm Assault Gun On Pz. Kpfw. III Chassis)

(1) 概述

德国人使用三号坦克底盘的最新型的突击炮，搭载了75毫米Stu.K.40（L/48）火炮——该火炮逐渐替代了先前使用这款底盘的75毫米Kw.K.（L/24）和75毫米Stu.K.40（L/43）火炮。

不过，75毫米Kw.K.（L/24）火炮也被安装在半履带装甲车和改装后的八轮装甲车上。搭载75毫米Stu.K.40（L/48）火炮的突击炮既可执行反坦克任务，也可以作为近距离支援兵器执行反步兵任务。这款突击炮能发射高爆弹和穿甲弹。

(2) 技术参数

总体情况	
型号	Stu.G. III für 7.5 cm Stu.K.40（L/48）
载具型号	Stu.G. III，Sd.Kfz.142/1
车长(含火炮)	22英尺5.5英寸
车长(不含火炮)	17英尺9.25英寸
车宽	9英尺8英寸
车高	7英尺
全重	23.9吨（大约）
乘员	4人

火炮	
型号	7.5cm Stu.K.40（L/48）
炮口初速	每秒 2300 英尺（被帽风帽穿甲弹）
射击俯仰角	-6 度到 +17 度
回旋角度	两侧各 10 度
炮口制退器	有
缓冲器	液压式
复进机	液气式

弹种	被帽风帽穿甲弹	高爆弹	空心装药破甲弹	40 型穿甲弹	烟幕弹
携弹量	22 发	27 发			5 发
炮口初速（英尺 / 秒）	2300	1800	1475	3248	1771
炮弹重量（磅）	15	12.7	11	9	13.7

载具	
悬挂系统	
负重轮数量	6 对
负重轮类型	小直径橡胶包边轮
托带轮数量	3 对
履带着地长	9 英尺 2.5 英寸
履带中心距	8 英尺 2.5 英寸
履带板宽	1 英尺 3.75 英寸
车身装甲	
正面	81 毫米，倾斜度 52 度
侧面	31 毫米，垂直
后部	51 毫米，倾斜度 23 度
腹部	20 毫米
战斗舱装甲	
正面	53—71 毫米，倾斜度 15 度
侧面	30 毫米，垂直

动力	
发动机	
型号	迈巴赫 HL 120 TRM
气缸数	60 度夹角 V12 缸

燃料	汽油
位置	后部
功率	295 马力 /3000 转
变速器	同步啮合式，6 个前进挡，1 个倒挡
驱动	前主动轮

性能	
越壕宽	8 英尺 6 英寸
涉水深	2 英尺 9 英寸
攀垂直墙高	2 英尺
爬坡度	30 度
最大速度	每小时 20 英里

辅助武器	
型号	1 挺 MG34 机枪
位置	携带

附注	
被帽风帽穿甲弹以 30 度入射法线角击中均质装甲的侵彻深度	
500 码	84 毫米
1000 码	72 毫米

2. 使用捷克 38（t）坦克底盘的 75 毫米突击反坦克炮

[75mm Assault-Antitank Gun On Czech 38 (t) Tank Chassis]

(1) 概述

安装在这款载具上的 75 毫米 Pak 39（L/48）反坦克炮的弹道特性与 75 毫米 Stu.K.40（L/48）火炮非常相似。尽管两者的命名方式不同，但却以完全相同的方式被用于反坦克和突击任务。

75 毫米 Pak 39（L/48）反坦克炮安装在捷克 38（t）坦克底盘的厚重、倾斜的前装甲板的较低处。过去被搭载在捷克 38（t）坦克底盘上的 75 毫米 Pak 40 和 76.2 毫米 Pak 36（r）火炮，都被安装在高大的上层结构处——这种炮塔对炮组人员的保护差强人意。但使用 75 毫米 Pak 39（L/48）火炮的突击反坦克炮，不仅重新设计了装甲布局，还 "有了突击炮的模样"。

(2) 技术参数

总体情况	
型号	7.5cm le.Stu.G.38（t）
载具型号	Pz.Jäg.38（t）
车长（含火炮）	20 英尺 7 英寸
车长（不含火炮）	15 英尺 11 英寸
车宽	8 英尺 7.5 英寸
车高	6 英尺 10.5 英寸
全重	16 吨（大约）
乘员	4 人

火炮	
型号	7.5cm Pak 39（L/48）
炮口初速	每秒 2300 英尺（被帽风帽穿甲弹）
射击俯仰角	-8 度到 +20 度
回旋角度	两侧各 10 度
炮口制退器	无
缓冲器	液压式
复进机	液气式

弹种	被帽风帽穿甲弹	高爆弹	空心装药破甲弹	40 型穿甲弹	烟幕弹
携弹量	41 发				
炮口初速（英尺/秒）	2300	1800	1475	3248	1771
炮弹重量（磅）	15	12.7	11	9	13.7

载具	
悬挂系统	
负重轮数量	4 对
负重轮类型	克里斯蒂型
托带轮数量	1 对
履带着地长	12 英尺 10.75 英寸
履带中心距	6 英尺 10.5 英寸
履带板宽	1 英尺 1.75 英寸

车身装甲	
正面	60 毫米，倾斜度 60 度
侧面	20 毫米，倾斜度 15 度
后部	20 毫米，倾斜度 15 度
腹部	10 毫米，水平安装
战斗舱装甲	
正面	60 毫米，倾斜度 60 度
侧面	20 毫米，倾斜度 40 度

动力	
发动机	
型号	捷克 EP4
气缸数	直列 6 缸
燃料	汽油
位置	后部
功率	150 马力
变速器	预选式，5 个前进挡，1 个倒挡
驱动	前主动轮

性能	
涉水深	2 英尺 11.5 英寸
作战半径	124 英里
最大速度	每小时 23 英里

辅助武器	
型号	1 挺 MG34 机枪
位置	上层结构顶部
携带量	600 发

附注	
被帽风帽穿甲弹以 30 度入射法线角击中均质装甲的侵彻深度	
500 码	84 毫米
1000 码	72 毫米

3. 使用四号坦克底盘的 75 毫米突击反坦克炮

(75mm Assault-Antitank Gun On Pz. Kpfw. IV Chassis)

(1) 概述

德国人把 75 毫米 Pak 39（L/48）反坦克炮安装在了改进过的四号坦克底盘上后，这款突击反坦克炮就诞生了——这款"突击炮形式的战车"可执行反坦克和反步兵的双重任务。

(2) 技术参数

总体情况	
型号	Panzer Jäger Ⅳ für 7.5cm Pak 39（L/48）
载具型号	Panzer Jäger Ⅳ
车长（不含火炮）	18 英尺 2 英寸
车宽	10 英尺 4 英寸
车高	6 英尺 5 英寸
全重	24.5 吨（大约）
乘员	4 人

火炮	
型号	7.5cm Pak 39（L/48）
炮口初速	每秒 2300 英尺（被帽风帽穿甲弹）
射击俯仰角	-8 度到 +22 度
回旋角度	左侧 12 度，右侧 10 度
炮口制退器	无
缓冲器	液压式
复进机	液气式

弹种	被帽风帽穿甲弹	高爆弹	空心装药破甲弹	40 型穿甲弹	烟幕弹
携弹量	79 发				
炮口初速（英尺 / 秒）	2300	1800	1475	3248	1771
炮弹重量（磅）	15	12.7	11	9	13.7

载具	
悬挂系统	
负重轮数量	8 对
负重轮类型	小直径橡胶包边轮
托带轮数量	4 对
履带着地长	11 英尺 6 英寸
履带中心距	7 英尺 11 英寸
履带板宽	1 英尺 3 英寸
车身装甲	
正面	60 毫米，倾斜度 45 度
侧面	30 毫米，垂直
后部	22 毫米，倾斜度 12 度
顶部	20 毫米
腹部	12 毫米
战斗舱装甲	
正面	60 毫米，倾斜度 50 度
侧面	30 毫米，倾斜度 30 度

动力	
发动机	
型号	迈巴赫 HL 120 TRM
气缸数	60 度夹角 V12 缸
燃料	汽油
位置	后部
功率	295 马力 /3000 转
变速器	手动同步器，滑动爪式，6 个前进挡，1 个倒挡
驱动	前主动轮

性能	
越壕宽	9 英尺
涉水深	3 英尺
作战半径	160 英里
攀垂直墙高	2 英尺 6 英寸
爬坡度	30 度
最大速度	每小时 24 英里

辅助武器	
型号	装有 2 挺 MG34 机枪
位置	上层结构前部

附注	
被帽风帽穿甲弹以 30 度入射法线角击中均质装甲的侵彻深度	
500 码	84 毫米
1000 码	72 毫米

4. 使用四号坦克底盘的 75 毫米突击炮

(75mm Assault Gun On Pz.Kpfw. IV Chassis)

(1) 概述

这款使用四号坦克底盘的突击炮所搭载的火炮，是从 75 毫米 Stu.K.40（L/48）发展而来，炮身相当长。这款长身管火炮可执行反坦克和突击炮的双重任务。

(2) 技术参数

总体情况	
型号	Panzer Jäger Ⅳ für 7.5cm Stu.K.42（L/70）
载具型号	Panzer Jäger Ⅳ，Sd.Kfz.162
车长（含火炮）	28 英尺 2.5 英寸
车长（不含火炮）	19 英尺 9.5 英寸
车宽	10 英尺 4.75 英寸
车高	6 英尺 5 英寸
全重	24.5 吨（大约）
乘员	5 人

火炮	
型号	7.5cm Stu.K.42（L/70）
炮口初速	每秒 3068 英尺（被帽风帽穿甲弹）
射击俯仰角	-5 度到 +15 度
回旋角度	两侧各 10 度
炮口制退器	没发现
缓冲器	液压式
复进机	液气式

弹种	被帽风帽穿甲弹	高爆弹	40 型穿甲弹
炮口初速（英尺 / 秒）	3068	2300	3674
炮弹重量（磅）	15	12.7	10.7
携弹量	总共 55 发		

载具	
悬挂系统	
负重轮数量	8 对
负重轮类型	小直径橡胶包边轮
托带轮数量	4 对
履带着地长	11 英尺 6 英寸
履带中心距	7 英尺 11 英寸
履带板宽	1 英尺 3 英寸
车身装甲	
正面	80 毫米，倾斜度 45 度
侧面	30 毫米，垂直
后部	20 毫米，下切角 10 度
腹部	10—20 毫米
战斗舱装甲	
正面	80 毫米，倾斜度 50 度
侧面	40 毫米，倾斜度 30 度
顶部	20 毫米

动力	
发动机	
型号	迈巴赫 HL 120 TRM
气缸数	60 度夹角 V12 缸
燃料	汽油
位置	后部
功率	295 马力 /3000 转
变速器	手动同步器，滑动爪式，6 个前进挡，1 个倒挡
驱动	前主动轮

性能	
越壕宽	9 英尺
涉水深	3 英尺
作战半径	160 英里（估计）
攀垂直墙高	2 英尺 6 英寸
爬坡度	30 度
最大速度	每小时 20 英里

辅助武器	
型号	1 挺安装在球形射击座的 MG34 机枪
位置	上层结构前部

附注	
被帽风帽穿甲弹以 30 度入射法线角击中均质装甲的侵彻深度	
500 码	141 毫米
1000 码	121 毫米

5. 使用三号坦克底盘的 105 毫米突击榴弹炮

(105mm Assault Howitzer On Pz. Kpfw. III Chassis)

(1) 概述

这款近距离支援兵器，具有前文提及的几款突击炮的常见特点，但其仅被用于反步兵任务（不发射穿甲弹）。不过，和德军的大多数榴弹炮一样，这款突击榴弹炮的火炮也配备了空心装药破甲弹，拥有一些反坦克能力。

(2) 技术参数

总体情况	
型号	Stu.G. III für 10.5cm Stu.H.42
载具型号	Stu.G. III，Sd.Kfz.142/2
车长（含火炮）	20 英尺 2 英寸
车长（不含火炮）	17 英尺 9 英寸
车宽	9 英尺 8 英寸
车高	6 英尺 5 英寸

全重	23.4 吨（大约）
乘员	4 人

火炮	
型号	10.5 cm Stu.H.42
炮口初速	每秒 1540 英尺（高爆弹）
最大射程	8530 码
射击俯仰角	-6 度到 +20 度
回旋角度	两侧各 10 度
炮口制退器	有
缓冲器	液压式
复进机	液气式

弹种	高爆弹	空心装药破甲弹	烟幕弹
炮口初速（英尺 / 秒）	1540		
炮弹重量（磅）	32.6	25.9	32.4
携弹量	总共 36 发		

载具	
悬挂系统	
负重轮数量	6 对
负重轮类型	小直径橡胶包边轮
托带轮数量	3 对
履带着地长	9 英尺 2.5 英寸
履带中心距	8 英尺 2.5 英寸
履带板宽	1 英尺 3.75 英寸
车身装甲	
正面	50 毫米，倾斜度 52 度
侧面	30 毫米，垂直
后部	50 毫米
腹部	30 毫米
战斗舱装甲	
正面	80 毫米，倾斜度 10 度
侧面	30 毫米，垂直

动力	
发动机	
型号	迈巴赫 HL 120
气缸数	V12 缸
燃料	汽油
位置	后部
功率	295 马力 /3000 转
变速器	同步啮合式，6 个前进挡，1 个倒挡
驱动	前主动轮

性能	
越壕宽	8 英尺 6 英寸
涉水深	2 英尺 9 英寸
作战半径	105 英里
攀垂直墙高	2 英尺
爬坡度	27 度
最大速度	每小时 25 英里

安装在坦克底盘上的 75 毫米 Pak 39（L/48）反坦克炮

安装在坦克底盘上的 105 毫米突击榴弹炮

三、野战和中型自行火炮

1. 黄蜂（用改进过的二号坦克底盘搭载 105 毫米轻型野战榴弹炮）

(1) 概述

这款自行火炮的最大射击仰角为 42 度，最大射程略小于野战安装版。18 式 105 毫米轻型野战榴弹炮的其他改进型，也被安装在法制"洛林"底盘、哈奇开斯 39 式底盘和四号坦克底盘上。

(2) 技术参数

总体情况	
型号	Wespe
载具型号	Gw. Ⅱ（Wespe），Sd.Kfz.124
车长（不含火炮）	15 英尺 9 英寸

（续表）

车宽	7 英尺 3.5 英寸
车高	7 英尺 10.5 英寸
全重	12.33 吨
乘员	5 人

火炮	
型号	10.5cm le.F.H.18/2
炮口初速	每秒 1772 英尺（高爆弹）
最大射程	13500 码
射击俯仰角	-5 度到 +42 度
回旋角度	两侧各 10 度
炮口制退器	有
缓冲器	液压式
复进机	液气式

弹种	高爆弹	空心装药破甲弹	烟幕弹
炮口初速（英尺／秒）	1772（超级装药）		
炮弹重量（磅）	32.6	25.9	32.4
携弹量	22 发	8 发	

载具	
悬挂系统	
负重轮数量	5 对
负重轮类型	大轮
托带轮数量	3 对
履带着地长	7 英尺 10.5 英寸
履带中心距	6 英尺 2 英寸
履带板宽	11.75 英寸
车身装甲	
正面	30 毫米
侧面	20 毫米
战斗舱装甲	
正面	10 毫米
侧面	10 毫米

动力 - 发动机	
型号	迈巴赫 HL 62 TR
气缸数	6 缸
燃料	汽油
位置	后部
功率	140 马力
变速器	同步啮合式, 6 个前进挡, 1 个倒挡
驱动	前主动轮

性能	
越壕宽	6 英尺
涉水深	3 英尺
作战半径	127 英里
攀垂直墙高	1 英尺
爬坡度	30 度
最大速度	每小时 25 英里

2. 灰熊（搭载四号坦克底盘的 150 毫米自行榴弹炮）

(1) 概述

这是一款近距离支援兵器，德国人在其高大的装甲上层结构中装了门炮身很短的榴弹炮。此外，150 毫米重型步兵炮也被安装在其他各种自行式底盘 [例如一号坦克底盘、二号坦克底盘和捷克 38（t）坦克底盘] 上，以发挥类似的作用。与其他自行火炮相比，灰熊能为炮组人员提供更好的保护。

(2) 技术参数

总体情况	
型号	Brummbär 或 Stu.Pz.43
载具型号	Stu.G. Ⅳ , Sd.Kfz.166
车长（含火炮）	19 英尺 4 英寸
车长（不含火炮）	19 英尺 4 英寸
车宽	9 英尺 8 英寸
车高	8 英尺 2 英寸
全重	30.4 吨
乘员	5 人

火炮	
型号	15cm Stu.H.43（L/12）
炮口初速	每秒 790 英尺（高爆弹）
最大射程	高爆弹 5000 码（大约）
射击俯仰角	-8.5 度到 +30 度
回旋角度	两侧各 8 度
炮口制退器	无

弹种	高爆弹	空心装药破甲弹	烟幕弹
炮口初速（英尺 / 秒）	790	902	780
炮弹重量（磅）	83.6	55	85.7
携弹量	总共 38 发		

载具	
悬挂系统	
负重轮数量	8 对
负重轮类型	小直径橡胶包边轮
托带轮数量	4 对
履带着地长	11 英尺 6 英寸
履带中心距	8 英尺 1 英寸
车身装甲	
正面	45 毫米加 50 毫米，倾斜度 15 度
侧面	30 毫米，垂直
战斗舱装甲	
正面	101 毫米，倾斜度 38 度
侧面	50 毫米，倾斜度 18 度
顶部	22 毫米，倾斜度 82 度

动力 - 发动机	
型号	迈巴赫 HL 120 TRM
气缸数	V12 缸
燃料	汽油
功率	295 马力 /3000 转
变速器	同步啮合式，6 个前进挡，1 个倒挡
驱动	前主动轮

性能	
越壕宽	9 英尺
涉水深	3 英尺
作战半径	130 英里
攀垂直墙高	2 英尺 6 英寸
爬坡度	30 度
最大速度	每小时 25 英里

辅助武器	
型号	1 挺 MG34 机枪，球形射击座
位置	主炮左侧

3. 熊蜂（搭载三号与四号坦克底盘的 150 毫米中型野战榴弹炮）

(1) 概述

这款自行式中型榴弹炮，使用了由四号坦克的悬挂和三号坦克的各种部件拼装而成的混合底盘。此外，还有一款用于野战的已过时的老型号（将 150 毫米 S.F.H.13 火炮搭载在法制"洛林"底盘上）。

(2) 技术参数

总体情况	
型号	Hummel
载具型号	Gw. Ⅲ / Ⅳ，Sd.Kfz.165
车长（含火炮）	21 英尺 3.875 英寸
车长（不含火炮）	20 英尺 4.125 英寸
车宽	9 英尺 8.125 英寸
车高	9 英尺 7.25 英寸
全重	25.2 吨
乘员	6 人

火炮	
型号	15cm s.F.H J.8/1
全重	2.07 吨（含炮身和炮尾）
炮口初速	每秒 1705 英尺（高爆弹）

最大射程	高爆弹 14570 码（8 号装药）
射击俯仰角	0 度到 +39 度
回旋角度	两侧各 16 度
炮口制退器	无
缓冲器	液压式（炮身下方）
复进机	液气式（炮身上方）

弹种	高爆弹	空心装药破甲弹	烟幕弹
炮口初速（英尺 / 秒）	1705		
炮弹重量（磅）	95.9		86
携弹量	12 发	6 发	

载具	
悬挂系统	
负重轮数量	8 对
负重轮类型	小直径橡胶包边轮
托带轮数量	4 对
履带着地长	11 英尺 6 英寸
履带中心距	7 英尺 10.875 英寸
履带板宽	1 英尺 3 英寸
车身装甲	
正面	30 毫米，倾斜度 22 度
侧面	20 毫米，垂直
后部	20 毫米，倾斜度 9 度
顶部	17 毫米，水平
腹部	17 毫米，水平
战斗舱装甲	
正面	10 毫米，倾斜度 37 度
侧面	10 毫米，倾斜度 16 度
顶部	10 毫米，倾斜度 12 度

动力－发动机	
型号	迈巴赫 HL 120 TRM
气缸数	V12 缸
燃料	汽油

位置	中置
功率	295 马力 /3000 转
变速器	同步啮合式，6 个前进挡，1 个倒挡
驱动	前主动轮

性能	
越壕宽	9 英尺
涉水深	2 英尺 7.5 英寸
作战半径	160 英里
攀垂直墙高	2 英尺 6 英寸
爬坡度	30 度
最大速度	每小时 25 英里

灰熊自行式中型榴弹炮

熊蜂自行式中型榴弹炮

四、坦克歼击车

1. 犀牛（使用三号和四号坦克底盘的 88 毫米反坦克炮）

(1) 概述

这款坦克歼击车（初期型叫胡蜂）把最新型的 43 式 88 毫米反坦克炮，安装在了三号和四号坦克的混合底盘上。该坦克歼击车的车身轮廓很高，装甲薄弱的上层结构为炮组人员提供的保护聊胜于无。不过，这款坦克歼击车能在很远的距离外打击敌坦克。

(2) 技术参数

总体情况	
型号	Nashorn
载具型号	Gw. Ⅲ / Ⅳ，Sd.Kfz.164
车长（含火炮）	27 英尺 8.25 英寸
车长（不含火炮）	20 英尺 4.125 英寸
车宽	9 英尺 8.125 英寸
车高	9 英尺 7.75 英寸
全重	27 吨
乘员	5 人

火炮	
型号	8.8cm Pak 43/1（L/71）
炮口初速	每秒 3280 英尺（被帽风帽穿甲弹）
射击俯仰角	-5 度到 +20 度
回旋角度	两侧各 15 度
炮口制退器	有
缓冲器	液压式
复进机	液气式

弹种	被帽风帽穿甲弹	高爆弹	空心装药破甲弹	40 型穿甲弹
炮口初速（英尺 / 秒）	3280	2400	1968	3705
炮弹重量（磅）	22.4	20.7	16.8	16
携弹量	共计 48 发			

载具	
悬挂系统	
负重轮数量	8 对
负重轮类型	小直径橡胶包边轮
托带轮数量	4 对
履带着地长	11 英尺 6 英寸
履带中心距	7 英尺 11 英寸
履带板宽	1 英尺 3 英寸
车身装甲	
正面	30 毫米，倾斜度 12 度
侧面	20 毫米，垂直
后部	22 毫米
顶部	17 毫米
腹部	17 毫米
战斗舱装甲	
正面	10 毫米，倾斜度 30 度
侧面	10 毫米，倾斜度 16 度

动力	
发动机	
型号	迈巴赫 HL 120 TRM
气缸数	V12 缸
燃料	汽油
位置	中置
功率	295 马力 /3000 转
变速器	迈巴赫同步器，6 个前进挡，1 个倒挡
驱动	前主动轮

性能	
越壕宽	9 英尺
涉水深	2 英尺 7.5 英寸
作战半径	160 英里
攀垂直墙高	2 英尺 6 英寸
爬坡度	30 度
最大速度	每小时 25 英里

附注	
被帽风帽穿甲弹以 30 度入射法线角击中均质装甲的侵彻深度	
500 码	184 毫米
1000 码	169 毫米

2. 象式坦克歼击车(使用虎式 P 型底盘的 88 毫米 Stu.K.43 或 Pak 43/2 火炮)

(1) 概述

象式坦克歼击车的初期型号被称为"斐迪南德"。德国人将最新型的长身管 88 毫米反坦克炮安装在了虎式 P 型（这是虎式坦克废弃的早期型号）的底盘上，并辅以两套汽油发电机组和电传动系统。

值得一提的是，虽说象式坦克歼击车的装甲相当厚重，但该战车却因为过于笨重而变得难以操控。

(2) 技术参数

总体情况	
型号	Elefant
载具型号	Pz.Jäg.Tiger P, Sd.Kfz.184
车长（含火炮）	26 英尺 10 英寸
车长（不含火炮）	23 英尺 4 英寸
车宽	11 英尺 3 英寸
车高	9 英尺 10 英寸
全重	66.2 吨（大约）
乘员	6 人

火炮	
型号	8.8cm Stu.K.43（LJ71）或 Pak 43/2
炮口初速	每秒 3280 英尺（被帽风帽穿甲弹）
射击俯仰角	-6 度到 +25 度
回旋角度	两侧各 12 度
炮口制退器	有
缓冲器	液压式
复进机	液气式

弹种	被帽风帽穿甲弹	高爆弹	空心装药破甲弹	40 型穿甲弹
炮口初速（英尺／秒）	3280	2460	1968	3705
炮弹重量（磅）	22.4	20.7	16.8	16
携弹量	20 发	70 发		

载具	
悬挂系统	
负重轮数量	6 对
负重轮类型	大轮
托带轮数量	无
车身装甲	
正面	200 毫米，倾斜度 32 度
侧面	80 毫米，垂直
后部	80 毫米，垂直
顶部	30 毫米，水平
腹部	20 毫米，水平
战斗舱装甲	
正面	170 毫米，倾斜度 30 度
侧面	90 毫米，倾斜度 30 度

动力	
发动机	
型号	两台迈巴赫 HL 120 TRM
燃料	汽油
位置	中置
功率	590 马力
变速器	电传动
驱动	后主动轮

性能	
涉水深	2 英尺 4 英寸
作战半径	62 英里
爬坡度	30 度
最大速度	每小时 12.5 英里

附注	
被帽风帽穿甲弹以 30 度入射法线角击中均质装甲的侵彻深度	
500 码	184 毫米
1000 码	169 毫米

3. 猎豹 [使用黑豹底盘的 88 毫米 Pak 43/3 或 43/4（L/71）火炮]

(1) 概述

德国人研发这款坦克歼击车的目的，是从远距离的固定位置打击装甲目标。猎豹的车身和上层结构前部，由一块厚重且倾斜的装甲板提供保护。安装在装甲板中间的主炮（主炮的位置较高），赋予了整部战车突击炮的外形。

(2) 技术参数

总体情况	
型号	Jagdpanther
载具型号	Pz.Jäg.Panther, Sd.Kfz.173
车长（含火炮）	32 英尺 4 英寸
车长（不含火炮）	22 英尺 9 英寸
车宽	10 英尺 9 英寸
车高	8 英尺 3 英寸
全重	46.5 吨（大约）
乘员	5 人

火炮	
型号	8.8cm Pak 43/3 或 43/4（L/71）
炮口初速	每秒 3280 英尺（被帽风帽穿甲弹）
射击俯仰角	-8 度到 +14 度
回旋角度	两侧各 13 度
炮口制退器	有
缓冲器	液压式
复进机	液气式

弹种	被帽风帽穿甲弹	高爆弹	空心装药破甲弹	40 型穿甲弹
炮口初速（英尺 / 秒）	3280	2460	1968	3705
炮弹重量（磅）	22.4	20.7	16.8	16

（续表）

携弹量	28 发	29 发		

载具	
悬挂系统	
负重轮数量	8 对
负重轮类型	交错式
托带轮数量	1 对
履带着地长	13 英尺 5.5 英寸
履带中心距	8 英尺 7.5 英寸
履带板宽	2 英尺 2 英寸
车身装甲	
正面	80 毫米，倾斜度 55 度
侧面	30 毫米，垂直
后部	40 毫米，倾斜度 30 度
顶部	17 毫米
腹部	17 毫米
战斗舱装甲	
正面	80 毫米，倾斜度 55 度
侧面	45 毫米，倾斜度 30 度

动力	
发动机	
型号	迈巴赫 HL 230 P30
气缸数	V12 缸
燃料	汽油
位置	后部
功率	690 马力 /3000 转
变速器	同步器，7 个前进挡，1 个倒挡
驱动	前主动轮

性能	
越壕宽	8 英尺
涉水深	5 英尺 1 英寸
作战半径	87 英里
攀垂直墙高	3 英尺
爬坡度	30 度

辅助武器	
型号	1 挺 MG34 机枪，球形射击座
位置	斜装甲板

附注	
被帽风帽穿甲弹以 30 度入射法线角击中均质装甲的侵彻深度	
500 码	184 毫米
1000 码	169 毫米

4. 猎虎 [使用 Pz.Jä Tiger B 型底盘的 128 毫米 Pak 44（L/55）反坦克炮]

(1) 概述

128 毫米 Pak 44（L/55）反坦克炮，是迄今为止德国人生产的口径最大的反坦克炮。这款反坦克炮只有自行式——被安装在由虎王坦克底盘改造而成的 Pz.Jä Tiger B 型底盘上，德国人称其为"猎虎"。猎虎安装火炮的上层结构的装甲相当厚。猎虎替代了搭载混合底盘的 128 毫米 K.40 火炮——后者部署在苏联。

(2) 技术参数

总体情况	
型号	Jagdtiger
载具型号	Pz.Jäg.Tiger Model B, Sd.Kfz.186
车长（含火炮）	32 英尺 2 英寸
车长（不含火炮）	23 英尺 10 英寸
车宽	11 英尺 9.5 英寸
车高	9 英尺 3 英寸
全重	70 吨（大约）
乘员	6 人

火炮	
型号	12.8cm Pak 44（L/55）
炮口初速	每秒 3020 英尺（被帽风帽穿甲弹）
炮口制退器	有

弹种	被帽穿甲弹	被帽风帽穿甲弹	高爆弹
炮口初速（英尺 / 秒）	2890	3020	2886

炮弹重量（磅）	58.1	62.5	57
携弹量	共计 40 发		

载具	
扭杆式悬挂	
负重轮数量	9 对
负重轮类型	双排
托带轮数量	无
履带着地长	13 英尺 4 英寸
履带中心距	9 英尺 2 英寸
履带板宽	2 英尺 8.5 英寸
车身装甲	
正面	150 毫米，倾斜度 50 度
侧面	80 毫米，垂直
后部	80 毫米，倾斜度 30 度
战斗舱装甲	
正面	250 毫米，倾斜度 15 度
侧面	80 毫米，倾斜度 25 度
后部	80 毫米，倾斜度 10 度

动力	
发动机	
型号	迈巴赫 HL 230 P30
气缸数	V12 缸
燃料	汽油
位置	后部
功率	595 马力 /2600 转
变速器	预选式，液压操作，8 个前进挡，4 个倒挡
驱动	前主动轮

性能	
涉水深	5 英尺 9 英寸
作战半径	106 英里
爬坡度	35 度
最大速度	每小时 26 英里

辅助武器	
安装	1 挺 MG34 机枪
携带	1 挺 MG42 机枪

附注		
以 30 度入射法线角击中均质装甲的侵彻深度		
	被帽穿甲弹	被帽风帽穿甲弹
500 码	172 毫米	212 毫米
1000 码	148 毫米	200 毫米

犀牛坦克歼击车

猎豹坦克歼击车

象式坦克歼击车

搭载混合底盘的 *128 毫米 K.40 火炮*

五、自行高射炮

1. 综述

盟国空中力量的增长和德国空军的衰退，迫使德国人研发了自行高射炮——用来掩护运输纵队免遭低空攻击。

2. 防空坦克

虽然德国人把 20 毫米或 37 毫米轻型高射炮安装在半履带车辆上已经有一段时间了，但所谓的防空坦克却是个新生事物。防空坦克基本上就是在已拆除炮塔的坦克上安装一门轻型高射炮，再用装甲防盾提供掩护。以下防空坦克是到目前为止已曝光的型号：

- 将 38 式 20 毫米高射炮安装在捷克制造的 38（t）坦克底盘上。
- 将 43 式 37 毫米高射炮安装在四号坦克底盘上。
- 将 38 式 20 毫米四联装高射炮安装在四号坦克底盘上，并配有薄薄的八角形防盾。

3. 半履带载具

15 毫米或 20 毫米的 MG151 是一款制式航空机枪 / 机关炮，德国人近期把它安装到了 3 吨重的轻型半履带装甲车 Sd.Kfz.251/21 上——采用三联装方式安装，最大射击仰角为 49 度。三挺机枪 / 机关炮的最大理论射速可达每分钟 2100 发。

六、自行火炮清单

1. 自行式近距离支援火炮和突击炮

火炮	载具
75 毫米 Kw.K.（L/24）	三号坦克底盘（Sd.Kfz.142）
75 毫米 Kw.K.（L/24）	半履带车（Sd.Kfz.251/90）
75 毫米 Kw.K.（L/24）	八轮装甲车（Sd.Kfz.233）
75 毫米 Kw.K.（L/24）	半履带车（Sd.Kfz.10）
75 毫米 Stu.K.40（L/43）	三号坦克底盘（Sd.Kfz.142）

75 毫米 Stu.K.40（L/48）	三号坦克底盘（Sd.Kfz.142）
75 毫米 Stu.K.40（L/48）	四号坦克底盘
75 毫米 Stu.K.42（L/70）	四号坦克底盘（Sd.Kfz.162）

2. 野战和中型自行火炮

火炮	载具
105 毫米 Stu.H.42（L/28）	三号坦克底盘（Sd.Kfz.142）
150 毫米 s.I.G.33（L/12）	一号 B 型坦克底盘（Sd.Kfz.101）
150 毫米 s.I.G.33（L/12）	二号坦克底盘（Sd.Kfz.121）
150 毫米 s.I.G.33/1（L/12）	Gw.38（Sd.Kfz.138/1）
150 毫米 Stu.H.43（L/12）	四号坦克底盘（Sd.Kfz.166）
105 毫米 le.F.H.18/2	Gw. II（Sd.Kfz.124）
105 毫米 le.F.H.18/4	法制洛林底盘
105 毫米 le.F.H.18	Pz.Kpfw.H.39
105 毫米 le.F.H.18/1	Pz.Kpfw. IV B
150 毫米 s.F.H.13	法制洛林底盘
150 毫米 s.F.H.18/1	Gw. III / IV（Sd.Kfz.165）

3. 坦克歼击车

火炮	载具
28 毫米 Pak 41（已过时的型号）	半履带车（Sd.Kfz.250）
37 毫米 Pak（已过时的型号）	半履带车（Sd.Kfz.251）
37 毫米 Pak（已过时的型号）	法国雷诺履带装甲车
47 毫米 Pak（t）（已过时的型号）	一号坦克底盘
47 毫米 Pak（t）（已过时的型号）	Pz.Jäg.I
47 毫米 Pak（t）（已过时的型号）	法国雷诺 R.35 坦克底盘
50 毫米 Kw.K.39/1	八轮装甲车（Sd.Kfz.234）
75 毫米 Pak 40	38（t）坦克底盘
75 毫米 Pak 40/3	Pz.Jäg 38（Sd.Kfz.138）
75 毫米 Pak 39 L/48	Pz.Jäg 38（t）
75 毫米 Pak 40	二号坦克底盘
75 毫米 Pak 40	Pz.Jäg. II（Sd.Kfz.131）
75 毫米 Pak 40	Pz.Jäg. II（Ausf.D/E）（Sd.Kfz.132）

75 毫米 Kw.K（已过时的型号）	半履带车（Sd.Kfz.251/9）
75 毫米 Pak 40/1	Pz.Jdg.Lr.S.（Sd.Kfz.135）
75 毫米 Pak 40	卡车
75 毫米 Pak 40	施奈德凯格雷斯装甲车底盘（改款）
75 毫米 Pak 40	哈奇开斯 H.39 坦克底盘
75 毫米 Pak 39（L/48）	Panzerjäger Ⅳ（Sd.Kfz.162）
76.2 毫米 Pak 36（r）（已过时的型号）	半履带车（Sd.Kfz.6）
76.2 毫米 Pak 36（r）	38（t）坦克底盘
76.2 毫米 Pak 36（r）	Pz.Jäg.38（Sd.Kfz.139）
76.2 毫米 Pak 36（r）	二号坦克底盘
76.2 毫米 Pak 36（r）	Pz.Jdg. Ⅱ（Sd.Kfz.131）
76.2 毫米 Pak 36（r）	Pz.Jdg. Ⅱ Ausf.D/E（Sd.Kfz.132）
76.2 毫米 F.K.（r）	Pz.Jäg. Ⅱ Ausf.D/E（Sd.Kfz.132）
88 毫米 Pak 43/1（L/71）	Pz.Jäg. Ⅲ / Ⅳ（Sd.Kfz.164）
88 毫米 Pak 43/3 或 Pak 43/4	黑豹坦克底盘（Sd.Kfz.173）
88 毫米 Stu.K.43/1（L/71）或 Pak 43/2（L/71）	虎式坦克（P）底盘（Sd.Kfz.182）
128 毫米 K.40	混合底盘
128 毫米 Pak 44（L/55）	虎式坦克（Ⅱ）底盘

4. 自行高射炮

火炮	载具
20 毫米 Flak 30 或 Flak 38（已过时的型号）	半履带车（Sd.Kfz.10）
20 毫米 Flak 38（已过时的型号）	半履带车（Sd.Kfz.70）
20 毫米 Flakvierling 38（已过时的型号）	半履带车（Sd.Kfz.7）
37 毫米 Flak 18 或 Flak 36（已过时的型号）	半履带车（Sd.Kfz.6）
50 毫米 Flak 41（已过时的型号），三联装 MG151/15 或 MG151/20	三吨半履带车（Sd.Kfz.251 21）
20 毫米 Flak 38	38（t）坦克底盘
37 毫米 Flak 43	四号坦克底盘
20 毫米 Flakvierling 38	四号坦克底盘

第六节 装甲战车

一、综述

德国装甲战车的发展历程中的主角就是坦克，而从战争爆发开始到战斗结束的这段时间里，这位主角发生了很大的变化。历时五年的战争期间，德国坦克表明，闪电战理念逐渐变得更加强调防御，或至少是攻势防御，最新式的虎王坦克，配备了威力强大的武器，披挂着厚重的装甲，虽然速度缓慢且机动性较差，但用于积极防御倒是非常合适。

德国坦克的发展始于 1934 年，表面上与重整军备方案的其他项目同步进行，但毫无疑问，相关人员在此之前就此反复思考、试验过。到 1939 年，德国人已研发出四款坦克——Pz.Kpfw. Ⅰ、Ⅱ、Ⅲ、Ⅳ（Pz.Kpfw 是德语 Panzerkampfwagen 的缩写，意思是装甲战车或坦克），并以这些坦克发动了闪电战。此外，他们于 1939 年还研发了更重型的坦克——有证据表明，尚处于试验阶段的一辆五号和一辆六号坦克样车被用于入侵挪威的战争。但结果肯定不尽如人意，因为德国人很快放弃了这两款坦克的设计方案，目前的五号（黑豹）和六号（虎式）坦克与当初的设计没什么关系。

在此期间，一号、二号坦克逐渐过时，先是被降为侦察工具，最后于 1943 年时从装甲团的装备表里消失了。更重型的三号、四号坦克，其在实战中的表现令人满意，因此德国人对这两款坦克加以改进，更换了威力更大的火炮，披挂上了更厚的装甲，以应对新的战场状况。

1942 年，六号坦克（虎式）出现在苏联战场，后来又在非洲参战。虎式坦克的设计，完全遵循德国的惯例，只是配备了威力更大的火炮和更厚的装甲。虎式坦克似乎打乱了德国战车的编号顺序，因为五号坦克（黑豹）是在近一年后才出现的。黑豹坦克的设计有些出人意料，它没有采用德国设计装甲战车的惯例，其装甲布局表明，设计人员受到了苏制坦克的强烈影响。因黑豹坦克的战斗表现相当出色，相关人员这才决定重新设计在某种程度上没达到预期效果的虎式坦克。就这样，虎王坦克应运而生。

二、过时的坦克

1. 综述

　　虽说一号、二号、三号坦克已然过时，但仍存在探讨价值，因为盟军仍有可能在战场上遇到这些战车。

2. 一号轻型坦克（Pz.Kpfw. Ⅰ）

(1) 概述

　　这是德国人定型的第一款坦克，首批一号轻型坦克于 1934 年下线。这款坦克的三个战斗型号（A、B、C 型）和一个指挥型号（以 B 型改造而成）的相关数据已经被大众获知，但从未有人在战斗中遇到过一号 C 型坦克。此外，一号坦克的车身还可作为搭载数种型号火炮的自行式载具。

(2) 技术参数

	型号 Sd. Kfz. 101（指挥型为 Sd. Kfz. 265）			
	A 型	B 型	C 型	指挥型
战斗全重（吨）	5.88	6.44	8.96	6.44
乘员	2 人	2 人		3 人
车身正面装甲	13 毫米	13 毫米		32 毫米
车身侧面装甲	15 毫米	15 毫米	25 毫米	15 毫米
正面斜装甲板	8 毫米	8 毫米		20 毫米
上层结构侧面装甲	13 毫米	13 毫米		15 毫米
炮塔正面装甲	15 毫米	15 毫米	50 毫米	
炮塔侧面装甲	13 毫米	13 毫米		
武器	2 挺 MG13 机枪	2 挺 MG13 机枪	1 门反坦克炮，1 挺机枪	1 挺 MG34 机枪
外形尺寸				
长度（英尺）	13	14		14
宽度（英尺）	6.75	6.75		6.75
高度（英尺）	5.58	5.73		6.41
离地间隙（英寸）	9.75	10		10
公路速度（英里 / 小时）	12	15—16		15—16
公路行程（英里）	112	87		87

注：Sd.Kfz 是德文 Sonderkraftfahrzeug 的缩写，意思是特种机动车辆。

3. 二号轻型坦克（Pz.Kpfw. II）

(1) 概述

二号坦克由三名乘员操作：无线电报务员、驾驶员以及同时担任炮手的车长。这款战车在过时前曾推出了多种型号。经过大幅度修改，它曾作为山猫侦察坦克重新出现在西欧战场。二号坦克最初的试验型，于1934年到1936年间被大量生产，最后于1943年退出列装，不再作为战斗车辆。以F型改造的喷火坦克也早就过时，可能不会再出现。目前最新款的二号坦克是F型（不是喷火坦克）。二号坦克改造过的车身仍作为自行火炮载具，多数情况是搭载33式150毫米重型步兵炮和18式100毫米轻型野战榴弹炮。

(2) 技术参数

	F 型	L 型（山猫）
型号	Sd.Kfz.121	Sd.Kfz.123
战斗全重（吨）	11.5	13.2
乘员	3 人	3 人
车身正面装甲	35 毫米	30 毫米
车身侧面装甲	20 毫米	20 毫米
正面斜装甲板	20 毫米	20 毫米
上层结构正面装甲	30 毫米	30 毫米
上层结构侧面装甲	20 毫米	20 毫米
炮塔正面装甲	35 毫米	30 毫米
炮塔侧面装甲	15 毫米	20 毫米
武器（同轴安装在炮塔上）	1 门 20 毫米 Kw.K.30 火炮，1 挺 MG34 机枪	1 门 20 毫米 Kw.K.18 火炮，1 挺 MG34 机枪
外形尺寸		
长度（英尺）	14.75	14.83
宽度（英尺）	7.33	8.25
高度（英尺）	6.48	6.58
离地间隙（英寸）	13	16（大约）
发动机	直列六缸，133 匹，汽油	直列六缸，176 匹，汽油
公路速度（英里/小时）	15	40
公路行程（英里）	118	155
悬挂：F型装有5对负重轮，四分之一椭圆形弹簧，前主动轮，后惰轮。L型采用五轴扭杆式悬挂，交错负重轮，前主动轮，后惰轮。		

4. 三号中型坦克（Pz.Kpfw. III）

(1) 概述

三号坦克的型号很多，但基本都保留了最基本的特征。

最新型的三号坦克配备长身管 50 毫米 Kw.K.39（L/60）火炮，并于 1942 年完全替代了身管较短的 50 毫米 Kw.K.(L/42)火炮。这款战车原先配备一门37毫米主炮，但于 1940 年末起不再采用该配置。

三号坦克现在已经过时，基本上不可能再出现在战场上。不过，三号坦克出色的车身和悬挂还可以作为自行火炮的载具，因而德国人还会以这种形式继续生产。

目前已经曝光的三号坦克，有的装备了短身管 75 毫米 Kw.K. 火炮（这款 75 毫米火炮起初也被用于四号坦克），有的被当成指挥坦克，有的被改装成喷火坦克或救援坦克（Bergepanther），还有的被当成弹药运送坦克或者观察所坦克。

(2) 技术参数

	L、M 型
型号	Sd.Kfz.141/1
战斗全重	24.6 吨（大约）
乘员	5 人
前鼻装甲板	50 毫米
前斜装甲板	25 毫米
驾驶员前装甲板	50 毫米、20 毫米间隙式装甲
驾驶员前装甲板	30 毫米
后装甲板	50 毫米
炮塔前装甲板	57 毫米
炮塔侧装甲板	10 毫米
武器（同轴安装在炮塔上）	1 门 50 毫米 Kw.K.39 主炮，1 挺 MG34 机枪
车身上	1 挺 MG34 机枪
外形尺寸	
长度	17 英尺 8 英寸
宽度	9 英尺 9 英寸
高度	8 英尺 3 英寸
火炮超出车身	1 英尺 3 英寸（大约）
离地间隙	1 英尺 2 英寸

（续表）

性能	
最大速度	每小时 35 英里（大约）
公路速度	每小时 22 英里
越野速度	每小时 10—15 英里
公路行程	102 英里
越野行程	59 英里
越壕宽	8 英尺 6 英寸
涉水深	2 英尺 9 英寸
攀垂直墙高	2 英尺
爬坡度	30 度
发动机	
型号	迈巴赫 HL 120 TRM
燃料	汽油
最大功率	296 马力 /3000 转
变速箱：迈巴赫 SSG77 同步啮合式变速箱，滑动爪式，手动，6 个前进挡，1 个倒挡。	
悬挂：每侧 6 个小直径橡胶包边负重轮，扭杆式悬挂。	

一号轻型坦克

二号轻型坦克

三号中型坦克

三、中型坦克

1. 四号坦克（Pz. Kpfw. IV）

(1) 概述

德国人发动战争时使用的四款坦克，只有四号坦克仍在服役，但承担的任务已发生变化，而且这些坦克现在搭载的火炮，只有口径与原先的火炮相同。

四号坦克原先装备短身管 75 毫米火炮 [7.5cm Kw.K.（L/24）]，还在炮塔上装了一挺同轴机枪，后期型号加装了一挺车身机枪。使用这种短身管低速火炮的坦克，主要充当近距离支援兵器。1942 年，四号坦克换装了 75 毫米长身管高速火炮 [7.5cm Kw.K.40（L/43）]，从近距离支援战车摇身变为战斗坦克，一举取代三号坦克，成为装甲团的主要兵器。目前，四号坦克只是黑豹的临时替代品。

不难预料，如果存在足够多的黑豹坦克，四号坦克无疑会退出列装。

最新型的四号坦克是 H 型，与 G 型（详情参阅下表）的不同之处仅仅是使用了 48 倍径，而不是 43 倍径的 75 毫米火炮，在弹道特性方面没什么变化。

这款战车也充当指挥坦克、观察所坦克、弹药运送坦克、防空坦克，其车身和悬挂还可用于自行火炮。

(2) 技术参数

	G 型
型号	Sd.Kfz.161/1（H 型是 Sd.Kfz.161/2）
战斗全重	26 吨
乘员	5 人
前鼻装甲板	60 毫米
前斜装甲板	25 毫米
驾驶员前装甲板	60 毫米
车身侧装甲板	30 毫米
车身后装甲板	20 毫米
炮塔前装甲板	40 毫米
炮塔侧装甲板	30 毫米
武器（同轴安装在炮塔上）	1 门 75 毫米 Kw.K.40（L/43）主炮，1 挺 MG34 机枪
车身	1 挺 MG34 机枪

外形尺寸	
长度（含主炮）	19 英尺 4 英寸
宽度	9 英尺 7 英寸
高度	8 英尺 6 英寸
火炮超出车身	1 英尺 6 英寸（H 型，2 英尺 9 英寸）
离地间隙	1 英尺 3 英寸
性能	
最大速度	每小时 25 英里（大约）
公路速度	每小时 20 英里
越野速度	每小时 10—15 英里
公路行程	130 英里
越野行程	80 英里
越壕宽	9 英尺
涉水深	3 英尺
攀垂直墙高	2 英尺 6 英寸
爬坡度	30 度
发动机	
型号	迈巴赫 HL 120 TRM
缸数	60 度夹角 V12 缸
燃料	汽油
油箱容量	126 加仑
公路每百英里油耗	93.6 加仑
越野每百英里油耗	153 加仑
最大功率	295 马力 /3000 转
排量	11.9 升
变速箱：手动同步啮合式变速箱，滑动爪式，6 个前进挡，1 个倒挡。	
转向装置：行星离合器制动机构。	
悬挂：每侧 4 组负重轮，每组 2 个橡胶包边负重轮，四分之一椭圆形弹簧。	

四、重型坦克

1. 黑豹坦克（Pz.Kpfw.Panther）

(1) 概述

　　这款战车可能是德国人研发的最成功的坦克，他们没有沿袭以往的惯例，而是从苏制 T-34 坦克的设计方案汲取灵感。

黑豹坦克重约 45.4 吨，大多数装甲板呈倾斜状，加强了装甲防护性。黑豹坦克配备了威力强大的武器，且大功率发动机能让它的最大速度达到每小时 30 英里。黑豹坦克的内部安置采用标准的德国方式——驾驶舱在前部，战斗舱在中部，发动机位于后部。

黑豹坦克的设计采用了双扭杆悬挂，每侧有 8 个大直径克里斯蒂型负重轮，2 个一组，交错排列。每组负重轮都被安装在扭杆突出端的半径杆上，这根扭杆与平行安置的另一根扭杆串接。这是一个巧妙的装置，能起到扭杆长度加倍的效果。

1943 年夏季，黑豹坦克在苏联战场首度参战，最初定为 Pz.Kpfw. Ⅴ，于 1944 年 2 月成为正式型号，目前出现的最新型号是 G 型。黑豹坦克大获成功的主要原因是相对较高的速度、机动性、威力强大的武器、出色的防护。

已被确认的黑豹变款是指挥坦克和救援坦克，还有猎豹坦克歼击车（在黑豹坦克的底盘上安装了一门 88 毫米 Pak 43/3 或 Pak 43/4 反坦克炮）。

(2) 技术参数

	G 型
型号	Sd.Kfz.171
战斗全重	45.4 吨（大约）
乘员	5 人
前鼻装甲板	60 毫米，倾斜度 35 度
前斜装甲板	80 毫米，倾斜度 55 度
后装甲板	40 毫米，倾斜度 30 度
车身侧装甲板	40 毫米，垂直
上层结构侧装甲板	50 毫米，倾斜度 30 度
炮塔前装甲板	110 毫米，倾斜度 10 度
炮塔侧装甲板	45 毫米，倾斜度 25 度
炮塔后装甲板	45 毫米，倾斜度 28 度
武器（同轴安装在炮塔上）	1 门 75 毫米 Kw.K.42（L/70）主炮，1 挺 MG34 机枪
车身	1 挺 MG34 机枪
外形尺寸	
长度（不含主炮）	21 英尺 1.5 英寸
宽度	10 英尺 9.5 英寸
高度	9 英尺 4 英寸

火炮超出车身	6 英尺 5 英寸
离地间隙	1 英尺 7.5 英寸
性能	
最大速度	每小时 35 英里（大约）
公路速度	每小时 20 英里
越野速度	每小时 15 英里
公路行程	124 英里
越野行程	62 英里
越壕宽	10 英尺
涉水深	6 英尺（某些潜水型可达 13 英尺）
攀垂直墙高	3 英尺
爬坡度	30 度
发动机	
型号	迈巴赫 HL 230 P30
缸数	V12 缸
燃料	汽油
油箱容量	193 加仑
公路每百英里油耗	149 加仑
越野每百英里油耗	298 加仑
最大功率	690 马力 /3000 转
排量	23 升
变速箱：迈巴赫同步啮合滑动爪式，手动，7 个前进挡，1 个倒挡。	
悬挂：8 个负载轴，每个承载 2 个大直径橡胶包边、交错排列的负重轮，双扭杆悬挂。	

2. 虎式坦克（Pz.Kpfw.Tiger）

(1) 概述

这款战车起初定型为六号坦克（Pz.Kpfw. Ⅵ），于 1942 年下半年投入苏联战场。1943 年初，盟军在突尼斯遇到过这款坦克。德国人于 1944 年 2 月正式采用了它的俗称"虎式"将其命名。目前的虎式坦克是 E 型。

与黑豹坦克不同，虎式坦克的设计完全遵循德国的惯例，但加大了所有尺寸。其火炮采用 88 毫米的 Kw.K.36，与 36 式 88 毫米反坦克炮基本相同，只是为装上炮塔做过某些修改。要安装这么重的火炮，首先要解决的就是刚度问题，因此，他们把构成车身的大块钢板彻底焊接起来，并使上层结构形成一个整体再焊到车身上。

虎式坦克的炮塔壁以 82 毫米厚的一大块装甲板弯曲成马蹄形。另外，除了焊接，所有装甲板都呈交错状。虎式坦克推出后，成为所有德国坦克中装甲最厚的一款，其前垂直装甲板厚达 102 毫米，车身侧面的装甲板也有 62 毫米。

虎式坦克的悬挂，采用交错式克里斯蒂型负重轮，配备的是宽大的履带。此外，虎式坦克引擎需要非常熟练的操纵和维护才能发挥最佳性能，在缺乏训练的乘员手里，很容易发生机械故障，这是虎式坦克的主要缺点。

(2) 技术参数

	E 型
型号	Sd.Kfz.181
战斗全重	56.9 吨（大约）
乘员	5 人
前鼻装甲板	102 毫米，倾斜度 20 度
前斜装甲板	62 毫米，倾斜度 80 度
下鼻装甲板	62 毫米，倾斜度 60 度
驾驶员前装甲板	102 毫米，倾斜度 10 度
车身侧装甲板	62 毫米，垂直
上层结构侧装甲板	82 毫米，垂直
后装甲板	82 毫米，倾斜度 20 度
炮塔前装甲板	100 毫米，倾斜度 0 度到 11 度
炮塔侧装甲板	82 毫米，垂直
炮塔后装甲板	82 毫米，垂直
武器（同轴安装在炮塔上）	1 门 88 毫米 Kw.K.36（L/56）主炮，1 挺 MG34 机枪
车身	1 挺 MG34 机枪
外形尺寸	
长度（不含主炮）	20 英尺 8.5 英寸
安装宽战斗履带的宽度	12 英尺 3 英寸
安装窄战斗履带的宽度	10 英尺 4 英寸
高度	9 英尺 4.75 英寸
火炮超出车身	7 英尺 0.5 英寸
离地间隙	1 英尺 5 英寸
性能	
最大速度	每小时 25 英里（大约）
公路速度	每小时 15 英里
越野速度	每小时 5—10 英里

公路行程	87 英里
越野行程	53 英里
越壕宽	10 英尺
涉水深	13 英尺
攀垂直墙高	2 英尺 6 英寸
爬坡度	30 度
发动机	
型号	迈巴赫 HL 230 P45
缸数	V12 缸
燃料	汽油
油箱容量	150 加仑（大约）
最大功率	690 马力 /3000 转
变速箱：迈巴赫奥尔瓦预选式变速箱，液压操纵，8 个前进挡，4 个倒挡。	
悬挂：前主动轮，后惰轮；8 个负载轴，每个承载 3 个大直径负重轮，这些负重轮交错排列。扭杆悬挂，每根轴上一根扭杆。	

3. 虎王坦克 [Pz.Kpfw.Tiger, Model B（King Tiger）]

(1) 概述

这款战车是虎式坦克遵循黑豹坦克的设计思路发展而成的，安装了新式 88 毫米 Kw.K.43（L/71）火炮。虎王坦克的装甲厚度与虎式坦克旗鼓相当，在某些部位上甚至更厚，另外改进的设计方案和大多数装甲板的倾斜度（就像黑豹坦克），极大地提高了虎王的防护性。

实际上，虎王坦克的设计初衷是用于防御作战或突破敌人强大的防线，这款坦克过于沉重，速度较慢，因而并不适合快速机动和运动战。为容纳新式主炮，虎王坦克的炮塔被造得太长，与整车全长有些不成比例。最重要的是，坦克全车关闭后，几乎看不到车外的情况，这是虎王坦克最大的弱点之一。

自虎王坦克于 1944 年 8 月在诺曼底首度亮相后，德国人对这款战车的炮塔做出修改，以消除原先结构过度的板体弯曲。正面攻击虎王坦克几乎无法奏效，可如果打击防护较弱的侧面，盟军的反坦克武器能在大多数正常战斗距离内击穿虎王坦克的装甲。

(2) 技术参数

	B 型
型号	Sd.Kfz.182
战斗全重	75 吨
乘员	5 人
前斜装甲板	150 毫米，倾斜度 50 度
下鼻装甲板	100 毫米，倾斜度 50 度
车身侧装甲板	80 毫米，垂直
上层结构侧装甲板	80 毫米，倾斜度 20 度
后装甲板	80 毫米，倾斜度 25 度
炮塔前装甲板	180 毫米，倾斜度 10 度
炮塔侧装甲板	80 毫米，倾斜度 20 度
炮塔后装甲板	80 毫米，倾斜度 20 度
武器（同轴安装在炮塔上）	1 门 88 毫米 Kw.K.43（L/71）主炮，1 挺 MG34 机枪
车身	1 挺 MG34 机枪
外形尺寸	
长度（不含主炮）	23 英尺 10 英寸
宽度	11 英尺 11.5 英寸
高度	10 英尺 2 英寸
火炮超出车身	8 英尺 10 英寸
离地间隙	前 1 英尺 7 英寸，后 1 英尺 8 英寸
性能	
最大速度	每小时 26 英里（大约）
公路速度	每小时 24 英里
越野速度	每小时 9—10 英里
公路行程	106 英里
越野行程	74 英里
发动机	
型号	迈巴赫 HL 230 P30
缸数	V12 缸
油箱容量	229 加仑
公路每百英里油耗	213 加仑
越野每百英里油耗	300 加仑
最大功率	590 马力 /2600 转
变速箱：迈巴赫奥尔瓦预选式变速箱，液压操纵，8 个前进挡，4 个倒挡。	
悬挂：每侧 9 个负载轴，每个承载 2 个交错重叠的负重轮。单扭杆悬挂。前主动轮，后惰轮。	

四号坦克

黑豹坦克

虎式坦克

虎王坦克

五、装甲车

1. 综述

德国陆军目前仍在使用的装甲车主要有两款：轻型四轮式和重型八轮式。在整个战争期间，虽然这些装甲车几乎没有改进过，但它们的作战性能完全可以满足德国陆军的需求。而战争爆发前就已存在的一系列六轮装甲车，显然无法令人满意，甚至还有些多余。

2. 四轮装甲车（Four-Wheeled Armored Car）

(1) 概述

常见的四轮装甲车，载有一门20毫米自动加农炮和一挺MG34机枪，除此之外，还有一款只搭载一挺机枪的四轮装甲车（Sd.Kfz.221），另一款则是无线电通信车（Sd.Kfz.223），也载有一挺机枪，车顶上还装有矩形折叠式框形天线。

(2) 技术参数

型号	Sd.Kfz.222
战斗全重	5.25 吨
乘员	3 人
外形尺寸	
长度	15 英尺 7 英寸
宽度	6 英尺 3.5 英寸
高度	5 英尺 11.5 英寸
离地间隙	7.75 英寸
装甲	8 毫米
武器	1门 20 毫米 Kw.K.30 或 Kw.K.38 火炮，1挺 7.92 毫米 MG34 机枪，同轴安装

3. 八轮装甲车（Eight-Wheeled Armored Car）

(1) 概述

八轮装甲车执行各种次要任务，除了最主要的型号（Sd.Kfz.231），还有两款无线电通信车（Sd.Kfz.232 和 Sd.Kfz.263），另一款安装 75 毫米 Kw.K.38 火炮的八轮装甲车没有炮塔，而有炮塔的 Sd.Kfz.234/2 型则安装了一门 50 毫米 Kw.K.39 火炮。无线电通信车上装有大型的矩形折叠式框形天线。

(2) 技术参数

型号	Sd.Kfz.231
战斗全重	8.35 吨
乘员	4 人
武器	1 门 20 毫米 Kw.K.30 或 Kw.K.38 火炮，1 挺 7.92 毫米 MG34 机枪，同轴安装
发动机	8 缸，155 匹，汽油
外形尺寸	
长度	19 英尺 1 英寸
宽度	7 英尺 3 英寸
高度	7 英尺 10 英寸
离地间隙	12 英寸
装甲	
炮塔前部	15 毫米
炮塔侧面和后部	8 毫米
上层结构前部	18 毫米
上层结构侧面	8 毫米
车身前鼻板	18 毫米
车身侧面	8—10 毫米
尾板	10 毫米
性能	
越壕宽	5 英尺
涉水深	2 英尺
攀垂直墙高	1 英尺 7 英寸
最大爬坡度	27 度
公路速度	每小时 51 英里
越野速度	每小时 19 英里
公路行程	165—190 英里
越野行程	110 英里
悬挂	
悬挂	8 个车轮（八轮驱动）

4. 半履带装甲车（Half-Tracked Armored）

(1) 概述

这款半履带装甲车，炮塔上装有 20 毫米自动加农炮和机枪。

(2) 技术参数

型号	Sd.Kfz.250/9
战斗全重	6.5 吨
乘员	3 人
长度	15 英尺
宽度	6 英尺 4.5 英寸
速度	每小时 40 英里

一台安装了 20mm 高射炮的半履带装甲车

六、装甲输送车

德国陆军各种型号的装甲输送车，大多采用两种底盘：1吨半履带牵引车（Sd.Kfz.10）和3吨半履带牵引车（Sd.Kfz.11）。这些车辆的装甲较薄（5—15毫米），其装甲板和其他装甲车上的一样为倾斜安装。德国人近期的倾向是给这些车辆装上火炮（高射炮或反坦克炮），最大口径37毫米。以下是部分车辆的型号：

使用 1 吨半履带牵引车底盘	
轻型装甲输送车	Sd.Kfz.250
轻型装甲弹药输送车	Sd.Kfz.252
轻型装甲观察哨	Sd.Kfz.253
使用 3 吨半履带牵引车底盘	
中型装甲输送车	Sd.Kfz.251
装甲喷火器车	Sd.Kfz.251/16
自行反坦克炮	37 毫米反坦克炮
自行高射炮	36 式 20 毫米高射炮

第七节 火箭兵器

一、综述
1. 发展

德国的火箭兵器，自1941年首度用于战场以来，经过数年试验，已取得很大发展。他们现在有十来款制式发射器，另外还有些非制式武器，这些非制式武器，要么是专门设计的，要么还没达到大规模生产的发展阶段。德国人使用火箭发射器施放烟幕，或以密集炮火打击地域内的目标。由于火箭发射器较轻，因而比发射类似重量弹丸的野战炮兵兵器更具机动性。不过，火箭发射器的准确性不及火炮。

2. 火箭兵器的类型

德国人的火箭兵器，常见的类型是150毫米六管发射器（15cm Nebelwerfer 41）、210毫米五管发射器（21cm Nebelwerfer 42）、280毫米和320毫米发射器（28/32cm Nebelwerfer 41），这些发射器被安装在两轮炮架上，而150毫米十管发射器（15cm Panzerwerfer 42）需要被半履带装甲车搭载。

二、野战发射器
1.41式150毫米火箭发射器（150mm Nebelwerfer 41）
(1) 概述

这是德国人最初的火箭兵器，六根炮身被安装在配有开脚式大架的简易两轮炮架上。炮架上装有高低机和方向机，每根炮身的尾端都有一个电击发触点，这些触点通往炮身部件右上方的接线盒。为防止发射时产生的冲击波掀翻发射器，六个发射器被按固定顺序（1、4、6、2、3、5）分别启用并使6枚火箭弹在10秒钟内射完。为避开冲击波，炮手趴在侧面15码左右的窄壕里，通过连接接线盒的电子开关操纵发射器。由于发射时炮组人员必须隐蔽，因此装填、发射6枚火箭弹共需要90秒左右。德国人还有一款单管发射器，与150毫米火箭发射器发射同样的弹药，被称为Do-Gerät，配备给空降兵。

(2) 技术参数

口径：150毫米

炮身长度：51英寸

重量：1195 磅

回旋角度：30 度

射击仰角：44 度

最大射程（高爆火箭弹）：7330 码

最大射程（烟幕火箭弹）：7550 码

火箭弹重量（高爆火箭弹）：75.3 磅

火箭弹重量（烟幕火箭弹）：78 磅

炮口初速：每秒 1120 英尺

(3) 使用弹种

这款发射器使用烟幕火箭弹、高爆火箭弹，有证据表明，它还能发射化学火箭弹。

2. 42 式 210 毫米火箭发射器（210mm Nebelwerfer 42）

(1) 概述

这款五管发射器沿用 41 式 150 毫米火箭发射器的设计方案，使用类似的炮架和电击发装置。210 毫米火箭发射器配备了可拆卸的膛内适配器，可以发射 150 毫米火箭弹。

(2) 技术参数

口径：210 毫米

炮身长度：4 英尺 3.5 英寸

最大射程：8600 码

火箭弹重量：248 磅

(3) 使用弹种

这款发射器发射装有 28 磅炸药的高爆火箭弹。

3. 42 式 150 毫米自行式发射器（150mm Panzerwerfer 42）

(1) 概述

德国人把这款十管火箭发射器安装在配有"骡"悬挂的轻型半履带装甲车后部。两排炮身，每排五管，装在可 360 度旋转的转盘上。坐在平台正下方车舱内的射手，以电击发方式操纵这款火箭发射器。这款发射器的射速可能高于 41 式 150 毫米火箭发射器，因为炮组人员就待在装甲车的后面，离发射器很近，能以更快的速度装填弹药。

(2) 技术参数

口径：150 毫米

回旋角度：360 度

最大射击仰角：45 度

最大射程：7330 码

整车重量：7.1 吨

公路速度：每小时 25 英里

(3) 使用弹种

这款发射器，与 41 式 150 毫米火箭发射器使用相同的弹种。

4. 40 式重型木架发射器（Schweres Wurfgerät 40）

(1) 概述

这款框架式发射器，以简单的木板架构成，火箭弹放在框架里，从一个个板条箱发射出去。26 股朝各个方向倾斜的喷射流形成旋转力，以此稳定飞行中的火箭弹。

(2) 使用弹种

这款框架式发射器，可发射 280 毫米高爆火箭弹和 320 毫米燃烧火箭弹。

280 毫米高爆火箭弹：

型号：280mm Wurfkörper Spr

标记：粉红色弹带

重量：184.5 磅

炸药容量：110 磅 TNT

最大射程：2100 码

火箭弹长度：3 英尺 11 英寸

320 毫米燃烧火箭弹：

型号：320mm Wurfkörper M.Fl.50

标记：绿色、黄色弹带

重量：173 磅

装填：11 加仑油

最大射程：2400 码

火箭弹长度：3 英尺 4 英寸

5. 41 式重型钢架发射器（Schweres Wurfgerät 41）

这款火箭发射器与木架发射器的区别是，前者为金属结构，后者为木结构。

6. 40 式重型机动发射器（Schwerer Wurfrahmen 40）

(1) 概述

重型发射器（Schweres Wurfgerät）的改进型，用在半履带装甲车上。装甲车侧面装有 6 个发射器，每侧 3 个，每个发射器由两部分组成：一块载板用螺栓固定在车辆侧面，一个用来固定发射火箭弹的板条箱的托架，托架配有升降机构和夹钳。

(2) 使用弹种

机动发射器使用的弹种，与木架、钢架重型发射器相同。

7. 41 式重型移动发射器（Nebelwerfer 41）

(1) 概述

这是木架、钢架重型发射器的移动型号，是把容纳 6 枚火箭弹的框架安装在两轮炮架上。炮架拖入发射阵地后，分开搭架，发射器像火炮那样布设。这款发射器使用标准的电击发机制。

(2) 使用弹种

这款发射器发射标准的 280 毫米高爆火箭弹和 320 毫米燃烧火箭弹。

8. 42 式 300 毫米移动发射器（300mm Nebelwerfer 42）

(1) 概述

这款六框发射器与 280 毫米、320 毫米 41 式发射器相似，发射德国最大口径的高爆火箭弹。

(2) 使用弹种

300 毫米火箭弹比 280 毫米或 320 毫米火箭弹更具流线形，其推进剂重量与火箭弹总重量比更高，因而射程更远。

300 毫米高爆火箭弹：

型号：300mm Wk.42 Spr

重量：277 磅

炸药容量：100 磅阿马托炸药

最大射程：5000 码

火箭弹长度：4 英尺 0.4375 英寸

（上图与下图）41 式 150 毫米火箭发射器

42 式 210 毫米火箭发射器

42 式 150 毫米自行式发射器

被安装在半履带车上的 40 式重型木架发射器

三、高射火箭兵器

1. 综述

尽管不断有报告称，德国人使用了某种高空高射火箭，但目前只能确认两种这样的火箭弹存在，其垂直射程都不太高。已知的两款高射火箭，一款是无线降落伞式，另一款 152 毫米火箭弹与之类似，但有根连在地上的钢丝绳，射出钢丝绳的目的是给飞机造成危害。

2. 86 毫米高射火箭发射器（86mm Antiaircraft Projector）

(1) 概述

只有一款发射器能发射 86 毫米高射降落伞式火箭弹。发射器的框架封闭在方截面的钢板套管里，前端扩大后形成一个消焰器。套管被安装在垂直身管上，配有高低机和方向机。发射器瞄准具的表尺刻度高达 2625 英尺。

(2) 使用弹种

着发式火箭弹重 11 磅，内含 310 英尺长的钢丝绳，一端有一个降落伞，另一端有一个圆形配重。这款火箭弹的推进剂可以启动延期装置，引爆小股炸药后弹开降落伞。

3. 152 毫米高射火箭弹（152mm Antiaircraft Rocket）

概述

这款火箭弹的发射装置，其已知的信息是火箭弹战斗部壳体内装有高爆炸药，降落伞和长长的钢丝绳收纳在弹体里。火箭弹发射后，就会拉开一端固定在地上的钢丝绳。在钢丝绳于 3000 英尺高度彻底展开后，降落伞又会被拉开。火箭弹继续向上飞行，最终被战斗部壳体装有延期引信的高爆炸药炸毁，随后挂在降落伞下的钢丝绳慢慢落向地面。

四、其他火箭兵器

1. 75 毫米多管火箭发射器（75mm Multiple Rocket Projector）

德国最新款的框架式发射器，28 个框架被分成四排，每排 7 个炮身，安装在长长的炮架前端。每个框架由一个金属箍和一个 T 形钢制导杆构成。每排框架都是一个独立组件，用螺栓固定在炮架上方倾斜的上层结构中。四排框架通过连接系统相连，可以从炮架后部同时提高仰角，炮架后部装有 0.4 英寸厚的防盾，可为射手提供保护。整个发射器可围绕分叉的旋转架基轴转动，也可以通过移动炮架完成转向（炮架不重，完全可以靠人力转动）。射击仰角为 4 度到 55 度。火箭弹通过每排发射器后部的多重击针机制击发。每排发射器可以单独待发，但射手拉动拉火绳，可以释放所有击针。至于这款发射器使用何种火箭弹，尚待考证。

2. 73 毫米宣传火箭发射器（73mm Propaganda Rocket Launcher）

(1) 概述

73 毫米宣传火箭发射器（德：73mm Propagandawerfer）是一款非常简单的发射器，其前部以可调脚架支撑。这款武器被用于近距离投射传单。

(2) 使用弹种

火箭弹重 7.1 磅，装填的不是炸药或化学药剂，而是 8 盎司传单。

3. 80 毫米火箭弹（80mm Rocket）

80 毫米火箭弹（德：80mm Raketen Sprenggranate）是一款高爆火箭弹，其侧面装有用于发射的螺栓，表明它可以从地面上或飞机上进行发射。这款火箭弹在飞行时并不会旋转，而是靠尾翼稳定。这款火箭弹重 15.2 磅，地面最大射程估计能达到 6300 码。

4. 240 毫米火箭发射器（240mm Rocket Projector）

这款发射器的存在，是从德国人使用的 240 毫米火箭弹推断的，详情不明。

第八节 榴弹

一、手榴弹

1. 24 式高爆木柄手榴弹（Stielhandgranate 24）

(1) 概述

这款手榴弹，以空心木柄和由薄金属板卷成的弹体构成，弹体内充填了炸药。相当于普通情况两倍长度的拉火绳，把木柄下端的瓷珠与固定在上端的摩擦点火具和雷管组件连接起来。木柄下端有个金属螺旋盖，被拧紧后可封闭木柄。这款手榴弹有时候会使用预制破片衬套，以此加强杀伤效应。这个金属套可以纵向分开，因此能被夹在手榴弹弹体上。衬套表面可以是光滑的，也可以用锯齿分开（加强碎片化）。

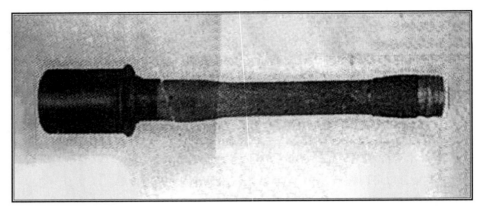

24 式高爆木柄手榴弹

(2) 技术参数

手榴弹重量：1.36 磅

装填的炸药重量：0.365 磅

炸药类型：TNT

全长：14 英寸

雷管：标准的德国 8 号雷管

点火具延期：4—5 秒

点火具：B.Z.24

(3) 操作

投掷手榴弹前，需要先拧下木柄下端的金属螺旋盖，拉动瓷珠使摩擦点火具启动。延期 4—5 秒后，手榴弹爆炸。

2. 43 式高爆木柄手榴弹（Stielhandgranate 43）

(1) 概述

这是 24 式木柄手榴弹的改进型，同样由薄金属板卷成的弹体完全相同，但手柄是实心的。蓝色顶盖的拉火管和雷管组件被拧入弹体顶部。与 24 式木柄手榴弹一样，43 式木柄手榴弹也使用光滑或锯齿状预制破片衬套。

(2) 技术参数

手榴弹重量：1 磅 6 盎司

填充的炸药重量：7 盎司

雷管：8 号雷管

引信延期：4.5 秒

点火具：B.Z.f.Eihgr

(3) 操作

投掷手榴弹前，需要拧开、拉动弹体顶端的蓝色金属盖，由此启动 4.5 秒的延期点火具。

3. 木制简易手榴弹（Behelfshandgranate-Holz）

(1) 概述

这是一款完全用木头制成的进攻型手榴弹，圆柱形木制弹体被拧在空心木柄上。弹体钻孔深度为 4.875 英寸，这款手榴弹内含半个药筒（一个标准药筒装有 100 克炸药），额外的空间则以木塞填充。手榴弹的引信和雷管组件位于木柄前端，雷管插入药筒中间。拉火管与拉火绳相连，再连接木柄下端金属盖下方凹槽里的圆扣。这些手榴弹被装在木箱里，每个箱子可容纳 14 枚。手榴弹预装了炸药和延期点火具，配备短引信的雷管被放在木箱内单独的容器里。

(2) 技术参数

全长：15 英寸

弹体长度：5.25 英寸

弹体直径：2.25 英寸

木柄直径：1.25 英寸

重量：12 盎司

炸药重量：50 克

雷管：8 号雷管

(3) 操作

使用手榴弹前，需要拧开弹体，撕掉药筒上的纸封，把雷管和引信组件拧入点火具，再把雷管塞入药筒并拧上弹体。投掷前，需要先拧开木柄下端的金属盖，拉动连接摩擦点火具的圆扣。这款手榴弹旨在产生爆炸效应，可供露天行进的部队使用。

4. 混凝土简易手榴弹（Behelfshandgranate-Beton）

(1) 概述

这是一款进攻型手榴弹，其原理和造型都与木制简易手榴弹类似，区别是其弹体以混凝土而不是木头制成，另外，这款手榴弹使用一个完整的药筒，即装有100克炸药。

(2) 技术参数

点火具：B.Z.4.5Sek

雷管：8号雷管

5.39 式高爆手榴弹（Eihandgranate 39）

(1) 概述

这款卵形手榴弹以薄铁皮制成，装有高爆炸药，通过摩擦点火具和雷管引爆。摩擦点火具的线圈，以短短的拉火绳连接蓝色金属盖，金属盖被拧在弹体顶部。这款手榴弹还有个装填氯乙酰苯的型号，可以通过弹体的黄色圆环和弹体下半部四个梨形突出物来识别。弹体内含112克TNT，或是一根装有5克氯乙酰苯的小铝管。这款手榴弹和24式木柄手榴弹都是德军制式装备。

(2) 技术参数

手榴弹重量：8盎司

炸药重量：4盎司

雷管：8号雷管

39 式高爆手榴弹

点火具：B.Z.f.Eihgr

引信延期：4—5 秒

（3）操作

拧开蓝色金属盖，拉动点火具，待 4—5 秒后，手榴弹就会爆炸。

6.39 式发烟木柄手榴弹（Nebelhandgranate 39）

（1）概述

这款手榴弹与高爆木柄手榴弹的区别是，其木柄上的三道凹槽于光线不好的环境中可作为识别特征。另外，发烟手榴弹的木柄中部涂有白色带环，弹体上涂有中间断开的白色带环，弹体上的 Nb.Hgr.39 标识也是白色的。弹体以薄铁皮制成，内含锌—六氯乙烷。发烟手榴弹没使用高爆手榴弹的雷管，而是安装了拉火管。拉火管被置于木柄内，看上去很像 8 号雷管，但末端被漆成了绿色以示区别。弹体产生的烟幕，从木柄接口的若干孔洞逸出。

（2）技术参数

点火具：B.Z.39

拉火管：N4

引信延期：7 秒

7.39B 式发烟木柄手榴弹（Nebelhandgranate 39B）

这款手榴弹是 39 式发烟手榴弹的改进型，区别仅仅是混合烟幕的成分不太一样。39B 式发烟手榴弹使用的六氯乙烷较多，锌比较少。

8.41 式发烟手榴弹（Nebelhandgranate 41）

（1）概述

这款手榴弹没有木柄，其弹体与 39 式发烟手榴弹的弹体很相似，其拉火管被塞入弹体顶部的塑料适配器，且弹体上只有两个排烟孔。这款手榴弹可通过弹体上的 Nb.Hgr.41 标识和断开的白色带环来识别。

（2）技术参数

点火具：B.Z.39

拉火管：N4

烟幕排放持续时间：100—120 秒

填充物：贝格尔混合剂

引信延期：3 秒

(3) 操作

投掷手榴弹前，需要拧开点火盖并拉动点火具。拉火管启动 3 秒后，手榴弹会释放烟幕。

9.42 式发烟卵形手榴弹（Nebeleihandgranate 42）

(1) 概述

这款手榴弹细长的卵形弹体以薄铁皮制成，下端的小金属环被焊接或铆接在弹体上，金属环顶端有个螺纹插口，用于安装点火装置。弹体上有三个孔洞，可供释放烟幕。拉火管有个黄铜体，顶端装有钢环。手榴弹上标有白色标识 Nb.Eihgr.42，弹体漆有三道短短的白色带环。底部有标签警告：在密闭空间使用这款手榴弹，释放的烟幕可能有危险。

(2) 技术参数

全长：5.3 英寸

总直径：1.96 英寸

弹体长度：4.1 英寸

弹体直径：1.7 英寸

点火具：Zd.Schn.Anz.29

(3) 操作

拉动点火具上的钢环，投掷手榴弹。

10.1H 式玻璃发烟手榴弹（Blendkörper 1H）

(1) 概述

这款手榴弹就是一个密封的，被放在六角形瓦楞纸板盒里的玻璃灯泡，用于对付碉堡和车辆内的人员。玻璃弹体的形状像一个稍稍拉长的电灯泡，尺寸也差不多，就是玻璃更厚些。玻璃弹体内装填有 260 克四氯化钛。

(2) 操作

这款发烟手榴弹被放在纸板盒里，需要使用时，可以用附在纸盒盖上的胶带取出，纸盒盖被粘在灯泡颈部。去掉纸盒盖，朝目标投掷手榴弹使其破碎，其内含的混合剂就会释放浓烟。

11. 2H 式玻璃发烟手榴弹（Blendkörper 2H）

(1) 概述

这款手榴弹的玻璃灯泡，装填有 250 克淡黄色液体。灯泡颈部以硫化塞封闭，硫化塞还把一根玻璃管沿灯泡轴线固定。玻璃管内装有 25 克氯化钙溶液，用于降低发烟液里水分的凝固点，从而增加低湿度条件下的烟幕效果。发烟液则使用的是四氯化钛，再加上四氯化硅，以降低发烟液的凝固点。

(2) 操作

朝目标投掷 2H 式玻璃发烟手榴弹的方式，与 1H 式的相同。存放 4 枚 2H 式玻璃发烟手榴弹的纸盒，其侧面贴的说明指出：零下 40 摄氏度的环境，这款手榴弹也适用。

12. 空心装药反坦克手榴弹 [Panzerwurfmine 1（L）]

(1) 概述

这是一款新型反坦克手榴弹，采用空心装药设计，使用时从 20—30 码距离上朝坦克徒手投掷。弹体整体呈金属锥形，前方有一个由薄金属片构成的半球形弹头。锥体内装填炸药，前端有一个凹形金属固定板。这块固定板与薄金属片弹头间形成

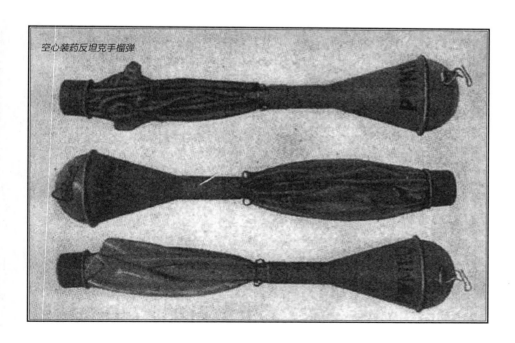

空心装药反坦克手榴弹

一个气室。椎体的窄端，以环绕空心木柄的安装螺丝固定，空心木柄不仅用于投掷时抓握，其内部还装有三硝基苯酚管。木柄外侧环绕着四片三角形布翼（被裹在木柄上，以保险帽固定），每片布翼外端都有一根钢簧，以确保手榴弹投出后布翼呈打开状态。击针装置位于手榴弹尾部，装有保险销，保险销上有一个布标签。

(2) 操作

投弹手手持手榴弹，拧下木柄尾端的金属帽，立即投掷出去。手榴弹投掷后，布翼打开，固定在一片布翼上的金属夹脱离击针装置，释放保险销。撞上目标后，击针发挥作用，引爆炸药。

13. 空心装药黏性手榴弹（Hollow-Charge Sticky Grenade）

这款手榴弹的锥形钢制弹体内含空心装药。配有小把手的按压盖，覆盖着弹体头部的扁平黏垫。锥形引信连接器被装在插口里，插口位于手榴弹底部，内螺纹可安装点火具。运输过程中，点火具插口需要用黑色的塑料插头封上。据悉，这款手榴弹使用的是 8 号雷管和延期 4.5 秒的卵形手榴弹标准点火具，但这款手榴弹是否需要置于坦克上，还是从近距离投掷都还尚待考证。

二、枪榴弹

1. 高爆枪榴弹（Gewehr Sprenggranate）

(1) 概述

这款高爆榴弹可以从标准的步枪杯形发射器发射，也可以被当作手榴弹投掷。枪榴弹有一个钢制弹体，里面装有炸药，其拧入式底座里有燃烧药管、延期装置，以及一个弹头着发引信。同时底座刻有膛线，这样就能与杯形发射器的膛线相一致，此外底座塞上还有一个传火孔，与延期 4.5 秒的燃烧药管相连。

(2) 技术参数

全长：5.5 英寸

直径：1.17 英寸

榴弹重量：9 盎司

炸药重量：1.1 盎司

炸药类型：季戊蜡炸药

雷管：与 8 号雷管相似，但尺寸稍大，而且钻了孔

射程：265 码

(3) 操作

① 作为枪榴弹：从步枪杯形发射器发射时，其弹头着发引信通常会引爆榴弹，弹头着发引信以常规设计的击针、火帽、雷管组件构成。如果弹头着发引信失效，底座里的燃烧药管会点燃弹体下端的摩擦药，点燃 4.5 秒的延期药管，随后引爆炸药里的雷管。

② 作为手榴弹：其底座顶部与弹体下端之间，装在内部的短绳把 4.5 秒延期药管下方的拉火绳与底座里的垫圈相连接。士兵徒手投掷榴弹时，需先拧开底座并拉动垫圈，待摩擦点火具点燃和延期装置启动后将榴弹抛出。

(4) 改进型

这款榴弹已出现拉发点火具被省略的改进型，也就是不能再被投掷引爆了。此外还有省略自炸装置的型号，以及安装全向引信而非标准的弹头着发引信的型号，无论榴弹以何种方式撞上目标都会爆炸。

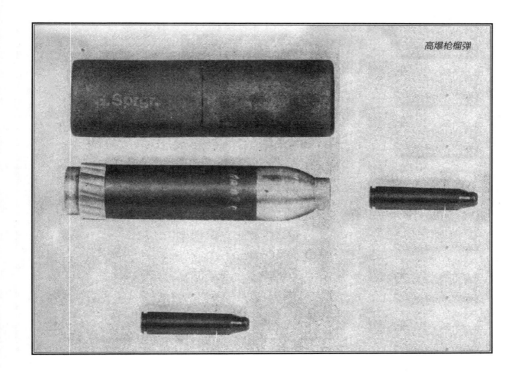

高爆枪榴弹

2. 增程高爆枪榴弹（Gewehr Sprenggranate mit Gesteigerter Reichweite）

这是标准款枪榴弹的最新型号，自炸装置已去除，以新式推进药筒发射。据了解，这款枪榴弹的最大射程已增至711码。这款枪榴弹可以通过包装盒上的标签（Gewehr Sprenggranate mit Gesteigerter Reichweite），通过无孔底板和固定式膛线底座，或通过配有亮黄色弹头的推进药筒来识别。

3.30 毫米反坦克枪榴弹（Gewehr Panzergranate 30）

(1) 概述

这款枪榴弹使用空心装药原理，以刻有膛线的 30 毫米杯形发射器发射，大多数德制步枪都可以安装这种发射器。榴弹弹体分为两部分，前段为钢制，装有炸药和空心装药锥，以轻金属帽封闭，后段以轻铝合金制成，装有引信和引爆装置。预先刻有膛线的旋转弹带位于榴弹底部附近。推进剂装在 7.92 毫米口径的空包弹里。

(2) 技术参数

重量：8.8 盎司

全长：6.4 英寸

炸药重量：1.75 盎司

最大准确射程：100 码

4.40 毫米大型反坦克枪榴弹（Gross Gewehr Panzergranate 40）

(1) 概述

这款榴弹与 30 毫米反坦克枪榴弹相似，只是扩大了前段，以装填更多炸药。推进剂装在配有木弹头的 7.92 毫米口径药筒里。

(2) 技术参数

重量：13.5 盎司（大约）

全长：7 英寸（大约）

炸药重量：4.5 盎司

最大准确射程：100 码

5.46 毫米空心装药反坦克枪榴弹（S.S.Gewehr Panzergranate 46）

(1) 概述

这款枪榴弹的弹体呈流线形，最大处直径为 46 毫米。弹体经过防腐处理，以未上漆的锥形撞击火帽封闭。底插呈圆锥形，钢制榴弹柄可以插入标准的 30

毫米杯形发射器。榴弹的旋转弹带预先刻有膛线。推进药筒是涂漆的钢制 7.92 毫米弹壳，弹壳颈部折边，以蜡封闭。榴弹头部被涂成了黄色。

(2) 技术参数

重量：15.5 盎司（大约）

全长：7.7 英寸

钢柄长度：4 英寸

弹头最大直径：1.8 英寸

钢柄直径：1.2 英寸

炸药类型：RDX—TNT

炸药重量：4.8 盎司

(3) 性能

静态测试表明，这款榴弹的远程侵彻力约为 90 毫米均质钢板，近距离（大约 18 英尺）的侵彻力只有 70 毫米。在装甲板前方，间隔 11 英寸放置一块 0.25 英寸的低碳钢板，就能彻底抵消榴弹对装甲板的影响。

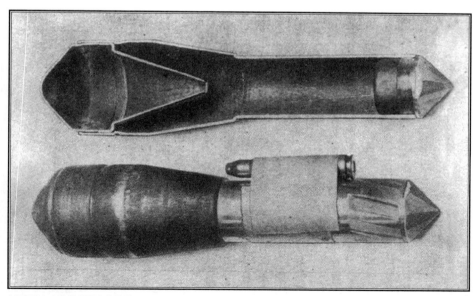

46 毫米空心装药反坦克枪榴弹

6.61 毫米空心装药反坦克枪榴弹（S.S.Gewehr Panzergranate 61）

(1) 概述

这款空心装药枪榴弹与 46 毫米空心装药反坦克枪榴弹类似，但流线形弹体的尺寸更大。

(2) 技术参数

重量：19 盎司（大约）

全长：9.4 英寸

钢柄长度：4 英寸

弹头最大直径：2.4 英寸

钢柄直径：1.2 英寸

炸药类型：RDX—TNT

炸药重量：8.5 盎司

(3) 性能

静态测试表明，这款枪榴弹在 220 码的最大射程打击均质钢板，最大侵彻力约为 126 毫米，而近距离（大约 18 英尺）的侵彻力下降到 100 毫米。因此理论上，在装甲板前方 11 英寸位置放置一块 0.25 英寸的低碳钢板，就能彻底抵消榴弹对装甲板的影响。

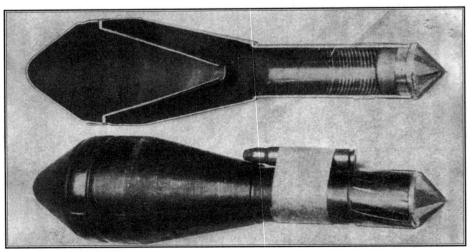

61 毫米空心装药反坦克枪榴弹

7. 空心装药枪榴弹 （Hollow-Charge Rifle Grenade）

这款新型空心装药枪榴弹，外形与61毫米空心装药反坦克枪榴弹相似，不同之处是有一个未上漆的半球形撞击火帽。这款枪榴弹长9.61英寸，最大处直径为2.4英寸，底座刻有膛线，可使用标准的步枪榴弹发射器发射。

8. 伞式照明枪榴弹 （Gewehr Fallschirmleucht Granate）

(1) 概述

这款伞式照明枪榴弹有个圆柱形钢制弹体，前端是一个锥形帽，后端的底座刻有膛线，与标准的步枪杯形榴弹发射器里的膛线匹配。弹体内有一个延期药管，有一个弹射炸药管，还有一个装着降落伞、索具、照明弹的容器。容器内装有第二个延期药管，第二个用于降落伞和照明弹的弹射炸药管。榴弹以内含1.5克推进剂的弹壳发射，弹壳则以木制弹头封闭。

(2) 技术参数

直径：1.18英寸

长度：6.88英寸

重量：9.9盎司

(3) 操作

发射枪榴弹时，推进剂气体燃烧点燃榴弹底部的延期药管，6.5秒后，弹射炸药爆炸，弹出装有降落伞和照明弹的容器。与此同时，容器内的第二个延期药管被点燃，2秒后，第二个弹射炸药管被触发，弹出降落伞和照明弹。

9. 宣传枪榴弹 （Gewehr Propagandagranate）

(1) 概述

这款枪榴弹在填充后重8盎司，以标准的发射器发射。榴弹弹体是个圆柱形钢管，以宽大的风帽封闭。弹体内的传单被封闭在两个半圆柱形钢盖里，放在杯形平台上。弹尾有常见的预刻膛线，且装有弹射炸药和延期装置。推进剂装在普通型号的空包弹里，以红色弹带区分。

(2) 相关

推进剂发出的闪烁点燃延期装置，引爆弹射炸药。这款枪榴弹的最大射程为500码左右。

10. 高爆反坦克空心装药枪榴弹（Gewehr Granatpatrone 30）

(1) 概述

这款枪榴弹有一个流线形钟形弹体，前端以稍稍凸出的铝制圆盖盘封闭，瞬发引信被拧入弹体底部的突出部分，尾翼部件被固定在引信底座。这款枪榴弹以装有塞形发射器的制式步枪发射，使用木制弹头的空包弹。战斗部是榴弹头部的黑索金和半球形空腔，空腔配有铝衬里。

(2) 技术参数

全长：9.3 英寸（大约）

最大直径：2.4 英寸

弹体长度：3.15 英寸

(3) 相关

榴弹发射时，推进剂产生的气体冲开木制弹头，迫使切割件前移，剪断保险销。待发状态下，保险弹簧把击针和雷管隔开，枪榴弹一旦击中或稍稍碰到目标就会被引爆。

三、滑膛信号枪（Leuchtpistole）用榴弹

1. 信号枪用高爆弹（Wurfkörper 361,Leuchtpistole）

这款高爆弹就是一颗普通的卵形手榴弹,配有以螺丝固定的装有导火索引信（延期约 4.5 秒, 8 号雷管置于上端）的木柄。高爆弹下端装有药筒（配有火帽的推进剂）,以此射出高爆弹并点燃引信。开口销和拉环把榴弹固定在木柄上，因此将高爆弹装入信号枪前，必须拔掉拉环和开口销，使高爆弹处于待发状态。发射高爆弹前，必须把可拆卸衬管插入信号枪枪管。衬管从后膛端插入，通过与后膛上表面相结合的突出的螺柱固定到位。

2. 信号枪用高爆弹（Wurfgranatpatrone 326,Leuchtpistole）

(1) 概述

这款被涂成黄色的高爆弹，看上去像一颗小型迫击炮弹，以压接的方式被固定在信号弹壳上。高爆弹的弹头中空，里面有一根固定击针，并通过保险弹簧把固定击针与药筒分开，药筒里有雷管组件和 7 克 TNT。

(2) 操作

插入高爆弹尾部的保险销，把两个金属球推入凹槽，以防药筒朝击针方向移动。高爆弹发射时会自动进入待发状态，因为保险销留在后面。撞击时，药筒向前撞向击针。

3. 信号枪用空心装药榴弹（Panzerwurfkörper 42,Leuchtpistole）

(1) 概述

使用加强衬管、枪托、组合式前后瞄具，以信号枪发射的这款榴弹的最大射程可达 75 码。榴弹的梨形头部内含空心装药，并装有撞击火帽。榴弹弹身逐渐变细，其尾管带有预刻膛线，以便拧入加强衬管。一根较细的管子被插入尾管末端，里面装有推进剂、撞击式火帽、剪切和推进螺栓。

(2) 技术参数

榴弹重量：1 磅 5 盎司

弹头直径：2.4 英寸

尾管直径：0.875 英寸

榴弹长度：8.56 英寸

(3) 操作

将整颗榴弹从枪口端塞入信号枪，使推进剂管进入枪膛，直到榴弹尾管的预刻膛线与加强衬管的枪口相遇，这时，必须把榴弹拧入膛线。发射时，推进剂产生的气体驱使剪切和推进螺栓向前。这颗螺栓会切断推进管前端的保险销，使榴弹射出。榴弹离开信号枪时，尾管内的瞬发引信会因后坐力而处于待发状态。

4. 烟幕卵形榴弹（Nebeleihandgranate 42/II）

这款榴弹据说能以信号枪发射，但详情尚待考证。它似乎是以 42 式烟幕榴弹改造的，使用加强衬管，以供信号枪发射，和 39 式卵形手榴弹改造成信号枪用高爆弹的方式如出一辙。

5. 信号枪用定时引信高爆弹（Sprenggranatpatrone,Leuchtpistole Mit Z.Z.）

这是一款信号枪新型用弹，可从坦克或同类掩蔽物发射。高爆弹头、底部的 1 秒定时引信、涂漆的钢制弹壳构成了这款高爆弹。高爆弹包装箱上写有以下警告：危险！只能从坦克或同类掩蔽物发射。燃烧时间 1 秒！

四、改款信号枪（有膛线）用榴弹

1. 高爆榴弹（Sprengpatrone für Kampfpistole）

这款榴弹使用铸铝弹壳，弹头被装在弹壳中，弹壳底部装有撞击火帽和推进剂。推进剂上方的一块板上有 10 个孔，引导气体冲向弹头底部。弹头的铝制弹体刻有膛线，内含弹头着发引信（弹头飞离信号枪枪口，引信就进入待发状态）和两颗炸药复合蜡丸。这款榴弹可通过印在底座上的 Spr.Z 标识来识别。

2. 烟幕榴弹（Nebelpatrone für Kampfpistole）

(1) 概述

这款榴弹的外表与高爆榴弹相似，内含发烟器。它安装的弹头着发引信，与高爆榴弹类似，只是以火药替代了燃烧帽下方的雷管。

(2) 原理

榴弹在撞击时生效，燃烧帽点燃弹体内的火药，炸掉头部，与此同时，发烟器点燃。烟幕发生器能被投射到距离撞击点相当远的地方。

3. 橙色烟幕榴弹（Deutpatrone für Kampf pistole）

(1) 概述

从外表看，橙色烟幕榴弹与信号枪用烟幕弹相似，只是没有弹头引信。这款榴弹的弹头呈抛物线形，弹体内含橙色发烟剂。中央腔里有四根快燃导火索，连接榴弹底座中央的火药筒。底座的烟幕喷口，覆盖着厚厚的压缩纸垫，烟幕的压力会冲破纸垫。榴弹底座印有 Deut.Z 标识。

(2) 原理

榴弹弹头离开弹壳时，火药筒被点燃，延期几秒后，快燃导火索被点燃，导火索随后会点燃混合烟幕。

4. 降落伞式照明榴弹（Fallschirmleuchtpatrone für Kampf pistole）

(1) 概述

这款榴弹的外观，与其他类型的榴弹别无二致。它有一个黑色胶木弹头，中间标着白点。榴弹底部是个拧入式塞子，塞子上钻了孔以固定火药筒，上方是一颗带有降落伞的照明弹。底座上印有 F.Leucht.Z 标识。

(2) 原理

推进剂燃烧后点燃火药筒，延期几秒后照明弹被点燃，随后胶木弹头被炸飞，照明弹弹出。

5. 消息榴弹（Nachrichtpatrone für Kampf pistole）

(1) 概述

这款榴弹以预刻膛线的铝制弹体、塑料弹头、铝制弹壳构成。被拧在弹体上的黑色塑料弹头，里面装有电报纸和铅笔。弹体里有发烟器、彩色丝绸飘带、弹射炸药。弹体被带有延期火药筒的拧入式底板所固定。榴弹底座印有 Nachr.Z 标识。

(2) 原理

榴弹发射时，推进剂最先燃烧，然后点燃榴弹底板上的延期装置，延期装置随后点燃弹射炸药，射出消息收纳盒、发烟器、丝绸飘带。

第九节 其他兵器

一、遥控爆破车

1. 综述

目前已确定的德国军队使用最频繁的遥控爆破车有三种，分别是线控型歌利亚，无线电遥控的 B－IV，以及盟军还没在战场上遇到过的 N.S.U. 斯普林格。这些爆破车的实战效果不尽如人意，经常被轻武器火力挡住。

2. 歌利亚（Goliath）

(1) 概述

这款爆破车有两个型号，一款以汽油发动机驱动，另一款使用电动马达。两个型号的歌利亚的外观大致相同，类似于第一次世界大战期间使用的那些坦克的微缩版。

歌利亚的车体以横舱壁分为三个舱室：炸药置于前室，汽油版的发动机和控制机构位于中室，卷缆缠绕的卷筒放在后室，而电动版歌利亚的电池和发动机放在两侧的突出架上。前主动轮驱动歌利亚，四对负重轮被装在扭杆臂上，配有简单的螺旋弹簧，此外还有一对后惰轮。车体两侧，主动轮与第一个负重轮之间有个小小的张紧轮。

(2) 技术参数

长度：5 英尺 3 英寸

高度：2 英尺

宽度：2 英尺 10 英寸

重量：800 磅（大约）

炸药重量：200 磅（大约）

速度：每小时 5—12 英里

动力系统：

汽油发动机型：两冲程双缸直列发动机，链传动

电动型：两台博世 12 伏启动马达，以齿轮驱动主动轮

(3) 操作

歌利亚以两轮挂车运往前线，卸载后，在 2000 英尺长的三芯电缆控制下驶向目标，电缆从后方展开，连接操作员的控制板。对于电动型歌利亚而言，操作员可直接控制单独驱动每条履带的两台马达，而对于汽油发动机型歌利亚，操作员则控制驱动履带的电磁离合器。歌利亚没有倒挡。车上的炸药，以控制板上的干电池组引爆，爆破电路穿过三芯电缆里的两条外线。歌利亚是一款可消耗品，能通过引爆炸药的方式让它与目标同归于尽。

3.B– Ⅳ

(1) 概述

这款无线电遥控爆破车的体积大于歌利亚，在战场上的表现也不尽如人意。B– Ⅳ的车体以焊接拙劣的 8 毫米装甲板构成，分为后部的发动机舱、右前方的驾驶舱、左前方的无线电设备舱。

这款全履带式爆破车，两侧各有 1 个前主动轮、5 个负重轮、1 个后惰轮。一台六缸汽油引擎被安装在发动机舱左侧，右侧有两个油箱，中间是接受无线电遥控的发动机使用的液压机构。

(2) 技术参数

长度：12 英尺

歌利亚线控型爆破车前视图（上图）与后视图（下图）

高度：4 英尺 6 英寸

宽度：6 英尺

重量：4.5 吨

炸药重量：800 磅

装甲厚度：8 毫米

(3) 操作

B– IV 爆破车可凭自身动力行驶到目标附近的出发线，通常是敌人的炮位或碉堡附近。驾驶员下车，把无线电设备的遥控发射机留在车上，用于控制车辆驶向目标。和歌利亚不同，B– IV 不是消耗品，其作用是把炸药置于目标旁，然后返回。TNT 炸药被放在容器里，这个容器置于爆破车倾斜的前部。至于投放炸药，可通过无线电遥控的方式，也可以使用车辆倒车时启动的分离装置。

4.N.S.U. 斯普林格

(1) 概述

据了解，这是一款中等尺寸的遥控爆破车。它的装甲较薄，防护力可能不会强于歌利亚或 B– IV。

(2) 技术参数

长度：9 英尺 3.5 英寸

高度：3 英尺 10.5 英寸

宽度：3 英尺 7 英寸

重量：2.25 吨

炸药重量：661 磅

装甲厚度：5—8 毫米

遥控距离：2200 码（大约）

手动操控距离：公路 149 英里，越野 87 英里

二、装甲列车

1. 综述

波兰和荷兰战局开始时，德军装甲列车的行动实际上先于他们的主力，一举夺得并控制住了主要的火车站或桥梁。近期，德国人更广泛地使用装甲列车，特别是

在东欧。装甲列车的主要任务是巡逻，确保游击队活动地区和游击战肆虐地域的铁路线畅通，但它们的作用很大程度上仅限于对付缺乏重武器的敌人。装甲列车直属总参谋部，会被分配给各集团军群。每列装甲列车有一名列车司令，通常由步兵指挥官担任，还有个炮兵指挥官，以及负责列车运行的技术官员。

2. 编成

以下详情适用于编号 Epz.Bp.42 的典型装甲列车：

两节装甲火炮车厢（37—41.5 吨）——武器：每节车厢装备一门 100 毫米 le.F.H.14/19（P）火炮。

两节装甲高射炮车厢（37—41.5 吨）——武器：每节车厢装备一门 20 毫米四联装高射炮，一门 76.2 毫米 F.K.295/1（r）高射炮。

两节装甲步兵车厢（37—41.5 吨）——武器：每节车厢装备两门 81 毫米迫击炮，一挺重机枪，22 挺轻机枪，一具火焰喷射器。

一部装甲蒸汽机车（在列车中央），没有武器。

全车乘员：113 人

装甲厚度：15—30 毫米

最大速度：每小时 35 英里（大约）

航程：110 英里

另外，装甲列车的编成可能还包括两节坦克搭载车，每节载有一辆捷克造 38（t）坦克，两辆既能在铁轨上行驶，也能越野行驶的潘哈德轻型装甲侦察车，以及两辆备用卡车。其他类型的装甲列车有些是以各种组件拼凑而成的，所谓的装甲甚至可能是从锅炉钢板到铁路铁轨的任何东西。

三、航空武器

1. 综述

本段描述的航空武器，仅限于构成飞机组成部分的武器，例如机枪和机关炮。飞机携带、投掷的各种炸弹和地雷，不属于标准附加武器的组成部分，这里不赘述。航空机枪被用于地面的情况越来越多见，例如 MG15 被作为轻机枪，MG151/15 和

MG151/20 被作为三联装自行式高射武器使用（航空机枪用于地面的情况，详情参阅"轻兵器"一节）。

2.MG15 机枪（MG15）

(1) 概述

这是标准的步枪口径活动式机枪，目前已被 MG81 机枪取而代之。MG15 机枪配上两脚架和肩托后，可供步兵使用。这款机枪是索洛图恩公司设计的，只能全自动发射。

(2) 技术参数

口径：7.92 毫米

全长：42 英寸

重量（不含支架）：15.75 磅

自动原理：枪管后坐和火药燃烧残余的气体压力

供弹：75 发鞍形弹鼓

待发：手动

发射：扣压扳机

射速：每分钟 1000 发

枪口初速：每秒 3000 英尺（高爆燃烧弹）

3.MG17 机枪（MG17）

(1) 概述

这款机枪是 MG15 机枪的固定型号，只能全自动发射，使用不可散式、散式、组合式弹链。

(2) 技术参数

口径：7.92 毫米

全长：47.7 英寸

重量（含控制机构）：27.69 磅

自动原理：枪管后坐和火药燃烧残余的气体压力

供弹：金属弹链

待发：气动、电动控制与同步射击的机械中断装置

射速：不同步，每分钟 1100 发

射速：同步，每分钟1000发

枪口初速：每秒3000英尺（高爆燃烧弹）

4.MG81机枪（MG81）

(1) 概述

这款7.92毫米机枪已取代MG15机枪，成为标准的步枪口径活动式机枪。它的射速很高，只能全自动发射，无法作为地面武器使用。

(2) 技术参数

口径：7.92毫米

全长：35英寸

重量：13.88磅

自动原理：枪管后坐和火药燃烧残余的气体压力

供弹：散式金属弹链

待发：电缆和后端的扳机

发射：扣压扳机

射速：每分钟1200—1500发

5.MG131机枪（MG131）

(1) 概述

这款机枪的结构紧凑，重量较轻，采用电击发装置，因而没有击针，这为射击中断和同步带来了极大的方便。这款机枪只能全自动发射。

(2) 技术参数

口径：13毫米

全长：46英寸

重量：40磅

自动原理：枪管后坐和火药燃烧残余的气体压力

供弹：散式金属弹链

待发：手动

发射：电击发

射速：每分钟900发

枪口初速：每秒2370英尺（高爆曳光弹和燃烧曳光弹）

(3) 使用弹种

MG131 机枪发射曳光弹、高爆曳光弹、高爆燃烧曳光弹、穿甲曳光弹。

6.MG151/15 机枪（MG151/15）

(1) 概述

毛瑟设计的这款机枪以电磁阀控制击发，相关设计与 MG151/20 机关炮基本相同。这款机枪只能全自动发射，德国人以三联装的方式把它装在半履带车上，作为自行式高射机枪使用。

(2) 技术参数

口径：15 毫米

全长：75.5 英寸

重量（含电控机构）：84 磅

自动原理：枪管后坐式

供弹：散式金属弹链

待发：电动

发射：电磁阀或手动触发扳机

射速：每分钟 750 发（穿甲弹）；每分钟 680 发（高爆弹）

枪口初速：每秒 2715 英尺（高爆曳光弹）

(3) 使用弹种

这款机枪发射曳光弹、穿甲曳光弹、高爆燃烧曳光弹。

7.MG151/20 机关炮（MG151/20）

(1) 概述

这是毛瑟设计的 MG151 机枪的 20 毫米机关炮型号，与 15 毫米口径的航空机枪没太大区别，但 15 毫米和 20 毫米口径的枪管不能互换。这款机关炮也有电击发型号，装有弹簧式触点。MG151/20 机关炮有两种地面支架，还曾被安装在半履带车上充当自行式高射机关炮。

(2) 技术参数

口径：20 毫米

全长：69.75 英寸

重量（含电控机构）：93.5 磅

自动原理：炮管后坐式

供弹：散式金属弹链

待发：电动

发射：电磁阀或手动扣压扳机

射速：不同步，每分钟 800 发（穿甲弹）；不同步，每分钟 750 发（高爆弹）

炮口初速：每秒 2650 英尺（高爆燃烧弹）；每秒 2300 英尺（穿甲燃烧弹和穿甲高爆弹）

（3）使用弹种

这款机关炮发射高爆弹、燃烧曳光弹、穿甲燃烧弹、穿甲高爆弹、高爆燃烧弹。

8.20 毫米机关炮（20mm Machine Gun）

（1）概述

这是厄利康设计的标准机关炮的德国空军版本，其炮膛经过修改，以适应德制短款 20 毫米炮弹，其反后坐装置也相应地被重新设计。

厄利康 FF（德：Oerlikon F.F）是一款固定式机关炮，后期型号厄利康 FFM（德：Oerlikon F.F.M）的机械结构与前者相同，但可能装有冷却整流罩和手动击发装置，可作为活动式机关炮使用。不过，这两个型号的机关炮都只能全自动发射。

（2）技术参数

口径：20 毫米

全长：52.75 英寸

重量：气动待发型 60 磅，手动待发型 55.75 磅

自动原理：炮管后坐式

供弹：60 发弹鼓、20 发弹鼓或 15 发弹夹

待发：固定式——气动、电控；活动式——手动

发射：扣压扳机

战斗射速：每分钟 400 发

炮口初速：每秒 1900 英尺

(3) 使用弹种

这款机关炮发射曳光弹、高爆弹、高爆曳光弹、高爆燃烧曳光弹、穿甲弹。

9.MK101 机关炮（MK101）

(1) 概述

这款重型机关炮是莱茵金属—伯尔西希公司设计的，可以单发，也可以进行全自动射击。炮身旁的两根重型螺旋弹簧用于抑制后坐力。这款机关炮正被 MK108 取代。

(2) 技术参数

口径：30 毫米

全长：8 英尺

重量：394 磅

自动原理：炮管后坐式

供弹：10 发弹匣

待发：气动

发射：电磁阀或手动扣压扳机

射速：每分钟 400 发（估计）

10.MK108 机关炮（MK108）

(1) 概述

这款被德国人称为 MK108 的兵器，是安装在飞机上的最新型的 30 毫米航空机关炮，正在取代 MK101。

(2) 技术参数

口径：30 毫米

全长：3 英尺 6 英寸

重量：265 磅

自动原理：气体反冲式

供弹：60 发散式弹链

待发：压缩空气

发射：电击发（压缩空气驱动阻铁）

射速：每分钟 500 发

炮口初速：每秒 1650 英尺

(3) 使用弹种

这款机关炮发射 11.22 盎司的高爆曳光弹，也可发射燃烧曳光弹。

11.210 毫米火箭弹（210mm Rocket)

这款火箭弹，德国人的单引擎战斗机可携带 2 枚，双引擎战斗机可携带 4 枚。火箭弹长 42.44 英寸，重 248 磅，从 50.31 英寸长的发射管射出。火箭弹使用电击发方式，电雷管装药起爆后会抛弃发射管。

第三章

装备

第一节 概述

一、综述

尽管经历了五年多的战事，但德国军队目前的装备总的说来还不错。德国人的某些装备可能达不到盟军的标准，但实际上德军大多数类别的装备，都不逊于美国同类产品，甚至更优秀。

二、设计

德国人的许多装备，在设计方面与盟军同类产品完全不同。并不是说这些装备运作起来有什么缺点，而是说德国人在从不同的角度解决相关问题。

三、短缺

虽说严重的原料短缺迫使德国人使用了替代品，但重新设计的德国装备，很少出现效能受影响的情况，这归功于他们精心、细致的规划，也归功于完全由国家掌控、令人惊讶的多用途产业的生产能力。

第二节 车辆装备

一、综述

一般说来，德国军用车辆装备也包括改装的民用型，大多数情况下，这些车辆的性能和可靠性都达不到美国或英国车辆的高标准。福特和通用汽车在德国的分公司，似乎无法以不影响效能的方式复制他们的原型车辆。但德国人制造的半履带牵引车和人员输送车相当优秀，他们生产的此类车辆，服役状况出色，越野性能无与伦比。

二、德国汽车

1. 轻型军车（大众）

(1) 概述

这款两轮驱动的四轮四座车辆是从著名的"人民汽车"发展而来的，实际上，德国人民从来没得到过"人民汽车"。与民用版的轿车车身不同，军用版使用的是装有折叠式车顶的敞篷车身（车身以钢板制成）。德国这款大众车相当于美国的吉普，但除了座椅舒适度，其他方面都比不上吉普。

(2) 底盘

大众车的底盘，以一根中置焊接钢管构成，底盘在后部呈分叉状以支撑发动机和变速箱。底盘中间部分两侧的钢板可为车身提供支撑。前轴由几根钢管构成，上面装有两根扭力杆。

(3) 动力

发动机被安装在车辆后部，每分钟3300转转速时可输出24.5匹制动马力。这款水平对置的空冷四缸发动机，排气量为985立方厘米。油箱位于右座前方的仪表盘下方。变速箱拥有4个前进挡，1个倒挡，高速挡的最大速度为每小时50英里左右。

(4) 两栖型

大众车的两栖型被命名为 Schwimmwagen 或 le.P.Kw. K.2s，其发动机排量被增加到了1131立方厘米，曲轴被延伸到车身后部，以齿式离合器连接螺旋桨轴。车辆在陆地上行驶时，其螺旋桨和螺旋桨轴会折叠在车辆后部。车辆的车身与民用跑车的类似，以薄薄的焊接金属板制成。

2. 轻型军车使用的 1 号标准底盘

(1) 底盘

这是一款标准型底盘，以矩形截面的大梁、边梁、横梁、斜撑支撑发动机、变速箱盒车身。发动机被罩在中间向下铰接，靠两侧的两个夹子固定。这款底盘用于四座轻型车（Kfz.1）、各种无线电通信车、其他特种车辆。

(2) 发动机

发动机被安装在前部，可能是以下任何一款：

① 哈诺马格 2 升 20B 型，这是一款水冷四缸底置凸轮轴汽油发动机，干式油壳底润滑，每分钟 3500 转转速时可输出 50 匹制动马力。水泵、风扇、发电机以凸轮轴上的 V 形皮带驱动。

② BMW 2 升 325 型，这是一款水冷直列六缸底置凸轮轴汽油发动机，干式油壳底润滑，每分钟 3500 转转速时可输出 45 匹制动马力。

③ 施特韦尔 R180W 和 AW2 型，都是水冷四缸底置凸轮轴汽油发动机，干式油壳底润滑。R180W 的排量为 1750 立方厘米，每分钟 3500 转转速时可输出 43 匹制动马力，AW2 排量 2000 立方厘米，每分钟 3600 转转速时可输出 50 匹制动马力。

(3) 动力

变速箱有 5 个前进挡和 1 个倒挡，最大速度为每小时 50 英里。车辆以 12 伏电池和线圈点火，主油箱（13.25 加仑）被安装在后部，备用油箱（2.4 加仑）在发动机舱内。

3. 轻型军车使用的 40 型 1 号标准底盘

这款底盘用于轻型指挥车和其他特种车辆，与 1 号标准底盘没太大区别，但只有前轮转向机构。发动机使用 2000 立方厘米排量的施特韦尔 AW2 型，最大车速每小时 50 英里左右。

4. 轻型汽车，梅赛德斯—奔驰 170V 型

(1) 底盘

这款用于轻型指挥车和特种车辆的底盘呈 X 形，支撑位于前方的发动机。两根平行的半椭圆形弹簧穿过车辆前部，独立支撑前轮。后轮悬挂依靠螺旋弹簧。

发动机安装在标准型的发动机罩下。

(2) 发动机

这款汽油引擎是水冷四缸、1700 立方厘米排量的梅赛德斯—奔驰 M136 型，侧置气门，L 形汽缸盖，其凸轮轴和配气机构位于右侧，每分钟 3400 转转速时可输出 38 匹制动马力。容量为 11.5 加仑的油箱位于发动机舱。

5. 中型汽车使用的标准底盘

(1) 底盘

这是指挥车、通信车、其他特种车辆使用的常规底盘，由两根平行的边梁、各种横梁和托架构成。发动机被安装在前部，车轮以两根螺旋弹簧和液压减震器独立支撑。底盘两侧各有一个装在短轴上的备胎，以防车辆在崎岖路面行驶时托底。

(2) 发动机

中型汽车使用的发动机有以下两款：霍希 901 型 V8 发动机，这款水冷 3.5 升的汽油发动机，每分钟 3600 转转速时可输出 82 匹制动马力；欧宝直列六缸发动机，这款水冷 3.6 升底置凸轮轴汽油发动机，每分钟 2800 转转速时可输出 68 匹制动马力。

车辆配有两个油箱，容量 18.7 加仑的主油箱被挂在底盘车架中央，容量 10.8 加仑的备用油箱位于后部。主变速箱有 4 个前进挡和 1 个倒挡，辅助变速箱有常规和越野两种模式。

6. 重型汽车使用的 2 号标准底盘

(1) 底盘

这款底盘实际上有三个已知的型号，外观看上去很相似。

EGa 型有承载备用轮的短轴，以此协助车辆穿越崎岖的地面，还有四轮转向系统和可锁止的后轮转向机构。EGb 型只有前轮转向系统。EGd 型没有防托底支撑轴。

(2) 发动机

2 号标准底盘搭载福特 3.6 升 V8 发动机，每分钟 3600 转转速时可输出 78 匹制动马力，侧置气门，L 形汽缸盖，5 个前进挡，1 个倒挡。主油箱（14.5 加仑）和备用油箱（17 加仑）被安装在底盘框架内。

轻型军车前视图（上图）与后视图（下图）

两栖轻型军车

中型汽车

三、德国卡车

1.3.6—36S 型欧宝闪电 3 吨卡车（Opel "Blitz" 3-Ton Truck Type 3.6-36S）

(1) 底盘

这款车辆主要被作为通用卡车使用，配有各种专用车身，实际上有三种型号：3.6—36S 型，原先是雪佛兰型商用车；3.6—36S 型（军用型），为满足军用规格的改进型；3.6—47 型，底盘被加长以主要作为教练车使用。这款卡车使用常见的矩形底盘，支撑安装在前部的发动机。

(2) 动力

这款卡车使用水冷直列六缸底置凸轮轴汽油发动机，排量 3.6 升，最大制动马力为 68 匹左右。21.6 加仑的油箱被安装在驾驶员座位下。变速箱有 5 个前进挡和 1 个倒挡。驱动轮是两个后轮。

2.6700A 型欧宝闪电 3 吨卡车（Opel "Blitz" 3-Ton Truck Type 6700 A）

这款卡车实际上就是 3.6—36S 型的四轮驱动版。发动机输出的动力从 5 速主变速箱输送到分动箱，分动箱提供两种模式：一种用于道路行驶，另一种用于越野。

3.G917T 和 G997T 型福特 3 吨卡车
(Ford 3-Ton Truck Types G 917 T And G 997 T)

两款车型原本都是采用两轮驱动的商用车型，后来为满足军用要求稍稍做了改进。两款卡车都搭载 V8 水冷汽油发动机，最大制动马力为 78 匹左右。G917T 的发动机的排量为 3.6 升，而 G997T 搭载的发动机的排量在扩缸后达到了 3.9 升。变速箱提供 4 个前进挡，1 个倒挡。还有一款 G987T 型，纯属于商用车型，但与两款军用型非常相似。

4.LCF3000 型梅赛德斯—奔驰 3 吨卡车
(Mercedes Benz 3-Ton Truck Type Lcf 3000)

(1) 底盘

车辆底盘是焊接结构，带有压制钢横梁。发动机被安装在前部的常规发动机罩下。底盘的前轴和后轴都以两根纵向的半椭圆形弹簧作为支撑，每根弹簧都配有双向减震器。

(2) 动力

这款卡车搭载四缸底置凸轮轴水冷柴油发动机，排气量 5 升左右。变速箱提供 4 个前进挡，1 个倒挡。分动箱可选择公路或越野的传动比。发动机产生的动力只传递给四个车轮中的两个。梅赛德斯—奔驰还制造了类似车辆（最重为 10 吨级），有些载重量较小的卡车使用汽油发动机，但尺寸较大的车型只使用柴油发动机。

5. 比辛—纳格 4.5 吨柴油卡车（Büssing-N.A.G. 4 1/2-Ton Diesel Truck）

这是一款常规型卡车，它在测试中的各项性能令人满意。发动机在 1740 转的限定速度时可输出 93 匹制动马力。在 100 多英里交通繁忙的环路上，车辆平均速度可达每小时 21.1 英里，平均油耗每加仑 8.72 英里。测试过程中，这部卡车可毫不吃力地负载 6.75 吨。

6. 重型轮式牵引车（Radschlepper Ost）

(1) 概述

这是一款配有四个大尺寸车轮的重型牵引车。注意，不要把这款轮式牵引车与另一款同样用于东线的履带式牵引车（Raupenschlepper Ost）弄混淆。

(2) 技术参数

长度：20 英尺

宽度：7 英尺 4 英寸

高度：10 英尺

车轮（钢制）：4 只车轮，直径 4 英尺 10 英寸

发动机：空冷直列四缸，90 匹马力

燃料：汽油

排量：6024 毫升（带有 2 缸空冷 12 匹马力的辅助启动发动机）

驱动：4 轮，带有锁止式差速器

变速箱：5 个前进挡，1 个倒挡

公路速度：每小时 6 英里（平均）

空车重量：9 吨

有效载荷：4.5 吨

牵引载荷：5.6 吨

绞车负载量：5.6 吨

7. 半履带牵引车和人员输送车
(Half-Tracked Prime Movers And Personnel Carriers)

这些车辆用途广泛，可以说是德国人生产的最成功的系列。下表给出了各款车详情的简要对比。第3列括弧中的是推定的生产日期，原先的生产厂家以缩写字母表示，如 DB 表示戴姆勒—奔驰，Bn 代表比辛纳格，HL 代表汉莎—劳埃德（博格瓦德），D 代表德马格，F 代表法莫。原先的生产厂家可能不会是特定车型的独家制造厂，因为某些车型可能由多个厂家制造。

牵引车型号（Zg. Kw.）	特种车辆编号（Sd. Kfz.）	生产厂家	迈巴赫发动机型号	变速箱型号	制动系统	悬挂	离合器
1吨	10	D7（1938/9）	NL38TRKM 或 HL42TRKM	迈巴赫预选式半自动 SRG 102128H	ATE液压脚刹，液压转向制动器，机械手刹	全扭杆式（惰轮没有弹簧，但装有安全螺栓保险装置）	F&S 美卡诺 PF 220 K型
1吨	10	D7（1940）	同上	迈巴赫 Variorex VG102128H	同上	同上	同上
1吨底盘搭载的轻型装甲输送车	250 252 253	D7p（1940）	HL42TRKM	同上	同上	比 Sd.Kfz. 10 少一对负重轮	同上
3吨	11	kl6（1938）	NL38TUKR 或 HL42TUKRM	常规的4速式，还带有辅助变速箱	机械手刹和转向制动器，机械伺服辅助脚刹	全扭杆式（惰轮没有弹簧，但装有安全螺栓保险装置）	F&S 美卡诺 PF 220型
3吨底盘搭载的中型装甲输送车	251	kl6p（1938）	NL38TUKRRM 或 HL42TUKRRM	同上	同上	同上	
同上	251	kl6p（1940）	HL42TUKRRM	同上	同上		
同上	251	H kl6p（1940）	NL38TUKRRM 或 HL42TUKRRM	同上	同上		F&S 美卡诺 PF 220 K型

5 吨	6	BNL7（1936）	NL38 特别款	采埃孚 G.45 V（恒久啮合式）	机械转向制动器，博世气动手刹、脚刹	每个负重轮有一对钢板弹簧，惰轮与两根短扭杆突出，装在管子中间	同上
5 吨	6	BNL8、DBL8（1938/1939）	NL38TUK 或 NL38TUKRM		机械手刹和转向制动器，博世气动脚刹	全扭杆式（惰轮没有弹簧，但装有安全螺栓保险装置）	同上
5 吨	6	BN9（1940）	HL54TUKRM		博世气动脚刹，ATE 液压转向制动器，机械手刹	同上	同上
8 吨	7	KM m8（1935）	HL52TU	采埃孚 ZG55	机械手刹和转向制动器，克诺尔气动脚刹	每个负重轮有一对钢板弹簧，惰轮上有螺旋弹簧	
8 吨	7	KM m11、HL m11（1939）	HL62TUK	不带同步器	机械手刹和转向制动器，博世气动脚刹	每个负重轮有一对钢板弹簧，惰轮装有扭杆。这款型号生产到1942年，某些后期型号装有全扭杆式悬挂	美卡诺 K 230 K 型
12 吨	8	DBs8（1938）	DSO/8		博世气动脚刹，机械转向制动器	每个负重轮有一对钢板弹簧，惰轮装有扭杆	美卡诺 LA 80 H 型
12 吨	8	DB9（1939）	HL85TUKRM		博世气动脚刹，ATE 液压转向制动器	同上	
12 吨	8	DB10（1939/1940）	HL85TUKRM		机械手刹，博世气动脚刹，液压转向制动器	全扭杆式（惰轮没有弹簧，但装有安全螺栓保险装置）	美卡诺 LA 65/80 B 型

18 吨	9	F-2 （1938）	HL98TUK	采埃孚 G65VL230	机械手刹 和转向制 动器，博 世气动脚 刹	同上	美卡诺 LA 65/80 型
18 吨	9	F-3 （1939）	HL108TUKRM	同上	同上	同上	美卡诺 LA 80 型

第三节 炮火射击控制

一、炮上射击控制设备

1. 综述

德军野战炮、反坦克炮、自行火炮和坦克所使用的射击控制设备，各个类别的每一件都大同小异。这些设备的共同特点是：做工精良，易于操作。

2. 野战炮瞄准具

(1) 概述

野战炮射击控制设备用于直接或间接瞄准。横向瞄准时，八个方位角修正式底座能让耳轴自动倾斜。炮目高低角装定器的刻度为100密位到500密位（300密位是正常标准）。具体操作是调整两个手柄，把火炮置于瞄准具的仰角，其中一个手柄随火炮移动，另一个随瞄准具支架移动。

(2) M32 周视瞄准镜（Panoramic telescope M.32）

这是德军标准的野战炮瞄准镜，由以下部件构成：

① 坐筒——坐筒插入火炮瞄准具支架的管状插座。

② 旋转头——旋转头上装有方向本分划和方向补助分划，操作员可操作速释杆旋转，或以千分尺头进行更精细的调整。

③ 方向分划——方向本分划与旋转头相对固定，刻度以百密位为单位，每个刻度2格（从0到6400）。方向补助分划跟随方向本分划动作，也可以独自旋转，以百密位为单位，每个刻度2格（从0到左右各32）。千分尺筒有固定和移动式分划，与方向本分划和方向补助分划配合使用，两个分划的刻度都以密位为单位（10密位为一个刻度），相关指数在两个分划间的固定环上。

④ 俯仰千分尺——转动俯仰千分尺头，拥有倾斜物镜，用于辅助升高或降低瞄

准线。俯仰本分划以百密位为单位（从 100 到 500 密位，300 密位是正常标准）。千分尺以 1 密位为单位（10 密位一个刻度）。

⑤ 目镜——目镜位于目镜筒末端，可朝任何方向转动。可照亮的分划板是一根中断的垂直线，以倒 V 表示俯仰角。M32 的新型号和 M32K 瞄准镜给分划板添加了水平刻度。

⑥ M32 和 M32K 诸元

倍率：4 倍

视场：10 度

M32 周视瞄准镜

M16/18 周视瞄准镜

出瞳直径：1.8 英寸

全长：6.25 英寸

重量：5 磅

(3) M16/18 周视瞄准镜 (Panoramic Sight M. 16/18)

① 概述

M16/18 瞄准镜与 M32 的不同之处在于：

没有方向补助分划；

方向本分划设为零，旋转头与目镜形成 90 度直角；

柄上装有横向校正瓶，可用转动偏心塞加以调整。

② 诸元

倍率：4 倍

视场：10 度

出瞳直径：1.5 英寸

全长：6.25 英寸

重量：4 磅 5 盎司

3. 反坦克炮瞄准具

(1) 综述

德国人的反坦克炮瞄准具，都装有适用不同距离的装置，大多还能横向偏转。各款瞄准具的特点如下：

① 20 毫米 S.Pz. B41——U 形缺口式照门和塞盖，有距离标尺，但没有调整横向偏转的机械装置。望远镜式瞄准镜被装在瞄准具支架上的击发器外壳里。

② 38 式 50 毫米反坦克炮——这款瞄准具有横向偏转装置，还能调节水平和俯仰角。其距离分划筒的刻度为 2400 米（高爆弹）和 1400 米（穿甲弹）。

③ 40 式 75 毫米反坦克炮——瞄准具与 38 式 50 毫米反坦克炮一样，但刻度为 2800 米（高爆弹）和 1400 米（穿甲弹）。

④ 36（r）式 76.2 毫米反坦克炮——摇杆往复，距离指示器的刻度为 6000 米（被帽风帽穿甲弹）和 2000 米（40 型穿甲弹）。俯仰角指示器以米为单位，适用于三种炮弹，最高达到 800 密位。

⑤ 41 式 75 毫米 /55 毫米反坦克炮——距离分划筒有 5 个刻度，第一个以密耳

为单位,另外四个以米为单位,距离极限递减,可能是考虑到炮口初速随着锥膛迅速磨损而下降的缘故。偏转机构建在距离设置手柄下方。

⑥ 43/41 式 88 毫米反坦克炮——左侧有两个并排的瞄准具安装座,一个是摇杆式,用于反坦克,另一个与 18 式 105 毫米轻型野战榴弹炮的瞄准具安装座相似,用于间接瞄准。

(2) Zielfernrohr, Z.E 38/II S.v.o.4

这款瞄准具现在用于所有反坦克炮,有个主刻度,每侧还有三个副刻度,锥形标线间有条垂直线。从锥形到垂直标线的角度为 4 密位,每侧最大角度 24 密位。瞄准镜视场 8 度,倍率 3 倍。

(3) Aushilfsrichtmittel 38

这款瞄准具用于反坦克炮的间接射击,由正切仰角筒、方向本分划环、视场 10 度、倍率 3 倍的望远镜式瞄准镜构成。正切仰角筒的刻度以百密位为单位,从 0 到 1300 密位,方向本分划环也以百密位为单位,从 0 到 6400 密位。正切仰角筒和方向本分划环都用 0 到 100 密位的千分尺调整。

4. 自行火炮瞄准具

德军大多数 75 毫米或更大口径的自行突击炮或自行反坦克炮,都使用 Sfl. Z.F 系列直接瞄准式瞄准具。但猎豹 88 毫米 Pak 43/3(L/71)火炮使用的 Sfl. Z.F. 5 除外,这款瞄准具被安装在 Zieleinrichtung 37(Z.E. 37)的瞄准具支架上,支架带有横向偏转和距离调整装置。自 1942 年起,德军自行火炮配发的周视瞄准镜,被减少到两门炮一部。

5. 坦克和装甲车瞄准具

(1) 概述

德国坦克和装甲车使用的瞄准具是铰接固定目镜式,带有垂直移动分划板。瞄准具用于直接瞄准,由两个主要部分组成:跟随火炮动作的物镜筒和分划板盒。保持静止的目镜筒,带有距离标尺。坦克和装甲车瞄准具的详情参阅下表。

(2) 距离标尺

距离标尺(包括车辆起伏容差)由一系列围绕光轴的小圆圈构成,以百米为单位,每 200 米一个刻度(还相应地标示了该使用何种炮弹)。这些距离通过视场顶端固定的半透明指针读取。

德军坦克、装甲车瞄准具——炮塔瞄准望远镜

型号	适用类型	火炮和弹种	距离标尺（米）	倍率（倍）	视场（度）	不含目镜的长度（英寸）	重量（磅）	出瞳直径（毫米）	入瞳直径（毫米）	备注
T.Z.F.2 和 T.Z.F.2X	一号坦克A型和B型	7.92毫米MG13	800	2.5	28	19	19	5.5	-	单筒式。不清楚哪款车辆，何种火炮使用T.Z.F.2型
T.Z.F.3a	四轮装甲车（Sd.Kfz.222）和半履带装甲车（Sd.Kfz.250/9）	20毫米Kw.K.38 / 7.92毫米MG34	1200	-	-	-	-	-	-	单筒式。不清楚这款瞄准镜的详情
T.Z.F.4	二号坦克A型到C型	20毫米Kw.K.30 / 7.92毫米MG34	1200	2.5	25	22.5	20	7	17.5	单筒式
T.Z.F.4/36 和 T.Z.F.4/38	二号坦克F型	20毫米Kw.K.30 (1200) / 7.92毫米MG34 (800)	1200 / 800	2.5	25	22.5	21	7	17.5	单筒式。T.Z.F.4/36距离800米，T.Z.F.4/38距离1200米
T.Z.F.5a	三号坦克A型到D型	37毫米Kw.K（穿甲弹和高爆弹） (2000) / 7.92毫米MG34 (800)	2000 / 800	2.5	25	32.25	24	5	12.5	单筒式
T.Z.F.5a.（Vorl），50毫米	三号坦克E型等	50毫米Kw.K（穿甲弹和高爆弹） (2000) / 7.92毫米MG34 (1500)	2000 / 1500	2.5	25	32.25	21.5	5	12.5	单筒式。T.Z.F.5d取代了改进型T.Z.F.5a

T.Z.F. 5b	搭载 75 毫米火炮的三号坦克 J 型到 N 型；四号坦克 B 型到 F 型	75 毫米 Kw.K	2000	2.4	23.5	32.25	21.5	5	12.5	单筒式
		7.92 毫米 MG34	800							
T.Z.F. 5b/36	四号坦克 B 型到 F 型	75 毫米 Kw.K	2000	2.4	23.5	32.25	23	6	14.4	单筒式
		7.92 毫米 MG34	800							
T.Z.F. 5d	三号坦克 F、J 型	50 毫米 Kw.K（被帽穿甲弹和高爆弹）	3000	2.4	25	31.8	20.13	5.5	13.2	单筒式
		7.92 毫米 MG34	1500							
T.Z.F. 5	三号坦克 L、M 型	50 毫米 Kw.K 39（穿甲弹）	1500	2.4	25	31.8	20.13	5.5	13.2	单筒式
		50 毫米 Kw.K 39（被帽穿甲高爆弹）	3000							
		7.92 毫米 MG34	1200							
T.Z.F. 5f (Vorl)	四号坦克 F2 型到 H 型	75 毫米 Kw.K 40（被帽风帽穿甲弹）	2500	2.4	25	31.8	20.13	5.5	13.2	单筒式。高爆弹标尺也用于机枪
		75 毫米 Kw.K 40（高爆弹）	3300							
		75 毫米 Kw.K 40（40 型穿甲弹）	1500							
		7.92 毫米 MG34	见备注							

(续表)

型号	坦克/车辆	弹药								备注
T.Z.F. 5f.1	四号坦克 G 型到 K 型	75 毫米 Kw.K 40（被帽风帽穿甲弹）	3000	2.4	25	32	26	5.8	13.9	单筒式。高爆弹标尺也用于机枪
		75 毫米 Kw.K 40（高爆弹）	4000							
		75 毫米 Kw.K 40（40 型穿甲弹）	1500							
		7.92 毫米 MG34	见备注							
T.Z.F. 6	八轮装甲车和山猫侦察坦克 Sd.Kfz. 123	20 毫米 Kw.K. 30 和 20 毫米 Kw.K. 38	1200	2.4	22	28.4	21	5	12	单筒式
		7.92 毫米 MG34	1200							
T.Z.F. 6/38	-	20 毫米 Kw.K. 38	1200	2.5	25	-	-	-	-	单筒式，详情不明，但尺寸和 T.Z.F.6 相同
		7.92 毫米 MG34	1200							
T.Z.F. 9b	虎式坦克 E 型	88 毫米 Kw.K. 36	4000	2.4	26	32.5	37	6	15	双筒式，目间距可调
		7.92 毫米 MG34	1200							

	型号	坦克型号	武器	射程							备注
	T.Z.F. 9d	虎式坦克 B 型	88毫米 Kw.K. 36（被帽风帽穿甲弹）	3000							单筒式。高爆弹标尺也用于机枪
			88毫米 Kw.K. 36（高爆弹）	5000							
			7.92毫米 MG34	见备注							
	T.Z.F. 12	黑豹坦克 D 型	75毫米 Kw.K 42（被帽风帽穿甲弹）	3000	2.5	29	45.1	63.88	6.2	15	双筒式，装有明暗滤光镜，高爆弹标尺也用于机枪
			75毫米 Kw.K 42（高爆弹）	4000							
			75毫米 Kw.K 42（40型穿甲弹）	2000							
			7.92毫米 MG34	见备注							
	T.Z.F. 12a	黑豹坦克 A 型、G 型	同上	同上	2.5 5	19 15	44.5	44	6.2 3.1		单筒式，双倍率
车身机枪瞄准镜											
	K.Z.F. 1	大多数坦克的早期型号	7.92毫米 MG34（万向节安装）	200（固定）	1.8	18		18	5		曲柄、单筒式、目镜移动式
	K.Z.F. 2	一号坦克指挥型、二号坦克喷火型、三号坦克指挥型和 F 到 J 型、四号坦克 J 型、虎式和黑豹坦克	7.92毫米 MG34（万向节和球座安装）	200（固定）	1.75	18	14.13	7	5		曲柄、单筒式、目镜移动式

238

(3) 分划板标记

分划板标记是个大的中心三角或倒 V 标识，两侧各有三个小三角，间隔 4 密位。中间的尖顶是正常瞄准点。归零转螺用于调整水平和俯仰角，此外分划板上有照明装置。光学和机械接口采用防尘、防水的棱柱系统，俯仰角通常是 -20 度到 +30 度。

(4) 机枪瞄准具

坦克和装甲车上的机枪瞄准具被固定在万向节或球座上，带有光轴补偿，可以让瞄准线穿过球座时靠近机枪。分划板没有距离或偏转设置，但有归零转螺和照明装置。

二、炮外射击控制设备

1. 综述

和其他光学仪器一样，德国人的炮外射击控制设备在设计和做工方面相当精良。他们的大多数仪器与盟军装备非常类似，盟军士兵完全可以使用。

2. 35 式炮兵象限仪（Winkelmesser 35 Gunner's Quadrant）

(1) 概述

这款炮兵象限仪（德：W.M. 35），结构简单而又精良。象限仪框上装有俯仰弧形板，其标尺刻度以 10 密位为单位，其中 0 到 1000 密位用黑色数字标示，600 到 1600 密位用红色数字标示。象限仪水准器臂上有个水准仪，设有粗细螺旋式调节器。

(2) 技术参数

重量：1.75 磅

高度：4.63 英寸

宽度：0.94 英寸

长度：4.63 英寸

3. 31 式炮兵方向盘（Richtkreis 31 Aiming Circle）

(1) 概述

31 式炮兵方向盘（德：Rkr. 31）的设计、做工、材料都很优秀，生产量相当大。这款方向盘以三个主要部分构成：潜望镜、望远镜、高低角装置。组装后，这些装置被固定在三脚架的轴上。这款仪器可用于测量垂直和水平角，使用磁针后还可获得磁偏角的数据。拆卸后，仪器的一部分可用于图板作业。

(2) 说明

潜望镜以燕尾槽安装在方向盘上，其作用仅仅是提高瞄准线，没有放大功能。而望远镜则有个调焦目镜，顶部有水准气泡。方向盘左侧有照明附件，望远镜左侧是个球形水平仪，可用于调平头部。视线角机构可旋转1400密位，水平方向可移动300密位（最小刻度1密位）。横动机构的刻度以密位为单位，从0到6400。此外方向盘还有快释机构。

三脚架的高度可调，设有横动机构。从横动头伸出的主轴用于支撑方向盘。主轴上被偏心安装的两个圆环控制垂直位置，通过旋转两个圆环即可调平球形水平仪。

4. 测距机

(1) 概述

德国人的测距机一般是体视型，不过，有一款底座长度为70厘米的合象式测距机，虽说已停产，但仍在使用。已知的测距机有以下尺寸：

- 70厘米底座
- 1米底座
- 1.5米底座
- 4米底座
- 6米底座
- 10米底座
- 12米底座

(2) 14、34式70厘米测距机

① 概述

德军机枪和迫击炮部队使用这款70厘米底座的合象式测距机，空降部队也用这款测距机测定地面目标的距离。它还和MG34机枪一同用于防空火力。这款测距机没有安装三脚架的适配器。

② 诸元

底座长度：70厘米

倍率：11倍

测量距离：219 码到 10930 码

测距机重量：10 磅

收纳箱重量：4.5 磅

(3) 1 米体视测距机

① 概述

这些便携式 1 米底座测距机，主要由操作 20 毫米和 37 毫米高射炮的轻型高射炮部队使用。

② 诸元

底座长度：1 米（Em.R 1m 型）；1 米（Em.R.36 1m 型）

倍率：7.8 倍（Em.R 1m 型）；6 倍（Em.R.36 1m 型）

测量距离：275 码到 8740 码（Em.R 1m 型）；545 码到 10930 码（Em.R.36 1m 型）

重量：9.9 磅（Em.R 1m 型）；16 磅（Em.R.36 1m 型）

(4) 1.5 米体视测距机

① 概述

这款测距机（德：Em.R.1.5m）配有三脚架，只用于测量固定目标的距离。

② 诸元

底座长度：1.5 米

倍率：11 倍

测量距离：435 码到 21860 码

测距机重量：20.9 磅

三脚架重量：39.6 磅

(5) 4 米测距机（4-Meter Range Finder）

① 概述

这是用于重型高射炮的标准仪器（德：Em.R 4m），可作为测距机单独使用，也可以并入防空探测器。作为测距机使用时，由四人操作：测距员、基线设定员、高度设定员、读数员。

② 诸元

测量距离：2200 英尺起

测距机重量：420 磅

（6）6 米、10 米、12 米测距机

这些测距机用于海岸炮兵测距。

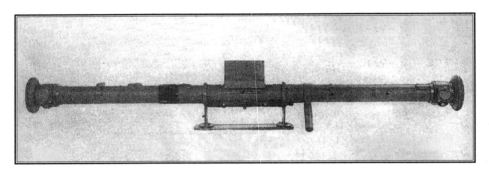

1.5 米体视测距机

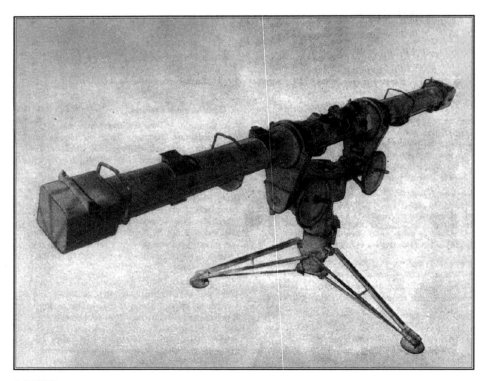

4 米测距机

242

31式炮兵方向盘

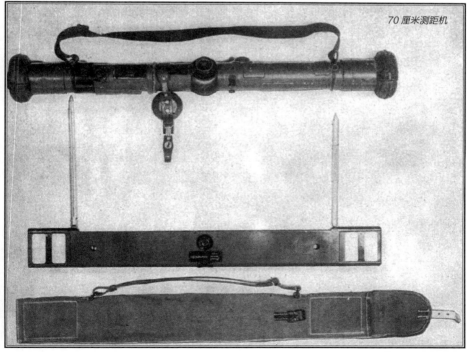

70厘米测距机

第四节 通信设备

一、结构特点

1. 综述

德国陆军使用的通信设备，其构成有两个突出特点：所采用的单元构建法，以及制造各单元的材料。

2. 单元构建法

实际上，每台无线电设备都是按单元构建的。这些设备被安装在面板上并使用插头和插座排，或以螺丝拧紧接线来相互固定，还以焊丝焊接端子板来实现电气连接。大多数情况下，这种做法可供快速拆卸设备，便于维护修理。

3. 使用的材料

（1）概述

德国人制造无线电设备的金属几乎都是合金，含90%的镁，8%的铝，2%的锌、铜和其他金属元素。每件设备都以这种合金压铸件构成，不光是主要的副底盘铸件，还包括用于安装各组件的屏蔽板、凸台、凹槽。各个铸件都非常精良，几乎不需要机加工，这就确保了出色的机械刚度，也提高了电气性能。

（2）调谐电容

主要的调谐电容以标准的合金制成。定子和转子以整块铸件加工而成。因此，个别板块与安装件间的腐蚀问题，并不会导致设备性能下降。

（3）绝缘材料

德国人大量使用陶瓷作为绝缘材料，这些陶瓷材料被用于接线条、管架、管座、线圈架，几乎普遍用作同轴电容器的主轴承。在德国，如果线圈架不是以陶瓷制成的，那么就肯定使用了瓷制品或浸渍绝缘纸。

（4）电容

一般说来，微调电容要么是小型空气绝缘电容，要么是镀银陶瓷圆盘电容（飞利浦），从某种程度上说，英国和美国的设备也在使用这些元器件。装在胶木护套里的小型固定电容是管状陶瓷型或扁平云母型。较大的电容是金属化纸介型，这种电容不用色环标识且参数以 mF、pF 或厘米印在电容上。

(5) 电阻

电阻通常是无感碳膜式，但德国人也用了一些绕线电阻，完全是为实现直流目的，例如分压器。电阻不使用色环标识，阻值以欧姆为单位且印在电阻上。

(6) 线圈

低频线圈和扼流线圈以单股漆包线或丝包编织线绕制。高频线圈通常以裸铜线或铜带绕制。

此外线圈架有个螺旋槽，里面有一层薄薄的铜，显然是电解所沉淀的。调整同轴铁粉芯或铜环后，大多数高频线圈的电感会在小范围内变化。中频变压器不仅有铁粉芯，大多数情况下还被彻底封闭在铁粉罩里。

(7) 电子管

现代德国人设计的无线电接收机只使用一种电子管，通常是五级管。这些管子并不总是以传统的方式使用，德国人会把五级管用作二极管，这种方式极大地方便了零配件的供应。

二、电源

设备的用途不同，电源方案也不一样，如车载设备就使用单独的旋转变流器，以 12 伏车用蓄电池供电。这些变流器的结构很结实，可以长期使用且不需要维护。地面通信站使用蓄电池、干电池、脚踏发电机、小型汽油发电机组。便携式电台则使用配备干电池或同步振子的蓄电池。

三、简化

1. 电容

德国人煞费苦心，竭力让设备简单而又可靠地工作。他们用一系列精密齿轮驱动调谐电容，还以纤维和弹簧承载的金属轮消除间隙。

2. 表盘

电台的刻度盘尺寸很大，标度间隔超过 300 度。这些刻度盘被标得很准确，在不使用波长计的情况下，使用者可以把频率调到接近极限。大多数刻度盘上都有一个或多个校对点，使用者可以精确设置频率准确度，也可以通过外部、内部晶振或内置"发光晶体"进行校正。

3. 编号

一套设备中的每个组件都有编号，大多数情况下，连接线也有编号，编号相同的两个端子可以直接连接。

四、装甲车载电台

1. 概述

德军装甲车使用的全套设备，包括发射机、接收机、供电装置、附件，这些设备都被以 Fu 编号加数字的形式来命名。但自行式野战炮、中型火炮和某些装甲车使用的语音传输台 Fu. Spr.f 是个例外，这部电台没有数字编号，且发射机和接收机分别以具体描述和字母标识，例如 10 瓦发射机 c。

2. 电台使用情况

指挥坦克：Fu.8 和 Fu.5，或 Fu.7 和 Fu.5

战斗坦克（各种型号）：Fu.5 和 Fu.2，或只使用 Fu.5

突击炮（隶属装甲兵团）：Fu.5 和 Fu.2，或只使用 Fu.5

装甲观察站车辆（炮兵）：Fu.8 和 Fu.4，或 Fu.8、Fu.4 和 Fu.Spr.f

突击炮（隶属炮兵）：Fu.8、Fu.16 和 Fu. 15，或 Fu.16 和 Fu.15，或只使用 Fu.16

自行反坦克炮（轻型和中型底盘）：Fu.8 和 Fu.5，或只使用 Fu.5

自行反坦克炮（重型底盘）：Fu.8 和 Fu.5，或 Fu.7 和 Fu.5，或 Fu.5 和 Fu.2

反坦克—突击炮：Fu.8 和 Fu.5，或只使用 Fu.5

山猫（侦察坦克）：Fu.12 和 Fu.Spr.f，或只使用 Fu.Spr.f

防空坦克：Fu.5 或 Fu.2

自行式重型步兵炮：只使用 Fu.16

黄蜂和熊蜂：只使用 Fu.Spr.f

装甲车（八轮车除外）和配备武器的半履带车：只使用 Fu.Spr.f

装甲车：Fm.22 和 Fu.Spr.f

八轮装甲车：Fu.12 和 Fu.Spr.f，或只使用 Fu.Spr.f

第五节 工兵器材

一、仪器

1. 综述

总的说来，德国陆军工兵在战场上使用的仪器，与盟军如出一辙，特别是他们的子午仪、经纬仪、水平仪。主要的区别是罗盘和缺口测量仪。

2. 军用罗盘

(1) 概述

德国军用罗盘是一款黑色的袖珍仪器，外壳用类似铝的金属制成，铜制外圈有个提环。铰链式直线厘米刻度从罗盘外壳的底部展开。罗盘上标有 MKZ（KZ）字母。

(2) 操作

按下阻尼器按钮，就能停止磁针的摆动。目标可见时，打开罗盘盖，抬起反光镜，与度盘座呈 45 度，这样就能清楚地看见磁针。平握罗盘，目光穿过后部的 V 形照准和反光镜底部的前孔准星瞄准目标，另一只手转动方位度盘，直到磁针与磁偏角标记重叠，这时就可以读出度盘上的方位角。德国军用罗盘以逆时针计数，刻度单位为密位。为简化罗盘读数，度盘被以缩写标识，省略了后两个零，如罗盘上的 60 代表 6000 密位。方向标志与盟军使用的罗盘相同，唯一的不同是"东"，德国人将其标为 O。磁偏角调整被直接标在方位标度盘上，两个发光点表示东、西 150 密位。

3. 新型军用罗盘

据悉，德国陆军使用了一款新型罗盘（Marschkompass A），刻度仍以密位为单位，但以顺时针计数。

4. 缺口测量仪

这是一款简单的设备，用于测量河流和类似缺口的宽度，相关设计依据与直角三角形相似的原理，由两部分组成：固定镜和测量镜。

二、爆破器材

1. 保险引信起爆雷管和附件

(1) 概述

这款雷管（Sprengkapsel No. 8）与美国和英国的同类产品相似，通过保险引信引爆。雷管起爆药以叠氮化铅和史蒂芬酸铅构成。

(2) 诸元

长度：2.36 英寸

直径：0.28 英寸

包装：木箱内装 15 枚

(3) 胶木固定架

这款固定架（Zünderhälter）有两个作用：连接雷管和引信，把雷管拧入炸药。固定架呈管型，覆盖雷管与引信的连接部，自身封闭在胶木罩里。胶木罩一端是一个外螺纹套管，另一端以胶木帽覆盖，胶木帽中心开孔，以便引信穿过。

(4) 起爆雷管点火具装置

这是一款预装组件（Sprengkapselzünder），在胶木固定架上有一个带有 3—6 英尺长保险引信的盖子，还有一个保险引信点火具。这就构成便捷的短延期爆破点火具。

2. 保险引信

这款引信（Zeitzündschnur）的黑药导火索，以黄麻类纤维和白棉类纤维交替包裹后被涂上了沥青漆，最外面覆盖了黑色橡胶。这种保险引信在空气中和水下以每分钟 2 英尺的速度燃烧，触发方式与美国和英国的保险引信相同。

3. 电雷管

(1) 28 式电雷管

这款雷管（Glühzünder 28）有一个连接铜芯或铁芯双引线的盖子，还有一个桥丝。整个装置被纳入标准款胶木固定架。铜引线电阻为 2 欧姆，铁引线电阻为 3 欧姆。

(2) 延期电雷管

电力启动后，这种电雷管（Glühzünder mit Verzögerung）会延期 2、4、6、8、10 秒（连接引线的圆盘上标有延期秒数）触发，其他方面与普通电雷管相似，只是桥丝与加强帽之间装有延期药。

(3) 火花间隙电雷管

这种电雷管（Spaltzünder）以火花间隙替代桥丝。

4. 瞬发引信

这款引信（Knallzündschur）在包裹药芯后被涂以防水清漆，外部有一个柔韧的绿色外壳。它可以在水下引爆，以雷管触发但两端必须做防水处理。

5.100 克药筒

这种药筒（Bohrpatrone 28）有两种类型，一种使用蜡纸，另一种以压缩纸包裹。两种药筒都标有 Bohr-Patr. 28 来识别，另外还标有 Fp.02 或 Grf.88，以区分 TNT 或苦味酸这些起爆药。

6.200 克炸药块

这种炸药块（Sprengkoerper 38）有两种包装：以蜡纸包裹，或装在胶木盒里。蜡纸炸药块包裹的是 TNT 或苦味酸。胶木炸药块实际上重 250 克。

7.1 千克炸药块

(1) 概述

这种炸药块（Sprengbüchse 24）以 TNT 或苦味酸制成，装在耐压锌容器里，可以在任何深度的水下使用。除了锌盒底面，另外三面各有一个圆孔，可供安装标准的雷管、固定架或点火具。每个圆孔都覆有纸片，上面标注 Sprengbüchse 24，以及 Fp.02（TNT）或 Grf.88（苦味酸）。

(2) 诸元

重量：2.2 磅

长度：7.9 英寸

宽度：2.9 英寸

厚度：2.2 英寸

8.3 千克炸药块

(1) 概述

这种炸药块被装在一端有提手的锌盒里，锌盒上有 3—5 个可供安装标准雷管、固定架或点火具的孔。耐压锌盒可以让炸药块用于任何深度的水下。这种炸药块经常被装上点火具，作为临时性地雷使用。炸药块上标有 "3kg" 的字样。

(2) 诸元

重量：6.6 磅

长度：7.7 英寸

宽度：6.5 英寸

厚度：3 英寸

9.3 千克球形炸药

(1) 概述

装炸药的球体，以两个压制低碳钢制成的半球体构成，靠滚轧接头连接。固定凸耳被焊接在球体上半部，帆布背带的两端被系在凸耳上。球体上有标准的螺纹点火具接口，标有"3kg"的字样。

(2) 诸元

炸药重量：6.6 磅

直径：6.25 英寸

装药：阿马托炸药

10. 空心装药（400 克）

这款炸药有个杯形铝制外壳，使用原野灰涂漆，顶部有个标准的螺纹雷管接口。底部嵌入一块金属板，金属板中央形成一个半球壁，环绕炸药底部的空腔。主要装药是季戊炸药。

11.12.5 千克空心装药

(1) 概述

这款炸药的主要用途是在永备防御工事的钢板上炸孔。炸药被装在带有提手的铁皮盒里，底部有个半球空腔，顶部有标准的螺纹雷管接口。这款炸药通常会被配发给伞兵。

(2) 诸元

外径：11 英寸

空腔直径：5.3 英寸

重量：28 磅

装药：TNT

12.13.5 千克空心装药

(1) 概述

这款空心装药被置于三根折叠式腿柱上，以此确保适当的间隔，标准的雷管接口内有一个药筒。

(2) 诸元

外径：13.5 英寸

空腔直径：9.75 英寸

重量：30 磅

装药（RDX–TNT）：21 磅

13.50 千克空心装药

(1) 概述

为便于运输，这款炸药分成两个部分。下部是个半球腔，附有提手；上部装有炸药，还有一个标准的雷管接口。这款炸药通常会被配备给伞兵。

(2) 诸元

外径：20 英寸

空腔直径：8 英寸

空腔高度：4 英寸

重量：110 磅

装药：TNT

14. 中空环形装药

(1) 概述

这款炸药的主要用途是炸毁炮管，TNT 被装在薄薄的环形金属壳里，金属壳可以套在火炮身管上，以雷管击发。金属壳内侧有个半圆形截面的环形空腔。这种炸药的碎片效应可以忽略不计，因而适用于突击队和巡逻队。

(2) 诸元

用于反坦克炮和机枪身管的中空环形装药：

重量：2 磅 11 盎司

外径：7.1 英寸

内径：3.9 英寸

宽度：3.1 英寸

用于野战炮身管的中空环形装药：

重量：7 磅 1 盎司

外径：10.4 英寸

内径：6.7 英寸

宽度：3.4 英寸

15. 爆破筒

这款爆破筒以一节节 16 号钢管制成，一端焊接衬套，形成连接另一节钢管的接口。每节钢管里装有炸胶或其他合适的炸药。起爆引信沿钢管的长度延伸。爆破筒以两个独立火帽在一端引爆，其中一个是火帽点火具，另一个连接保险引信。其他钢管的末端装有火帽。在连接几节钢管时，操作人员需要将一节钢管母口的引信接到另一节钢管公口的火帽上。

16. 军用起爆器

(1) 42 式六孔起爆器

这款起爆器（Nebelwerfer）高 6 英尺，中心有两个插座，一个安装转柄，另一个安装 7 针插头，提供 6 股电路和 1 股共用的中央回路。六个外接插口的表面有六个编过号的窗口，电路接通后依次发光。因此，起爆器可以一个接一个地激发六股电路，当灯开始接连闪烁，就表示电路已被连续激发。这款起爆器能力有限，只能处理 20 枚雷管。

(2) 40 式小型起爆器

这款起爆器（Glühzündapparat 40）是 40 式便携爆破装置（Zündgerät 40）的组成部分，高 5.3 英寸，其椭圆形顶部装有点火端和转柄插座。起爆器以 90 欧姆外电阻激发，装在插座里的手柄直接转动发电机。只有产生最大电流时，电路才会闭合；激发时，操作人员必须把手柄迅速转到停止位。起爆器内阻 30 欧姆，在 80 瓦电压下产生 1 安培电流。使用起爆器前，操作人员必须用专用氖虹灯测试管加以检测。这么做不仅仅是检测起爆器，还是激发发电机磁性的必要步骤。

(3) 39 式起爆器

这款起爆器（Glühzündapparat 39）被装在便携皮套里，以最大 300 欧姆的电阻激发，内阻 43 欧姆。此外皮套里还有转柄、测试电阻、备用发条、螺丝刀。起爆器顶部有手柄接口、发条插座、发条端子。

(4) 37 式起爆器

这款起爆器（Glühzündapparat 37）能产生 300 伏电压，以最大 300 欧姆的电阻激发，内阻 43 欧姆。皮套里摆放着起爆器转动手柄和测试电阻。起爆器顶部的手柄接口标有Aufziehen,点火接口标有Zünden。点火端子位于顶板下方的绝缘平台上。操作人员使用起爆器时，需要把发条顺时针转动到停止位，而点火时，则需要用手柄转动标有Zünden的点火接口。

(5) 26式起爆器

这款重14.5磅、低电压型（热桥丝而不是火花）的起爆器被装在皮套里，其内阻为45欧姆，最大激发电阻为255欧姆。

17. 40式便携爆破装置

这套装置重51磅，可通过提手或背带携行，它包含以电力引爆炸药所需要的一切，如一个40式小型起爆器、霓虹灯测试管、断路探查器、40枚电雷管、两个单缆线轴、两卷双引线、用于压接电气接头的金属套管、一把锯齿状小刀、压接钳、绝缘胶带。

18. 26式断路探查器（电流计）

这款探查器不仅能检测导通性，还能测量电路和雷管的阻值，以欧姆表、电阻、1.5伏电池构成。电池被装在4.7英尺高的圆柱体内，圆柱体顶部是欧姆表。测试端子中间的调整转螺，可以把欧姆表指针设为零或无穷大。检测导通性时，内置电阻可以防止雷管被激发。

19. 测试电阻和霓虹灯测试管

测试电阻用于测试以250欧姆电阻激发的26式起爆器。而霓虹灯测试管则用于测试37式、39式起爆器，操作员在设置其螺头后可以测试50或100枚雷管的发火性。另一款霓虹灯测试管用于检测40式小型起爆器，同时也是40式便携爆破装置的组成部分。

20. 反坦克磁性爆破装药

这种炸药呈球形，被压制纸板彻底覆盖。纸板外壳以两个金属箍固定，在炸药底部延伸4英寸。这种炸药主要用于爆破，也可以装药1磅12盎司黑索金或TNT来对付坦克。两个传爆药筒装有黑索金和蜡，配备标准的BZ型点火具。

21. 反坦克磁性空心装药

这款炸药涂成原野灰色，三块附加磁铁的强度足以让炸药贴在垂直表面。呈圆锥形的金属容器内装填主装药，细长的顶部既充当手柄，也装填雷管。点火具只能延期几秒，不过据悉德国人已开始使用一款顶部黄色、能延期7.5秒的新式点火具。

13.5 千克空心装药

50 千克空心装药

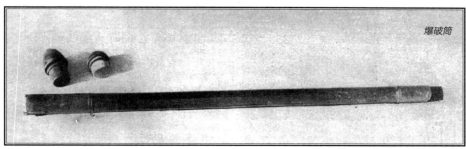
爆破筒

26 式起爆器

39 式起爆器

三、诡雷

1. 材料

德国人的诡雷使用以下材料:

- S 型地雷

- C.V.P.I 地雷

- 简易木制地雷

- 预装炸药

- 迫击炮弹

- 手榴弹

- 意大利 B4 地雷
- 意大利手榴弹
- 法国反坦克地雷
- 英国二式、四式、五式 GS 地雷
- 英国火棉炸药块
- 英国航空炸弹

2. 布设方式

布设诡雷通常有以下几种方式：

- 以防排装置埋设地雷。
- 地雷以传爆索连接两颗或多颗 EP 地雷，还装有防排装置；S 型地雷装有拉火管。
- C.V.P.I 地雷设置到 "K"，连接绊线或拉线。
- 预装炸药藏在垃圾里，装有拉火管和拉线。
- 水瓶里装填炸药，安装拉火管，拔掉塞子就会引爆。
- 迫击炮弹安装 S.Mi.Z.35 引信。
- 卵形和木柄手榴弹安装拉火管。
- 意大利 B4 地雷连接绊线。
- 法国反坦克地雷安装拉火管。
- 英国航空炸弹安装拉火管和绊线。
- 空地雷箱底部或箱内装有拉火管。

3. 建筑物内布设诡雷

拉火管插入预制炸药、手榴弹、地雷，通常作为建筑物内的诡雷使用。ZDSCHN.ANZ.29 型摩擦点火具被装入预制炸药，和拉线一同使用。绊线或拉线可以横穿入口、门口、楼梯，或与房门、橱柜、窗户相连。搜索诡雷时，应当先检查拉线、绊线两端的情况，如果拉线、绊线已绷紧，那就绝不能在完成检查前割断它们。压力型点火具通常会在松动的地板和门垫下找到。DZ.35 型点火具用得较多。

四、德制探雷器

1.39 式探雷器

(1) 概述

这款探雷器是一段轻合金杆,一端有一个钢尖,另一端是一个插旋接头,探雷人员站立时,可以续接上第二节合金杆。主杆和钢尖全重 10 盎司左右。

(2) 操作

这款探雷器被作为探针使用,使用时是将钢尖垂直插入地面约 4 英寸,待合金管传来特有的声音,探雷人员便可以据此识别钢尖遇到的一切地下物体的性质。

2.40B 式"柏林"探雷器

(1) 概述

这款探雷器以探雷人员背包里的电磁振荡器、探头、分节探杆、耳机、连接电缆构成。

(2) 操作

调整可变电容,使耳机发出合适的音调,将探头接近金属目标的过程中,耳机里的音调会发生变化。

3.41 式"滕珀尔霍夫"探雷器

(1) 概述

这款便携式探雷器配备扬声器,而不是耳机,整套设备可被装在步兵的背包里。

(2) 操作

向右转动音调旋钮,可使扬声器音量变大,在发现金属目标时,扬声器发出的音调会升高。

4.40 式"法兰克福"探雷器

(1) 概述

这款探雷器可被收纳在木盒里,整个木盒又可被装在帆布背包里。背包里的隔层可在不使用探雷器时用来摆放探头。木盒有两格,一格摆放电池,另一格存放电磁振荡器。

(2) 操作

电路调整到零平衡,当探头接近金属目标时,耳机会发出声音。

5. 其他探雷器

德国人常用的其他探雷器还有：

五栅管式探雷器

M.S.F. 1007 探雷器

42 式 "法兰克福" 探雷器

"普拉姆" 探雷器

"威斯巴登" 探雷器

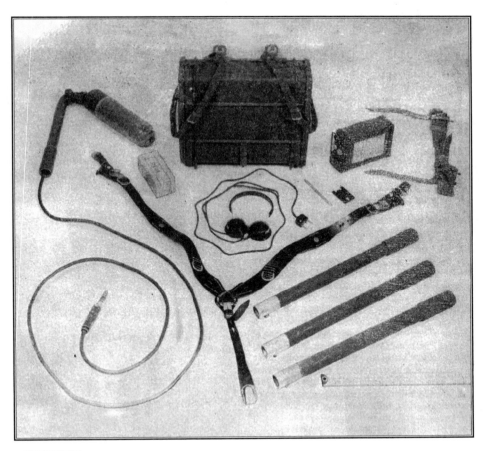

一款德制探雷器

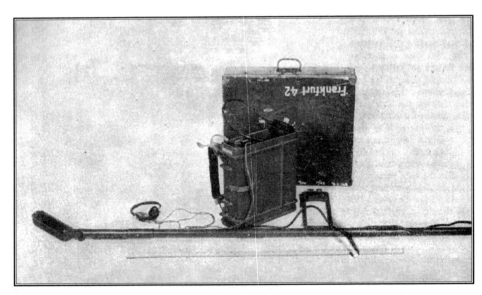

42 式"法兰克福"探雷器

五、防步兵地雷
1. 35 式 S 型地雷（S-Mine 35）
（1）概述

　　这款防步兵地雷，可通过直接加在顶部点火具的压力起爆，也可以拉动接在拉发点火具上的一根或多根绊线起爆，还可以用电击发的方式引爆。

　　该地雷呈圆柱形，有个紧密的封盖。运输期间，三颗 S 型地雷放在木箱或防水的压制金属箱内。每颗地雷外壳与内筒间的空隙，装填了大约 360 颗钢珠、短短的低碳钢棒或小块废钢，这些东西构成 S 型地雷的装填物。位于中心的外螺纹钢管连接适配器或点火具，钢管内可以安装主动引爆地雷的标准德制点火具或电雷管。下端，钢管穿过雷底，以联管节固定。主钢管里还有个短管，装有延期药（大约 4.5 秒）。

　　有时候，德国人会把延期药管换成雷管，这样一来，地雷就会直接爆炸，而不会跳起。地雷底部有一个装有推进剂的凹槽，有几个等距排列的孔，以及三个用来装填短延期药的管筒。点火具起效时，延期药管筒会在地雷底部的推进剂点燃前提供短短的延期。这种装药燃烧后，会把地雷和主要装填物喷向空中。与此同时，雷管筒底部的短延期药筒会被点燃，在地面上方 3—5 英尺处引爆地雷。

(2) 诸元

高度（不含点火具）：5 英寸

直径：4 英寸

重量：9 磅

装药重量：

铸装 TNT 装药 14 盎司

粉状 TNT 装药 9 盎司

(3) 性能

点火具点燃与地雷弹跳间的延期，因地雷的新旧程度和状况而不同。但相关测试表明平均延期为 3.9 秒。地雷弹跳与起爆间的延期也各不相同，相关测试表明平均延期为 0.6 秒。

(4) 拆卸

首先要拆卸防排装置，然后揭开地雷，识别后拆掉点火具。

(5) 排除

需先割断拉发点火具的绊线，拧下点火具，再把雷盖上三个孔的插头拧掉，翻转地雷，取下雷管。

2.44 式 S 型地雷（S-Mine 44）

(1) 概述

44 式 S 型地雷是一款弹跳式防步兵地雷，与 35 式 S 型地雷相似。点火具安装孔朝向雷盖一侧，地雷爆炸的高度由内部拉发点火装置控制。点火具是压、拉两用型，拆除的时候要特别当心。这款地雷的使用与 35 式 S 型相同，致死范围为 22 码，伤亡范围为 110 码。

(2) 操作

点火具触发延期 4.5 秒的药筒，点燃推进剂，把地雷抛向空中。盘绕的金属线彻底展开后会拉出点火具上的解脱销，从而引爆地雷。

3.42 式木盒地雷（Schü-Mine 42）

(1) 概述

42 式木盒地雷使用 Z.Z.42 点火具，它是一种简单、易用的障碍物，可用于对付步兵、骑兵以及轻型车辆。小范围障碍中，木盒地雷可以被用来替代 35 式 S 型地雷。在几乎所有的地雷场里，它都可以和 T 型地雷配合使用。木盒地雷重 1.1 磅，包含一个被漆成暗黑色的浸渍胶合板或硬化压制纤维纸板做成的外壳、重 200 克的 28 式炸药块，还有一个装有 8 号雷管的 Z.Z.42 拉发点火具。拧下保险帽，塞入雷管（从开口端到开口端），点火具就可以使用了。此外，保险销固定弹簧，而弹簧连接着击针。

(2) 排除

发现地雷后，应当寻找并解除一切防排装置，然后在不施加任何压力的情况下提起雷盖，查看点火具保险销是否仍牢牢固定着击针（如果保险销无恙，在确定没有防拎装置后就可以拎起地雷）。已施加压力且保险销偏离正常位置的地雷，应当被就地销毁。

4.43（N）式木制防步兵地雷 [Wooden Antipersonnel Mine 43(N)]

(1) 概述

这款浸渍木制防步兵地雷的操作方式，与标准的 42 式木盒地雷非常相似。铰接在雷体背面的盖子的前面有个金属操作法兰。处于待发状态的法兰靠着两个木销钉，以保险销固定。法兰中心开槽，以便点火具的击针穿过，另外点火具保险销线环里有两个小舌片。Z.Z.42 点火具被拧在锌制插座上。地雷主装药是铸装 TNT，雷管接口周围是压制 TNT。

(2) 诸元

长度：8.25 英寸

宽度：6.875 英寸

打开后的高度：4.25 英寸

关闭后的高度：3.25 英寸

装药重量：3 磅 5 盎司

(3) 原理

这款地雷靠雷盖受到的压力触发（工作负荷约为 75 磅）。金属法兰会先切断木销钉，再推开保险销，从而释放击针。

(4) 排除

这款地雷的排除方式，与 42 式木盒地雷的相同。

5.42（N）木制地雷 [Wooden Mine 42(N)]

(1) 概述

这款地雷的雷体以浸渍木材制成，顶上有个锌制接口，用于安装雷管和点火具。顶部一块木板被钻了孔，以便操作人员将点火具向下拧入雷体顶部。点火具使用标准的 D.Z.35，主装药是铸装 TNT，外加压制 TNT 起爆药。

(2) 诸元

长度：6.25 英寸

宽度：6.25 英寸

总高度：5.125 英寸

雷体高度：2.75 英寸

装药重量：3 磅 5 盎司

(3) 操作

地雷通过 D.Z.35 点火具顶部受到的压力触发，点火具顶部上的盖板受到压力也会触发地雷。没有盖板的话，地雷几乎不太会爆炸，可这样一来就没法操作地雷了。这款地雷使用的点火具，触发压力为 75 磅，由此可判断点火具所使用的弹簧较软，因为标准款 D.Z.35 点火具的触发压力是 130—165 磅。

6. 意大利制防步兵压发地雷（Antipersonnel Pressure Mine）

(1) 概述

这款地雷是个矩形胶木盒，带有楔形铰链盖，盒子里的 TNT 药块以一个突出物固定，另外三侧环绕着开有深槽的碎板。点火装置是一根金属管，内含弹簧承载的击针，装有驱动销和待发环。击针管外端以法兰固定在木盒壁上。击针组件可滑入地雷侧面，停在容纳击针的凹槽里。点火具不处于待发状态时，盒盖上相应的凹槽能彻底封闭地雷。

(2) 诸元

木盒长度：5.35 英寸

木盒宽度：2.56 英寸

木盒深：1.5 英寸

炸药块长度：2.6 英寸

炸药块宽度：1.97 英寸

炸药块深度：1.18 英寸

炸药块重量：5.25 盎司

(3) 操作

装配地雷时，抽出待发环，插入驱动销，使点火具处于待发状态。然后把雷管插入击针管，以锁止环固定。将整套组件置于木盒内，再将雷管装入炸药块的深槽。最后，轻轻盖上盒盖，直到它靠在驱动销上——盒盖稍稍受到压力，就会推开驱动销，释放击针。

(4) 排除

避免对木盒盖施加任何压力，搜寻并拆除一切防排装置。提起木盒盖，远离驱动销，用电线或钉子插入保险销孔，取出击针组件，拧开锁止环，取出雷管。

7. 43 式防步兵玻璃地雷（Antipersonnel Glass Mine 43）

(1) 概述

这款防步兵地雷几乎完全以玻璃制成，配有化学点火具或杠杆点火具（Hebelzünder）。玻璃容器底部呈凹陷状，以容纳 28 号炸药块。地雷顶部有一块玻璃剪切板，玻璃板上还有一块厚玻璃压力板。

(2) 原理

20—25 磅压力就会破坏薄薄的玻璃剪切板——给杠杆点火具的杠杆施加压力，从而点燃点火具，引爆地雷。

(3) 排除

如果地雷装有杠杆点火具，那么先要移除两块玻璃板，插入保险销，再拧下点火具，然后取出雷管。如果地雷安装的是化学点火具，则在拧下点火具时尽量握住下端，不要握住易碎的波纹部分。

8. 德制防步兵"罐雷"（German Antipersonnel "Pot Mine"）

(1) 概述

点火具通过适配器被拧入这款地雷的圆柱形雷体顶部。压制钢雷体内有大约 4 盎司粉状苦味酸的爆炸装药。

(2) 原理

点火具顶部受到适当的压力，就会引爆地雷。

(3) 排除

拧下点火具时，尽可能握住下端。要是雷管没有和点火具一同出来，可以翻转地雷，取出雷管。如果还是取不出雷管，就需要先拧下适配器，再取下雷管。这款地雷全重 12.5 盎司。

9. 改进型木盒地雷（Modified Schü-Mine）

(1) 概述

这款改进型木盒地雷，可以和 Z.Z.35 点火具配合使用。木盒硕大盖板的前部倾斜，点火具的塞头就从这里伸出。

(2) 原理

木盒盖受到压力，会导致倾斜的前部推动驱动销拉出点火具柱塞，继而触发地雷。点火具保险销正上方的盖子有个孔，同时有一根拉线被系在保险销的环上，用这根线把保险销拉出木盖上的孔，就可以使地雷处于待发状态。

35 式 S 型地雷

42 式木盒地雷

六、防坦克地雷

1. 综述

德国人使用的防坦克地雷约有 40 种，其中四款 T 型地雷的使用最广泛。

2.43 式 T 型地雷（Tellermine 43）

（1）概述

43 式 T 型地雷（德：Mushroom，即蘑菇）没有使用常见的雷盖，取而代之的是被拧入点火具接口的蘑菇头压力板。地雷上还有两个螺纹接口，用于安装辅助防拆点火具，一个在地雷侧面，另一个在雷底。

（2）诸元

总直径：12.5 英寸

雷体深度：2.6 英寸

地雷最大高度：3.5 英寸

蘑菇头直径：7.5 英寸

蘑菇头深度：1 英寸

地雷总重量：17 磅 5 盎司

3.42 式 T 型地雷（Tellermine 42）

(1) 概述

42 式 T 型地雷（德：T.Mi.42）整体是一个圆柱形压制钢体，内含中置雷管容器，环绕雷管容器的是一个起爆药筒，其装药类似于季戊炸药。地雷上有两个拉发点火具接口，一个在地雷侧面，距离拎手 4 英寸，另一个在雷底，距离中心 2 英寸。这些接口被拧入雷体并以橡胶垫圈防水。地雷顶部的圆柱形空腔装有压力板组件，压力板带有橡胶垫圈或铝带，铝带以点焊在压力板上的钢环固定，穿过凸缘环下缘并形成密封。一根强力的弹簧提供了压力板应有的阻力。中间的螺纹接口用于插入 T.Mi.Z.42(15) 点火具，点火具装有弹簧承载、保险销固定的击针。42 式 T 型地雷使用的雷管，与 35 式 T 型地雷相似，但这枚雷管被拧入了雷体。

(2) 诸元

雷底直径：12.75 英寸

雷底直径：12.5 英寸

压力板直径：5.75 英寸

最大高度：4 英寸

装药类型：TNT

装药重量：12 磅

地雷重量：18 磅（大约）

(3) 原理

压力板承受的压力超过 495 磅，就会导致六角帽陷入柱塞头部，切断固定点火具击针的保险销，引爆地雷。

4.35 式钢制 T 型地雷 [Tellermine 35 (Steel)]

35 式钢制 T 型地雷（德：T.Mi.35 Stahl）直径 12.5 英寸，重 21 磅，被涂成了哑光灰色，雷盖用白漆写着 T.Mi.S 31 T Vii. 242，或用黑漆标注 S88 12 42A，也可能刻有 WO 42 字样。这款地雷的压力板延伸到整个雷盖,上面有一道道凹槽,可能是防止地雷被埋下后,覆盖在上面的沙子被吹走。压力板中间是一个螺纹接口,以带有滚压头的螺纹塞封闭。这个接口用于标准的 T.Mi.Z.35 点火具,但这款地雷也可以使用 42 式 T 型地雷的点火具。辅助点火具接口位于地雷侧面和雷底。

5.35 式 T 型地雷 (Tellermine 35)

(1) 概述

35 式 T 型地雷(德:T.Mi.35)是一款圆形地雷,雷底平坦,雷盖略凸。地雷里有一根强力螺旋弹簧,使雷盖抵住挡板的包边凸缘,这块挡板被拧在雷体外部。安装主点火具(T.Mi.Z.35 或 T.Mi.Z.42)的中心孔装有橡胶垫圈,与雷体紧密结合。雷体上还有两个孔,用于安装辅助点火具。带引爆装置的中置管又内含雷管,上方有两个金属箍。再往上是个橡胶圈,橡胶圈的压缩性确保组件防水。点火具拧入雷盖,使其下表面用力抵住橡胶圈。一个金属箍用于固定雷管,另一个金属箍用于点火具的调整和定位。点火具的位置不准确的话,地雷的反应就要么太迟钝,要么太敏感。

(2) 诸元

直径:12.6 英寸

地雷重量:19.2 磅

装药重量:11 磅

装药类型:TNT

(3) 原理

雷盖受到压力,就会压缩弹簧,使点火具下降并切断固定击针的保险销,引爆地雷。这款地雷的引爆压力为 175—400 磅。

(4) 排除

检查地雷侧面和底部是否有防排装置,并在确定点火后拆除。具体操作为从雷体取出主点火具,处理安全装置,立即放回点火具。

6.29 式 T 型地雷 (Tellermine 29)

(1) 概述

29 式 T 型地雷(德:T. Mi.29)是 T 型地雷系列的第一款,已然过时,但自 D 日以来,盟军还是在法国境内遇到了这款地雷。29 式 T 型地雷呈圆柱形,雷盖上有三个接口,可安装三枚 Z.D.Z. 29 压、拉两用点火具。据德方文件描述,这些点火具应当设置在重压档（标有 S 或 125 千克）。雷体上还有另外三个接口，两个位于侧面，一个在雷底，可供安装防排点火具。

(2) 诸元

　　直径：10 英寸

　　高度：2.7 英寸

　　重量：13.2 磅

　　装药重量：10 磅

　　装药类型：TNT

　　触发压力：100—275 磅

(3) 排除

　　搜索、解除防排装置，拧下三个点火具，地雷就失去作用了。

7.L. Pz 防坦克地雷（L. Pz. Antitank Mine）

(1) 概述

　　这是一款圆形地雷，顶部和底部平坦，封闭在两个碟形盖子里。雷盖中央有一块以卡扣固定的小盖板，下面有个保险螺栓，以顺时针将之拧紧就可以封闭雷管接口。起爆火帽上方有个小腔室，几个点火管从这里呈放射状通往五个特制的压发点火具，这些点火具的作用与 D.Z. 35 压发点火具类似。

(2) 诸元

　　地雷直径：1 英尺

　　高度：3 英寸

　　地雷重量：8 磅

　　装药重量：5 磅

　　装药类型：TNT

(3) 原理

　　雷盖受到压力，会触发一个或多个点火具工作，继而引爆地雷。

(4) 排除

　　搜索、解除一切防排装置，取下盖子，顺时针拧动保险螺栓，直到标有 SICHER 的线与外壳上的白色标记重叠。如果雷底的所有螺母都在，而且是拧紧的，那么地雷就没有危险。

8. 钵形地雷（Topf mine）

(1) 概述

这款地雷，雷体是塑料制成的空心柱形圆盘，装有高爆炸药。雷体顶部被塑造成圆形压力板，环绕着一道切槽。雷体中心的圆柱形凹槽容纳起爆具插头。地雷提手以两颗玻璃螺栓固定在雷底。起爆具插头组件由玻璃螺帽和圆柱形点火具座构成，使用的材料是沥青纸板。

(2) 原理

受到 330 磅压力，压力板沿切槽向下，压碎点火具受压头，继而引爆地雷。

(3) 排除

搜索、解除一切防排装置。确认地雷完好无损。小心拎起地雷，放在一旁，拧下起爆具插头。拆下点火具。拧下雷管护套。拆除雷管，重新装上点火具护套。

9. 43 式条形地雷（Riegel Antitank Mine）

(1) 概述

43 式条形地雷（德：R.Mi.43）由包裹的炸药块和外盒构成，外盒分为盒盖和盒体两部分。炸药块有五个标准的点火具接口，顶部一个，一侧有两个，另外两个分别位于两端。外盒上的孔洞分别与炸药块顶部和侧面的接口相对应，这样就可以从外部安装点火具和防排装置。

Z.Z.42 点火具被插入两端的接口，保险销抵在盒体两端的肩部，以回转夹覆盖。盒体内的炸药块以两根剪切保险丝支撑（在运输期间会插入两根保险杆，以分散剪切保险丝承受的炸药块重量）。保险杆被拔掉后，弹簧承载的挡板会封闭孔洞（用铅笔或大号钉子插入盒体底部的孔，可以打开这些挡板）。

盒盖装在炸药块上，剪切保险丝末端向上穿过盒盖，以吊臂连接、固定。

(2) 诸元

长度：31.5 英寸

宽度：3.75 英寸

高度：3.5 英寸

地雷重量：20.5 磅

装药重量：8.8 磅

装药类型：阿马托 50/50

(3) 原理

地雷盒盖受到压力之后，就会切断保险丝，推开 Z.Z.42 点火具的保险销，从而引爆地雷。

(4) 排除

搜索、拆除一切防排装置。翻转地雷，用铅笔或大号钉子插入盒体底部的孔，抬起遮挡保险杆插孔的挡板，插入保险杆，剪断保险丝，取下盒盖。打开回转夹，确定 Z.Z.42 点火具保险销位于肩部而不是下方，这时就可以取出炸药块，拧掉 Z.Z.42 点火具。

注意：炸药块上的 Z.Z.42 点火具，其保险销有可能被反向安装在肩部下方。这种情况下，应当抬起 Z.Z.42 点火具通常使用的一端，让炸药块滑出。

10. 法制轻型反坦克地雷（French Light Antitank Mine）

(1) 概述

这款地雷有一个矩形钢制雷体，内装 5.75 磅高爆炸药。地雷顶部有两个点火具接口，两端各一个。雷体覆盖着滑套式矩形外罩，外罩顶部呈瓦楞状，两端各有一个可插入保险杆的方孔。

(2) 原理

受到 300—500 磅压力，顶盖就会朝点火具下降，继而引爆地雷。

(3) 诸元

长度：9.5 英寸

宽度：5.5 英寸

高度：4.5 英寸

重量：14.5 磅

(4) 排除

搜索、解除一切防排装置。提起盒盖，去除两个点火具。重新装上盒盖。

11. 42 式木盒地雷（Wooden-Box Mine 42）

(1) 概述

42 式木盒地雷（德：Holzmine）的雷体是个矩形木箱，内装 11.5 磅高爆炸药。压力块从雷盖突出，在地雷内部靠着一个剪切凸缘，木销钉把剪切凸缘固定在雷体侧面。42 式木盒地雷一般会被涂成灰色或不上漆，压力板表面和一侧会被涂成红色。

(2) 原理

压力块受到 200 磅或更大压力, 就会切断剪切凸缘的固定销钉, 迫使剪切凸缘向下推开 Z.Z.42 点火具的保险销, 引爆地雷。

(3) 诸元

长度: 13 英寸

宽度: 12 英寸

高度: 4.5 英寸

重量: 18 磅

(4) 排除

搜索、解除一切防排装置, 拆下盖子, 注意不要给压力块施加丝毫压力。抬起压力块, 离开剪切凸缘。把压力块靠在支撑块上使地雷处于非待发状态, 重新放好盖子。

德国人使用的防坦克地雷							
型号	长度（英寸）	宽度（英寸）	高度（英寸）	重量（磅）	点火具	触发压力（磅）	备注
35 式 T 型地雷	12.5（直径）		3.2	20	T.Mi.Z. 35 或 T.Mi.Z. 42	175—400	有防排装置
钢制 35 式 T 型地雷	12.5（直径）		3.5	20	T.Mi.Z. 35 或 T.Mi.Z. 42	175—400	有防排装置
42 式 T 型地雷	12.5（直径）		4	20	T.Mi.Z. 42	250—400	有防排装置
43 式 T 型地雷（蘑菇）	12.5（直径）		4	20	T.Mi.Z. 42	440—600	有防排装置
29 式 T 型地雷	10（直径）		2.7	13.2	Z.D.Z. 29	100—275	有 3 个点火具
L. PZ 防坦克地雷	10.25（直径）		2.25	9	5 个特制压发点火具		伞兵地雷
钵形地雷	12.5（直径）		5.5	21.775	化学非金属式	330	不含任何金属的地雷
43 式条形地雷（R.Mi.43）	32.75	4	3.5	20.5	ZZ.42	400	3 个外置点火具用于防排
42 式木盒地雷（Holzmine 42）	12	12		18	ZZ.42	200	

VBI 式木盒地雷（Holzmine V.B.I）	12	12	4	20	ZZ.42	200	
重型木制防坦克地雷	17	15.75	10.5	37	DZ.35	200	有防排装置
A 型防坦克地雷	20.75	13	5	16（大约）	ZZ.42		就地制造的临时地雷
B 型防坦克地雷	20.75	13	5	16（大约）	布克点火具		
简易铝制地雷	12.5（直径）		4.75	约为14—16.5	DZ.35 或 T.Mi.Z. 42	130—390	
匈牙利制防坦克 / 防步兵地雷	10（直径）		3	8		60	
法制轻型防坦克地雷	9.5	5.5	4.5	14.5	Rod 35 Rod 36	420—500	
荷兰制 T40 防坦克地雷	11（直径）		3.5	13.2	压力球释放式	100	椭圆形截面
挪威制 N 式防坦克地雷	15.75	5.5	5	10	压力式	?	
比利时制 HA 式重型防坦克地雷	9	8.75	8.5	33	剪切销和击针	400	

43 式 T 型地雷

42 式 T 型地雷

35 式 T 型地雷

29 式 T 型地雷

法制轻型反坦克地雷

L. Pz 防坦克地雷

43 式条形地雷

七、点火具

1. 拉发点火具

(1) 42 式胶木点火具 (Z.Z.42)

42 式胶木点火具的保险销、击针、驱动弹簧是钢制品，点火具体和套管是塑料模件，火帽座是铜制品。弹簧下端与击针顶部间有充当导向密封套的金属垫圈和毡垫圈。

点火具全长为 2.31 英寸，直径为 0.5 英寸。

(2) 35 式点火具 (Z.Z.35)

① 概述：这款点火具和绊线被一同用于操作 S 型地雷、简易地雷、诡雷。重型防坦克地雷也使用这款点火具作为诡计装置，防止排雷人员揭开雷盖。T 型地雷用

它作为辅助点火具，漂雷以它作为主点火具。铜制点火具体包含滑筒、压缩弹簧、击针、击针弹簧。非待发状态下，保险销底部的螺母和弹簧夹防止保险销脱落。螺母前移进入待发状态时，弹簧夹继续固定保险销，直到绊线拉开保险销。

② 原理：进入待发状态后，击针由两个小销子固定，两个销子伸入击针顶部后面的凹槽。滑筒拉起 0.19 英寸左右时，销子松开并向外移动，从而释放击针。点火具起火需要的拉力是 9—13 磅。

③ 排除：用一根小钉子穿过击针上的孔，确保点火具处于安全状态，然后剪断绊线。在点火具已装入地雷或炸药块的情况下，以钉子保持保险状态，拧下点火具，再取出雷管。

(3) 35 式拉发—张力释放点火具 (Zu. Z.Z.35)

① 概述：这款点火具主要用于张力线易于隐藏的地方，拉动或剪断张力线都会击发点火具。两种情况下，点火具的设置都是把张力线穿过滑筒头部的孔牢牢固定。

点火具体由滑筒、击针弹簧、击针构成。击针以两个销子固定。滑筒在点火具体末端安装的套筒内滑动。这个套筒有两个供保险销穿过的狭孔。设置炸药时，两个狭孔用于调整点火具。点火具处于待发状态，张力线连接滑筒，以足够的张力把保险销固定在狭孔中心附近。这样一来，待地雷或炸药布设完毕，就能轻松抽离保险销，需要注意的是，拔掉保险销前要先要拧下末端的螺母。

② 原理：拉动或剪断张力线，经正确设置的点火具就会击发。

③ 排除：如果保险销已取出，张力线完好的话，应当用小钉子穿过保险销孔，确定张力线另一端没有点火具后，可以剪断张力线。

2. 压发点火具

(1) 35 式 A 型压发点火具 (DZ.35 Type A)

① 概述：这是一款机械式压发点火具，用于临时性地雷和诡雷，也可以充当重型防坦克地雷的主点火具。点火具体为铝制，柱塞有一个 1.25 英寸的压力感受器，以及一根强有力的、让柱塞远离火帽的弹簧。柱塞里有容纳击针和弹簧的凹槽。两个钢珠部分置于柱塞的两个孔里，让击针处于待发状态。保险状态下，保险销可防止柱塞发生移动。

② 原理：拔掉保险销后，点火具靠头部的压力点火，压力压下柱塞，直到钢珠进入导轨内，击针随后释放并点燃火帽。通常情况下，130—160 磅的压力（大约下

降 0.3 英寸）足以触发点火具。

③ 排除：用钉子塞入保险销孔，固定钉子以防脱落，从炸药里拧出点火具，取出雷管。

(2) 35 式 B 型压发点火具（DZ.35 Type B）

① 概述：这款点火具的机能与 A 型完全相同，但结构方面的一些小细节不太一样。点火具体以未上漆的黄铜制成，压力感受器直径为 1 英寸。两个小小的开口销替代了定位钢珠，位于击针顶部下方。火帽被装在底插上。

② 原理：拔掉保险销后，压力感受器受到压力后触发点火具。柱塞压下约 0.3 英寸，两个小开口销就会从导轨进入下方空间。击针随后被释放并点燃火帽。某些情况下，触发点火具只需要 50 磅压力。

③ 排除：与排除 A 型点火具的方式相同。

(3) 35 式 S 型地雷点火具（S.Mi.Z.35）

① 概述：S 型地雷在使用压控装药时会用到这款点火具。铝制点火具内含压力弹簧、柱塞、击针、击针弹簧。点火具体中心部分作为柱塞的隔离、引导件。三个长 1.25 英寸的钢制触角被拧入柱塞顶部。空心柱塞装有击针，两个钢珠抵住击针弹簧，以此固定击针。钢珠部分嵌入柱塞的圆孔，部分位于击针上的凹槽。弹簧和滚花螺母把保险销固定在孔里。

② 原理：触角受到压力，导致柱塞下降。在柱塞下移 0.2 英寸后，钢珠脱离，释放击针。触发压力为 15 磅左右。

③ 排除：用钉子插入保险销孔。处理这款点火具时必须谨慎，因为轻微的稳定压力就有可能触发点火具。

(4) 42 式 T 型地雷点火具（T.Mi.Z.42）

这款点火具有一根简单的钢制击针，以分散保险销抵住钢制弹簧的压力。击针置于钢壳内，火帽位于钢壳底部。击针顶部需要的压力为 400 磅左右。

(5) 43 式 T 型地雷点火具（T.Mi.Z.43）

① 概述：这款点火具用于 35 式、35（钢制）式、42 式、43 式 T 型地雷，其主要特点是，一旦装入地雷处于待发状态就无法取出，否则肯定会引爆地雷。T.Mi.Z.43 的顶部比 T.Mi.Z.42 高出 0.25 英寸左右。上保险销位于点火具体上方 0.25 英寸处，点火具体侧面可以看见几根触发保险销的尾端——位于点火具体

顶部下方 0.25 英寸或 0.875 英寸处。火帽定位器被压入点火具。点火具体里还有一个压筒，突出在外壳上方。压筒上部装有强力保险销，下部以一根脆弱的铜制保险销连接点火具。压筒内有一个简单的击针导轨，里面装有击针，以两个固定钢珠定位。

② 操作：以正常方式插入点火具，将其拧在地雷顶部并压下压筒并切断弱保险销，此时点火具的防排装置就处于待发状态。点火具可通过两种方式击发：压力板遭粉碎或压下，压筒向下运动，剪断强力保险销；定位钢珠进入压筒肩部上方的凹槽，释放弹簧承载的击针，继而点燃火帽。企图拆卸压力板或雷盖，都会导致地雷爆炸。在弹簧的压力下，压筒跟随压力板或雷盖的一切上移动作，在向上移动 0.125 英寸时，钢珠会脱离压筒下部，再次释放击针。

③ 排除：由于无法确定 T 型地雷是否安装了这款点火具，因而不能贸然拆卸这些地雷的压力板或螺帽，必须先将其拎起后加以摧毁。如果需要确定点火具的型号，应当以绳索或胶带逆时针缠绕压力板或螺帽四圈，然后从安全距离拉动，拧下压力板或螺帽。

(6) 35 式 T 型地雷点火具（T.Mi.Z.35）

① 概述：这种压发点火具只能在 T 型地雷上找到。

铜制点火具体内含浮动式击针组件，击针头部呈阶梯状，以配合套筒上的凸起。这是一个辅助保险装置，以便在点火具待发前，让击针的重量离开剪切保险销。点火具顶部有一个写有"Sicher"（保险）的白色标记，还有个写着"Scharf"（待发）的红色标记。螺丝头转动，红点会从保险转到待发位置，套筒上的凸起就会离开击针头部。

② 原理：地雷内部，导轨下表面压缩着固定在调整箍上方的卡环。雷盖受到压力就会使点火具体下移并抵住卡箍上的橡胶，从而给击针顶施加压力，继而切断保险销。借助弹簧的压力，击针向下移动。

③ 排除：如果地雷已承受过冲击，就轻轻拧下点火具，让点火具远离地雷，让火帽指向别处。把螺丝头上的红点从待发转到保险位置，再把连接线缆的爪夹或类似的临时装置装入保险螺栓的开槽端，按下保险螺栓，然后装回点火具，用手拧紧。如果地雷状况完好，就用硬币等钝物把红点从待发转到保险位置，再把连接线缆的爪夹固定在保险螺栓开槽端，按下保险螺栓。

3. 其他点火具

(1) E.Z.44 式压力释放装置 (Entlastungzünder 44)

① 概述：这款装置主要用于诡雷式 T 型地雷，移除地雷的一切企图，都会导致柱塞上升，引爆 8 盎司的太安（TNT-PETN）装药。10 磅重量足以让这款装置进入待发状态，因此内置发条提供延期以免地雷过早爆炸，危及布雷人员。这款装置有一个钢制外壳，底部折边。半边容器装有操作机构，剩余空间装填炸药。操作机构包括压力释放组件（含柱塞、柱塞弹簧、击针固定臂）、发条机构、点火组件（含击针、击针弹簧、火帽、雷管固定架、雷管）。

② 操作：发条机构上链，把至少 10 磅重的物体置于柱塞上，待保险杆释放。发条机构会运作 1.5 分钟（有剧烈的嗡嗡声）后，拔掉内部保险销，使装置处于待发状态。

③ 排除：一旦这款装置进入待发状态，就无法排除。

(2) Ki.Z.43 式倾斜点火具 (Kippzünder 43)

① 概述：倾斜点火具的设计目的是，只要倾斜杆朝任何方向偏移就会引爆。倾斜杆位于点火具顶部，包括滑动压力块、压力弹簧、空心击针、击针弹簧、两个定位钢珠。雷管组件包括火帽和雷管。推动倾斜杆上的套筒，可连接 24.75 英寸长的延长杆。

② 操作：拔掉保险销，使点火具处于待发状态。倾斜杆朝任何方向偏移时，点火具体内的倾斜杆底座也发生偏移并压下压力片，继而释放击针。倾斜杆末端承受 15—23 磅侧向压力，足以击发点火具。使用延长杆的话，击发点火具需要的压力下降到 1.5 磅。

(3) 44 式 S 型地雷点火具 (S.Mi.44)

① 概述：这款点火具是压拉两用型，配有标准的德制点火具螺纹，除了 S 型地雷，也可以用于其他地雷和炸药块。点火具钢壳内装有弹簧承载的击针，位于火帽和雷管座上方。击针从点火具顶部伸出，保险销把两个扁平的带翼致动件固定在顶部。这些致动件上的孔用于连接绊线。

② 操作：拔掉保险销，使点火具处于待发状态。当致动件翼部承受 21 磅压力，或绊线受到 14 磅外拉力，带翼致动件就会被打开并释放击针，点燃火帽。

③ 排除：排除这款点火具时务必谨慎小心。因待发状态的点火具被彻底覆盖，

只有翼部暴露在外，因此需要小心地找到翼部并清除周围的泥土，把保险销或钉子插入保险销孔，再拧下点火具，拎起地雷再取出雷管。如果插入保险销或钉子遇到麻烦，应当就地摧毁这枚危险的地雷。

(4) 发条式长延期点火具 (J-Feder 504)

这款点火具带有发条机构，操作人员可以按照需要将其设置为从 10 分钟到 21 天不等的延期起火，一般用于特殊爆破任务。

(5) 粉碎式"布克"化学点火具

① 概述：这是一款粉碎致动式化学点火具，主件是一个薄薄的金属筒，内有圆周形凹槽——在受到垂直压力时，可减少阻力。金属筒里有一个装有酸液的半满玻璃安瓿，周围是白色的粉末状闪光剂。点火具重 1 盎司。

② 原理：点火具顶部受到适当的压力，会碾碎金属筒和筒里的玻璃安瓿。酸液与白色粉末混合后会产生闪光并引爆雷管和地雷。

八、架桥器材

1. 综述

(1) 发展

自战争爆发以来，除了装甲师引入 60 吨舟桥纵列以外，德国军队的架桥器材几乎就没有什么重大变化。他们的制式器材不多，重点置于渡河最初阶段搭设临时性桥梁。

(2) 架桥作业

德军强渡的初期阶段使用突击舟，还以三种规格的充气舟提供补充。一旦建立登陆场，充气舟就会发挥重要作用，不是摆渡人员和物资，就是用于构建渡筏和轻型桥梁。这些轻型桥梁的上部结构，以工兵携带的标准木构件组成。此外他们还会携带现成的木桥用于跨越干沟，有些工兵部队还会携带轻型箱形梁和被称为"D架桥装置"的浮箱器材。渡河第三阶段，正常通行需要的桥梁约为 24 吨，这种情况下，就需要使用师属架桥纵列配备的桥梁。

这些桥梁主要被分为两种：被称为"B架桥装置"的浮箱栈桥和被称为"K架桥装置"的以浮箱和栈桥支撑的箱形梁桥。此外还有一种是 J 架桥装置，替代了装甲师配备的 K 装置，可供更重的坦克通行。

(3) 重型桥梁

较重的半永久性桥梁包括 L.Z 桥，一款从辊道下水的分节式下承梁桥；赫伯特桥，梁式上部结构以大型分节式浮箱支撑；S 架桥装置用于宽阔河流上的繁忙交通，以双向车道构成，分节式浮箱上的上部结构与赫伯特桥类似。铁路桥以罗特—瓦格纳、克房伯、翁加夫桥为代表。

2. 用于筏运和架桥的小舟

(1) 小型充气舟

长度：9 英尺 10 英寸

宽度：3 英尺 9 英寸

重量：116 磅

载重量：3 名武装士兵或 660 磅物资

(2) 充气舟突击桥

这种桥梁可以在 2.25 节流速的河里建成任意长度，供单列步兵通行。

上部结构重量：每英尺 12.8 磅

桥梁全重：每英尺 23.7 磅

(3) 中型充气舟

① 概述：这些充气舟可用作标准的 2.25 吨、4.5 吨、9 吨渡筏。2.25 吨渡筏以 2 艘充气舟组成；4.5 吨渡筏使用 4 艘充气舟，两两前后连接；9 吨渡筏使用 6 艘充气舟，分成三对，每对两两前后连接。

② 技术参数：

长度：18 英尺

宽度：6 英尺 1 英寸

重量：330 磅

乘员：7 人

载重量（不包括乘员）：1.35 吨

(4) 汽艇

① 概述：架桥作业中，汽艇主要用作推、拉筏和桥节，也用于河流侦察、拖曳驳船。陆地运输汽艇使用专门的两轮挂车，挂车配备专用装置，因而汽艇可以从挂车直接下水，也可以直接回收。汽艇是以钢板和铜镍铆钉构成的宽横梁船只。

② 技术参数：

长度：23 英尺

宽度：6 英尺 7 英寸

艇中部深度：4 英尺

满载吃水：2 英尺（大约）

汽艇空载重量：2 吨（大约）

不拖曳其他船只时的载重量：6 人（包括艇员）或平均分布在地板上的 1.7 吨

航速（拖力 1.4 吨）：5.5 节

航速（拖力 1900 磅）：7 节

油箱容量：33 加仑

满油箱的最大续航时间：6 小时（估计）

③ 发动机：汽艇使用迈巴赫 S5 六缸水冷汽油发动机驱动。

最大马力：1400 转时 80 匹

发动机排量：7 升

静水中的最高允许转速：每分钟 1400 转

④ 挂车：两轮挂车包括底盘、可伸展的倾卸滑道、行走支船架、绞盘、起重索。

技术参数如下：

空载重量：2.25 吨

全长：24 英尺 9 英寸

全长（含汽艇）：28 英尺 6 英寸

伸展后的长度：32 英尺 4 英寸

宽度：6 英尺 7 英寸

起重索长度：49 英尺 3 英寸

操作人员：6 人

(5) 突击舟

① 概述：使用突击舟时，运送和下水需要 8 个人，运送、安装发动机还要 4 个人。发动机被安装在舟尾的支架上，舵手站在舟尾握住发动机前方的两个握把，转动发动机就可以操纵突击舟。

② 技术参数

长度：19 英尺 9 英寸

宽度：5 英尺 2 英寸

舟中部深度：2 英尺 1 英寸

重量：475 磅

材料：木制

乘员：2 人

载重量：除了乘员，还可以载运 7 人

装载情况下的最大航速：15—16 节

运输：专用挂车可运送 3 艘带有发动机的突击舟

③ 发动机：这是一款"机械桨"推进装置，长轴穿过用螺栓固定在发动机上的外壳，长轴尾端的螺旋桨，在突击舟后方几英尺处旋转。

长度：13 英尺 6 英寸

宽度：2 英尺 9 英寸

高度：2 英尺

重量（不含机油和燃料）：375 磅

重量（含机油和燃料）：412 磅

制动马力：30 匹

气缸：四缸水平对置式

满油箱的最大续航时间：1.5 小时

螺旋桨：3 个叶片，直径 10.75 英寸

(6) 大型充气舟

这是三种标准充气舟里最大的一款，通常单独使用。

长度：26 英尺

宽度：9 英尺 9 英寸

重量：637 磅

最大浮力：13.5 吨

3. 浮桥和栈桥

(1) 训练用浮桥

① 概述：据了解，这款浮桥似乎只被用于训练。轻型浮桥和栈桥有两种型号：

一种是承载力 4 吨的半浮箱式，另一种是承载力 5.5 吨的双浮箱码头。这种桥梁使用的桥板，也用于充气舟的架桥和筏运。

② 技术参数：

半浮箱：

长度：12 英尺

宽度：5 英尺

深度：2 英尺 6 英尺

上部结构：

带桥板的木材：20 英尺 ×2 英尺

桥面宽度：8 英尺

桥节长度：20 英尺

(2) 捷克造浮箱和栈桥

这款器材以钢制半浮箱和中段构成，有两种型号。

① 桥面建立在由一个半浮箱和一个中段构成的码头上时，承载力为 8.2 吨，其技术参数如下：

码头长度：

半浮箱：16 英尺

中段：8 英尺

宽度：4 英尺 6 英寸

桥面宽度：8 英尺

桥节长度：21 英尺

②桥面建立在由两个半浮箱和一个中段构成的码头上时，承载力为 16.5 吨，其技术参数如下：

桥面宽度：8 英尺

桥节长度：21 英尺

完整的码头：

宽度：4 英尺 6 英寸

长度：40 英尺

(3) 轻型浮箱和支架器材 (Brückengerät C)

这款器材可搭建三种桥梁，参见下表：

详情	第一种	第二种	第三种
桥梁类型	半浮箱徒步桥	两墩筏桥梁	三墩筏桥梁
承载力	单列纵队	4.5 吨	5.9 吨
浮体构件	不可倒置式铝制浮箱木材	两个半浮箱夹在一起构成码头	
构件长度	12 英尺 9 英寸（大约）	25 英尺 6 英寸（大约）	
构件宽度	4 英尺 6 英寸（大约）		
上部结构	单桥面道	四桥面道	
桥面宽度	2 英尺 1.5 英寸	8 英尺 6 英寸	
桥节长度	22 英尺 11.5 英寸		

(4) 中型浮箱和支架器材 (Brückengerät T)

详情参见下表：

详情	第一种	第二种	第三种
如何使用	桥梁以桥面支架从浮箱中心跨到下一个浮箱中心	跨度与第一种相同，但跨度中间还有个浮箱	三墩筏式
承载力	4.5 吨	11 吨	10 吨
浮体构件	可倒置式浮舟，有明显的船首和船尾		
长度	29 英尺 6 英寸		
宽度	5 英尺 11 英寸		
上部结构	木桥板架在 6 个木制桥面支架上	木桥板架在 9 个木制桥面支架上	
桥面宽度	8 英尺 6 英寸		
桥节长度	22 英尺 1.5 英寸		

(5) 重型浮箱和支架器材 (Brückengerät B)

这是德国陆军标准的作战装备，详情参见下表：

详情	第一种	第二种	第三种	第四种
桥梁类型	桥面从浮箱中心跨到下一个浮箱中心，整浮箱式码头		两个墩筏架在半浮箱上	两个墩筏架在整浮箱上
承载力	4.5 吨	10 吨		20 吨
浮体构件	不可倒置的钢制或合金浮舟，有上翘的船首			
长度	49 英尺 11 英寸		24 英尺 11.5 英寸	49 英尺 11 英寸
宽度	5 英尺 9 英寸			

上部结构	钢制单节桥面支架，带有单块木桥板	12个桥面支架，带有两块桥板和两个墩筏连接器	
桥面宽度	8英尺6英寸		
桥节长度	20英尺9英寸		
师属舟桥纵列能力	400—430英尺	250英尺	170英尺

(6) 固定支架上的轻型木桥

① 折叠式单跨徒步桥。这款器材以两个铰接在一起的组件构成，每个组件都以3英寸圆木桥面支架支撑三根桥铺板搁条，桥铺板搁条上固定两块木板（118英寸×10英寸×3.5英寸）。桥梁以距离中心不远处的木撑和系带系统扎紧，全长19英尺8英寸。

② 轻型履带桥。这是一款轻型履带式木桥，以两种额定载荷（6吨和9.5吨）建造。这种木桥一般以简单的框架式支架支撑，如果需要浮动支撑，就可以使用大型充气舟。下表给出了不同跨度和载荷下，桥面支架的横截面数据：

桥梁	跨度		
	13英尺	16英尺6英寸	20英尺
6吨	7英寸×7英寸	8英寸×7英寸	9英寸×8英寸
9.5吨	8英寸×8英寸	9.5英寸×8英寸	10.5英寸×9.5英寸

(7) 重型履带桥

① 概述：这种桥梁是轻型履带桥的变款，能承载27吨，以两个桥节构成，跨度29英尺6英寸。中部支撑使用一个弯曲的框架式支架。

② 各组件

桥支座：

长度：13英尺

宽度：11英寸

深度：8英寸

坡道：

长度：5英尺

宽度：4英尺9英寸

桥面支架：

长度：14 英尺 9 英寸

宽度：7 英寸

深度：9.5 英寸

履带部分：

长度：4 英尺 11 英寸

总宽度：4 英尺 9 英寸

有效宽度：4 英尺 3 英寸

支架——人字门槛和地基：

长度：13 英尺

宽度：7 英寸

深度：8.5 英寸

4. 固定桥

(1) 小型箱形梁

这款小型箱形梁（Brückengerät K）能把重型车辆和轻型坦克送过距离较短的沟壑，实际上就是冲击桥，只使用箱形梁就能跨越 31 英尺 6 英寸、47 英尺 3 英寸或 63 英尺的沟壑。

这种桥梁以三梁搭建，可承载 27 吨。附带的浮箱和支架可用于跨越干、湿沟的各种桥梁。

(2) 轻型拆装桥

这是一款下承桥（Leichte Z Brücke），铺有 12 英尺宽的木桥面，挂在 8 英尺 2 英寸长、7 英尺 10 英寸高支撑钢板的两根主梁间。普通桥梁不能跨越宽度超过 147 英尺 6 英寸的沟壑，在这种条件下，坦克的重量被限制在 33 吨以下。可如果使用专门的下悬式支撑，跨度可增加到 172 英尺，承载力不受影响。

(3) 赫伯特桥

这款桥梁有时候被称为"意大利麦卡诺桥"，是下承梁式，桥面宽度为 10 英尺。每根主梁都以金字塔形钢格构成，以角钢和槽钢支柱制成。桥板是 6 英寸的木板。这款桥梁也可以和支架或浮箱配合使用。

5. 重型架桥器材

这里指的是 J42 架桥器材和 J43 架桥器材（Brückengerät J42/43）。

小型箱形梁

赫伯特桥

J42 以钢制箱梁桥节构成，可以用螺栓把每节连接起来，最多连接四节，从而形成 64 英尺的最大跨度，每个桥节有 16 英尺 6 英寸长。这些主支架上铺有厚实的桥板，以两个类似的箱梁固定。主梁借助滚筒下水，支架和四节浮箱用于支撑。单线桥的宽度据信是 13 英尺 9 英寸，但也可以采用双线宽度搭设。J43 则是 J42 桥的加强型。

九、机械设备

1. 6 吨移动吊机

这款移动吊机被安装在 18 吨半履带车辆的底盘上（Sd. Kfz.9），其伸缩式吊臂则被安装在滚珠轴承底座上。这款底座不仅可以横向转动 180 度，还可以根据地面坡度，朝任意方向调整 12 度。根据不同的起重能力（6 吨和 4 吨），吊臂有大小两种操作半径。

2. 钢丝剪

(1) 大型钢丝剪

这些大型钢丝剪长 2 英尺左右，重 5 磅，特种钢制成的两个钳口在两个连杆上转动，操作人员以钢管制成的一对手柄操作。两个手柄被铰接在一起，覆盖着绝缘材料，以端帽和扣环固定，一根短销子起到锁止作用。

(2) 小型钢丝剪

小型钢丝剪长 1 英尺 4 英寸，重 2.75 磅。不同公司生产的产品，在结构上略有区别。总体设计与大型钢丝剪相似，只是钳口的形状不同——被弯曲成便于固定钢丝的钩形。钢丝剪的把手同样覆盖着绝缘材料。

3. 爆破钻杆

这件器材的作用是在地面上迅速制造小直径的垂直孔，从而便于插入电线杆或类似的支撑物。整套器材包括钻杆、手柄（两个）、金属杆、推进剂、保险引信和点火具。

4. 便携式电锯

(1) 轻型电锯

① 概述：电锯的主要部件是汽油发动机及其传动装置、离合器、锯片、锯链。锯片可以旋转 90 度，可水平或垂直切割，以控制杆固定就位。

② 诸元

重量（含燃料）：111 磅

锯片有效长度：3 英尺 3 英寸

每分钟转速：2600 转

锯链速度：每秒 21 英尺

油耗：每小时 1.75—2.5 品脱

(2) 重型电锯

① 概述：重型电锯与轻型电锯结构相似，但因重量太重无法徒手操作，故配有三个可调支柱和一个大型转向架，用于推动电锯就位。锯片可以围绕锯链传动轮的轴线旋转，也可以垂直或水平转动。

② 诸元：

重量（含燃料）：172 磅

锯片有效长度：3 英尺 3 英寸

每分钟转速：2300 转

锯链速度：每秒 23 英尺

油耗：每小时 2.5—3 品脱

5. 发电机和电动工具

(1) 战地发电机组

① 概述：这款战地发电机组供德国陆军工兵在移动车间使用电动工具，也可以为蓄电池充电。

② 诸元：

名称：Maschinensatz 220/380

重量：507 磅

发动机：两冲两缸

发电机类型：交流电

功率：6 千瓦

电压：220/330 伏

(2) 双速电钻

这件工具用于搭建临时性桥梁时的钻孔作业。电钻通常使用自带的可拆卸支架

（钻木头时也可直接手持操作）。电钻配备一台 50 赫兹的交流电动机，功耗 800 瓦，还配有摩斯锥套和双速变速器，可提供每分钟 200 或 400 转的转速。

6. 打桩机

(1) 39 式战地打桩架

① 概述：这件器材有一根导杆，导杆顶部设有双滑轮组件，底部以两个背撑支撑。用于陆地打桩时，需将打桩架安装在四个轮子上。如果从筏上打桩，就以横梁替代几个轮子。两个手动绞盘用于升高或降低打桩机。这款打桩架可以应用于不同的打桩机。

② 诸元

三件套手动锤式打桩机：440 尺磅

气动打桩机：360 尺磅

气动打桩机：1440 尺磅

柴油打桩机：992 尺磅

柴油打桩机：1323 尺磅

(2) 气动打桩机（360 尺磅）

① 概述：这款打桩机的主要部件是由活塞、活塞杆、活塞座构成的静止部件；由滑块、气缸、旋入式气缸盖组成的运动部件（锤头）；由弹簧承载的夹持机构，以及与 39 式打桩架一同使用的导轨。这款打桩机是快速冲击式，借助运动部件的加速度获得高速率，提供加速度的不仅仅是其自身的重量，还有压缩空气在气缸内径底部的内置法兰上向下运动。

② 诸元：

锤头重量：121 磅

气缸座：2.5 英寸

冲击行程：1 英尺 5.375 英寸

每次冲击的力量：360 尺磅

冲击速度：每分钟 105 次

(3) 气动打桩机（1440 尺磅）

① 概述：这款打桩机与较轻的那款相似，但锤头更重，冲击行程也更长。这种气动打桩机是自由下落式，靠压缩空气升起锤头，然后朝锤座自由下落，完成稍稍

超过1码的冲击行程后，把动能施加给桩子。

② 诸元：

锤头重量：448磅

气缸座：3.56英寸

冲击行程：3英尺3.5英寸

每次冲击的力量：1440尺磅

冲击速度：每分钟54次

(4) 柴油打桩机（992尺磅）

① 概述：这款打桩机的主要部件是带铁砧的柱塞、锤头、导杆、桩帽、油箱。柴油打桩机使用两冲程原理：每个击打冲程发生燃爆；落下的柱塞头部与锤头间的空气受到压缩，从而达到燃爆需要的点火温度。

② 诸元：

锤头重量：980磅

全重：2100磅

冲击行程：4英尺7英寸

冲击速度：每分钟56次

(5) 重型柴油打桩机

① 诸元：

锤头重量：1100磅

气缸座：8.25英寸

冲击行程：7英尺2.625英寸

每次冲击的力量：8255尺磅

冲击速度：每分钟50次

第六节 化学战器材

一、综述

德国军事机构已经为化学战做好了充分的准备。德国的化工工业非常发达，生产、储备了大量用于毒气战的资源，其人员储备也很充裕。无论处于进攻还是防御状态，德国陆军都可以随时发动化学战。自战争爆发以来，德国化工厂的研制和生产出现了不寻常的活动，相关报告称，他们不时把毒气从一个地区转移到另一个地区。据信，他们的军用仓库贮存了大量的各种口径的毒气弹。各座城市都修建了防毒气掩体，给民众分发了防毒面具，还定期检查、更换防毒面具的滤毒罐。

二、防御器材

1. 防毒面具

(1) 概述

德国的防毒面具大多是"猪嘴"式，滤毒罐直接连接着面罩。GM30 和 GM38 式防毒面具是通用型，除了标准款防毒面具，还有几个特殊的型号。总的来说，针对常见的毒气，德制防毒面具能够提供较好的防护，也能够有效防护诸如砷化三氢、氢氰酸、氯化氰这类毒气。德国人还另有三款防毒面具用于军马，一款防毒面具用于军犬。

(2) GM30 式防毒面具

这款防毒面具的面罩采用四层原野灰织物，配有绒面革扎带、皮革下颚支撑件、塑料目镜。头带有七个连接点。防毒面具还有一条棉织带，可以把面罩挂在颈间以随时戴上。有些 GM30 的面罩装有麦克风适配器。

这款防毒面具通常使用 FE41 和 FE42 式滤毒罐。FE41 滤毒罐呈圆筒形，被漆成绿色，高 2.5 英寸，直径 4.25 英寸，重 11.9 盎司。后来 FE42 取代了 FE41，成为德国最新式、最有效的滤毒罐。从外表看，FE42 与 FE41 相似，但尺寸更大，分量更重（高 3.5 英寸，直径 4.25 英寸，重 16.3 盎司）。

防毒面具的标准收纳物是个圆柱形波纹金属筒，配有铰接的盒盖和棉质背带，被漆成土褐色、原野灰或蓝灰色。伞兵会配备带有衬垫的帆布挎包用以收纳防毒面具，其顶部有按扣，侧面有拉链。

(3) GM38 式防毒面具

从 1938 年起，这款防毒面具就开始取代 GM30 了，它的设计与 GM30 相似，但其面罩为配有扎带的合成橡胶，其头带也更简单，只有五个连接点。这款防毒面具使用的滤毒罐和收纳物都与 GM30 相同。

GM30 式防毒面具

GM38 式防毒面具

（4）骑兵防毒面具

这款防毒面具采用常规结构，许多方面与 GM30 相似。它有一个 17 英寸长的软管组件，用于连接滤毒罐和面罩。棕灰色滤毒罐的横截面通常为椭圆形，尺寸为 8.5 英寸 ×4.875 英寸 ×21.06 英寸，重量为 27.7 盎司。面罩收纳物以帆布制成，分量较轻，上端长 20 英寸，宽 8 英寸，两侧逐渐缩窄到 3 英寸宽，可把 9 英寸的软管组件收纳其中。以深棕色鞍皮制成的滤毒罐收纳物被连接在面罩载体下端，与滤毒罐完美贴合。

（5）光学防毒面具

这款面具的面罩以皮革制成，配有圆形玻璃目镜，以螺旋式适配器固定。一根可调螺杆用于调整目镜的瞳距。面罩与肩扛式滤毒罐以软管连接。面罩左脸颊装有麦克风适配器。

这款防毒面具可以使用标准的滤毒罐和一氧化碳滤毒罐。其收纳物是一个长方形金属盒。

(6) 带吸氧器的防毒面具

这一款防毒面具的面罩是常见类型，其收纳物是一个金属背包。整套装置包括碱罐、氧气瓶、阀门、带有两根呼吸管（一进一出）的呼吸袋。这款带吸氧器的防毒面具，主要用于充满高浓度有毒气体（例如一氧化碳）的地窖、防空洞、炮塔、船底舱等环境。

(7) 塑料紧急呼吸装置

这是一款紧急呼吸装置，可以在没有面罩的情况下使用滤毒罐。它以透明或黄色塑料制成，与圆形组件相连，圆形组件上有一根呼吸管，还有一个用来托住下巴的 T 形杆。圆形组件的内螺纹用于安装标准的滤毒罐。鼻夹以绳索连接到圆形组件，另外，绳索还可以把整个装置挂在触手可及的地方。这种紧急呼吸装置显然是为了防范浓度突然加剧的毒气环境。这款装置的存在，部分解释了德军士兵携带备用滤毒罐的原因。

(8) 战斗工兵用防毒面具

这是一款皮制头盔式的防毒面具，配有皮革垂幕，垂幕上装有目镜。一般情况下，垂幕卷起，但可以迅速放下，遮住面部，并以系在头颈后的胶带固定。扁平的滤毒盒盖住口鼻，在浓度突然加剧的毒气环境中可提供有限但及时的防护。这款防毒面具还能防护面部，免遭燃烧或腐蚀性物质的伤害。

(9) 头部负伤者用防毒面具

这款防毒面具专为头部负伤者设计，以橡胶片制成，眼窗为椭圆形。防毒面具配有吸气、呼气活门，还有一个可供安装标准的滤毒罐的装置，其收纳物是一个金属盒。

(10) 一氧化碳防毒面具

德国人有好几种特殊的滤毒罐，能有效防护一氧化碳。这些滤毒罐以长长的软管连接普通面罩。与标准的滤毒罐相比，这些特殊的滤毒罐尺寸更大，分量也更重。高 11 英寸，直径 5 英寸，重 5.2 磅的 CO FB 38 滤毒罐就是一个例子。

(11) 马匹用防毒面具

① 38 式。这款防毒面具拥有黑色橡胶面罩，适合戴在马匹的鼻孔和上颌，加固的面罩底部有一个咬垫。面罩两侧各有一个滤毒罐，前部是呼气活门。在两侧的顶部附近，位于面罩后部，有两个用于连接头部箬带的重型金属扣。筒形滤毒罐被漆成绿色，高 2.1 英寸，直径 5 英寸。

② 41 式。这款防毒面具以两个空心锥体组成，尖顶附近有一个很大的空腔，每个锥体的底部装有呼气活门，还有一个带螺纹的侧开口，可以拧入扁平的滤毒罐。两个锥体可置于马匹的鼻孔上，以头上的箬带固定。

③ 41 式湿面具。这款面具是一个大的纸纤维袋，带有唇部护垫，以及用于上颌的咬垫。使用前，必须以特制的盐水浸渍面具。

(12) 41 式犬用防毒面具

这款防毒面具，其面罩以黑色的橡胶状化合物制成，有四种规格。面罩上有圆形目镜，鼻处有一个活门组件，两侧都装有滤毒罐。头部箬带以喉带、固定带、四条头带组成。活门组件以吸气旋钮和呼气活门构成。金属滤毒罐上涂有薄薄的绿漆，高 2 英寸，直径 3.25 英寸。收纳物是一个配有肩带的棕色帆布背包。

2. 防护服

(1) 概述

士兵使用不透水的轻型、重型防护服和几款防毒斗篷。另外，德国人还有马匹使用的裹腿和防护罩，以及军犬使用的裹腿和防毒服。

(2) 轻型防护服

这种防护服包括靴子、短裤、手套、护颈，都以涂有合成橡胶（异丙醇）的织物制成。普通防护服颜色不一，从灰绿色到深蓝灰色都有，浅棕色或卡其色防护服用于热带地区。靴子使用橡胶底，而手套的长度要么到肘部，要么到肩膀。有时候，短裤前部会有一块围兜。必要时，额外的短裤可用于防护身体上半部。防护服被收纳在同样材料的盒子里。

(3) 重型防护服

这款防护服包括带风帽的上衣、连体长裤、手套、靴子。制作上衣和连体长裤的织物，两面都涂有灰色橡胶。齐膝高的靴子以厚厚的黑色橡胶制成。手套使用的是黑色或灰色模压橡胶。

(4) 防护罩

这种长方形防护罩长 78 英寸，宽 48 英寸，以纸、异丙醇涂层织物或尼龙制成。

(5) 护目罩

护目罩是以四个独立部件缝合起来的，带有侧板。护目罩（两个琥珀色或绿色片和两个无色片）装在绿色的织物袋里。

(6) 马用防护罩

这种防护罩以不透水的异丙醇涂层织物制成，内侧黑色，外侧棕褐色。防护罩分成两片，一片用于右侧，另一片用于左侧，每片都呈长方形，长 62 英寸，宽 45 英寸。前端是一个两倍厚度的袖状突出部分，以贴合马腿。这种防护罩的用途是保护马匹的下腹。

(7) 马用裹腿

这种袖状裹腿，以灰色或绿色橡胶涂层的织物制成，有两种规格，适用于马匹的前腿和后腿。

(8) 马用护目镜

这种护目镜是皮革镶边的一对塑料目镜，以一条可调节的布带固定在一起，另一条布带连接每片目镜的外侧。两片目镜分别标有红线和蓝线，显然是用于区分左右目镜。

(9) 41 式犬用防护服

这种防护服带有风帽和外衣，还缝有橡胶脚套。外衣和风帽以薄薄的原野灰浸渍织物制成。外衣有三种规格，都可装在犬用防毒面具的面罩收纳物里。

(10) 41 式犬用裹腿

这种裹腿以橡胶制成，只有一个规格，由腿部和脚部分组成，配有扎带。

3. 净化

(1) 设备

① 移动式净化设备：这种设备用于净化衣物和装备，是用卡车安装上迅速产生蒸气的水管式锅炉，外加蒸气室和干燥室。

② 人员净化车：这款设备以六轮汽车搭载大型车厢，里面安装有洗浴设施，每小时可供给 150 人使用。整套设备全重 9 吨左右。

③ 衣物净化车：这款设备以六轮汽车搭载封闭式车厢，车厢内配有锅炉、风扇、

水箱。整套设备全重 9.7 吨左右。

④ 轻型净化车：这是一款 1 吨重的敞篷式半履带车，后部装有分料斗，可携带 1675 磅主净化剂，以及 16 个供徒手使用的净化罐（每个 22 磅）。

⑤ 水质净化过滤器：这部设备由两部分构成——过滤器本体和水箱，水箱里的水用于清洁过滤器。两个组件都以涂有搪瓷的铁皮制成。过滤器本体是一个高高的圆柱形水箱，里面装满了活性炭。

⑥ 净化犁：这是一款大型鱼钩形开沟犁，装在配有充气轮胎的两轮马车上。净化犁长 11 英尺 6 英寸，宽 6 英尺 1 英寸，能犁出 20 英寸宽的犁沟。

⑦ 净化泵：这是一个金属材质的手摇泵，长 24 英寸左右，另外还带有 9 英寸长的橡胶软管。

⑧ 净化罐：这种金属净化罐呈圆柱形，高 6.7 英寸，直径 3.3 英寸，还有一个高 14.6 英寸、宽 8.2 英寸的四边形金属或纸板容器。每个净化罐的顶部有一个多孔板筛，可以把罐里的药剂（通常是次氯酸钙）洒在受污染物表面。

(2) 净化剂

① 次氯酸钙：这种白色漂白粉品质较高，性能可靠，用于净化标准的糜烂性毒气，装在容量为 55 磅或 110 磅的钢桶里。

② 40 式净化剂：这种净化剂是呈白色或淡奶油色的细粉，装在容量为 132 磅的钢桶里。40 式净化剂专为对付氮芥子气设计，但同时也可以作为所有糜烂性毒气的强效净化剂。

③ N 式净化剂：这是一种粉末状或薄片状的固态净化剂，装在容量为 175 磅的木箱里，是 40 式净化剂的替代品，但生产难度大，成本高。

④ 武器净化剂：这是单独配发的小瓶液态净化剂，装在深棕色胶木容器里，用于净化轻武器和个人装备。

⑤ 武器净化剂套件：全套净化剂会被配发给连队。两瓶液体装在高 14 英寸、直径 4.7 英寸的纸板容器里。红色瓶盖的瓶子里装的是净化剂，黑色瓶盖的瓶子里装的物质，可消除净化剂造成的腐蚀。

⑥ 马用净化罐：这是一个四边形纸板箱，一端有一块多孔板筛，箱内装有 20 盎司的 40 式净化剂，可供一队马匹使用。如果箱内装的是 41 式净化剂，那就只有 10 盎司，可供一匹马使用。纸板箱被装在马用防毒面具的收纳物里。

⑦ 42 式犬用净化罐：这是一个四边形纸板箱，里面装有 10 盎司净化剂。

4. 防护剂

（1）次氯酸钙：每个塑料盒里都装有 10 片次氯酸钙，用于净化皮肤。塑料盒上不同颜色的胶条表明制造年份。每个士兵配发 4 盒，但有报告称，德国人正以 41 式防护软膏取代次氯酸钙。

（2）41 式防护软膏：这种软膏被装在瓶子里，橙色胶木容器里配有 6 支棉签，用于净化皮肤。

（3）碱性眼药膏：这是一种乳白色药膏，被装在金属箔管或白色罐子里，用于治疗受到糜烂性毒气感染的眼睛。

（4）吸入式安瓿和棉签：一个绿色金属盒里装有 5 支吸入式安瓿和 6 支棉签。其中安瓿里的溶液供人员暴露在有毒烟幕下时使用，而棉签则用于擦去液态糜烂性毒气。

5. 毒气检测器

(1) 检测粉

这种赭色或粉红色粉末，与某些液态形式的毒气发生接触的话，会改变颜色。据了解，德国人在粉红色检测粉过时后，以检测罐或检测泵播撒检测粉。

(2) 42 式一氧化碳试纸

整套器材包括两瓶测试液、400 张试纸、一个试纸支架。如果有一氧化碳存在，沾湿测试液的试纸就会变色。

(3) 砷化三氢试纸

整套器材被装在纸板盒里，包括 100 瓶试纸和 30 个试纸支架。每本小册子里有 10 片试纸，采用密封包装。空气中的砷化三氢会改变试纸的颜色。

(4) 42 式检测罐

这个金属圆罐的一端有个多孔板筛，罐内装有 4 磅检测粉。

(5) 毒气检测器

这套设备用于检测毒蒸气，被装在金属载具里，包括置于金属支架上的空气取样泵，以及 5 支试管。

(6) 一氧化碳检测器套件

① 军用型

全套器材都被装在原野灰木箱里，包括一部空气取样泵、32支试管、1个管架和其他配件。

② 商用型

圆柱形金属容器内装有空气取样泵和试管，虽说是商用检测器，但也可以用于军方的防御工事。含一氧化碳的空气注入试管后，试管里的溶液会变色。

(7) 毒气检测器套件

全套组件都被装在金属载具里，包括空气取样泵、几种不同类型的试管、砷化三氢试纸、小型检测罐和其他附件。

(8) 喷雾检测卡

这些硬纸卡的两面都涂有含染液的颜料，接触液态糜烂性毒气就会变色。

(9) 检测粉泵

这是一个带棱纹的薄金属板箱，有一个内置泵，一端是个把手，另一端是可调节的喷嘴。

(10) 毒气检测器和采样套件

毒气检测器和采样套件一般包含6个采样瓶、4个小型检测罐、毒气警示牌、喷雾试纸和其他附件。这些东西都被装在铝箱里。

(11) 检测涂料

这种涂料含有染液，接触某些液态毒气就会变色，用于涂抹在物体表面，以此检测毒气喷雾。

(12) 防御工事用毒气检测器

金属箱内装有电动机、空气取样泵、6对金属和玻璃试管、试管支架，以及把空气同时吸入所有试管的必要连接物。

(13) 战地实验室

实验室配备检测毒气的设备，但相关人员的主要工作是分析食物和药物，因而也有这方面的必要设备。

防毒面具检测器

(14) 毒气检测车

这是一款 1 吨重的敞篷式半履带车，用于搭载毒气检测人员和相关设备。

6. 其他

(1) 耳塞

这种耳塞是方形的黄色蜡片，每个金属盒里放 6 片，用于保护受损的耳膜。

(2) 防雾盘

防雾盘两个一套，每个直径为 2.3 英寸，一面涂有明胶。防雾盘装在目镜里，涂明胶的一面对着佩戴者的眼睛。其中明胶的作用是迅速吸收水分，防止目镜起雾。

(3) 防雾片

这是一种椭圆形赛璐珞式圆盘，被安装在头部负伤者用的防毒面具的眼窗里，可防止起雾。据信圆盘的一面涂有明胶。每个锡盒里装有 10 片。

(4) 防毒面具检测器

这是一个长方形箱子，里面装有电动机、压力表、用于防毒面具面罩的头部模型和其他附件。

(5) 滤毒罐检测器

这款便携式检测器被装在木箱里，包含气泵、滤毒罐阻力量具和相关附件。

(6) 毒气警报装置

这是以信号枪发射的哨声弹，上升50码左右，发出白光或绿光，以及尖锐的哨声，能在400码范围听见。

(7) 防毒气铺面材料

这种卷起来的牛皮纸宽4英尺，长55码，以焦油类的物质浸渍过。据说牛皮纸的强度足以让200人平安穿越受污染地带。

(8) 毒气警示装置

这是一个手枪形的盒子，里面有20根L形铁棍、20面警示旗（印有黄黑相间的骷髅和交叉的腿骨）、一卷黄色警示胶带。

(9) 滤清器

这套装置用于防空洞和其他永备工事，包括一个电动或手动泵、一个机械滤毒罐、一个化学滤毒罐，以及通过滤毒罐吸入外部空气的必要连接物。

(10) 信鸽用毒气防护箱

防护箱被分成四个隔间，每个隔间都有进气管和过滤器。

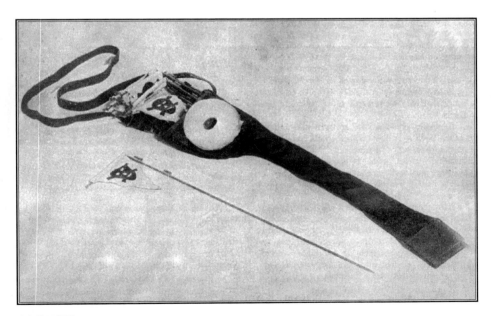

毒气警示装置

三、毒气

1. 综述

总的说来，德国的毒气保留了第一次世界大战的分类法，但为了便于命名，"环""带"这些术语取代了"十字"。FE42式滤毒罐的出现，说明德国人意识到氢氰酸（AC）、氯化氰（CK）、砷化三氢（SA）的潜力。相关测试表明，针对这些毒气，FE42式滤毒罐能提供有效防护。众所周知，德国人喜欢混合使用各种毒气，因此，糜烂性有毒烟幕是"黄带"和"蓝带"毒气的组合，化学填充物的性质以相应的两条色带标示。绿带和黄带代表具有糜烂特性的窒息性毒气，而两条黄带代表持久性加强的糜烂性毒气。

2. 氮芥

相关文件表明，除了多多少少可称为"标准"的毒剂外，德国人还有一种近乎无味、被称为"绿带 I"的毒气。这是具有类似特点的几种毒气中的一种，又可称为氮芥。

一般说来，氮芥要么是液体，要么是低熔点固体，从淡黄色到无色，几乎没有气味。这种毒剂的挥发性各不相同，有的低于也有的高于芥子气。氮芥很容易水解，但水解后的产物是有毒的。

氮芥子气的冰点较低，因而可用于高空轰炸或喷洒（尽管会变稠）。它的挥发性是芥子气的三到四倍，所以持久性较差。氮芥能实现更高的浓度，作为毒气使用更加危险，但糜烂效果并不强。如果在炎热的天气状况中使用，这种毒剂需要以特殊的方式加以稳定。

氮芥最危险的地方在于，它产生的蒸气难以通过气味察觉，而且装有这种毒剂和高爆装药（高爆药占20%—30%）的炮弹，在爆炸时和普通高爆弹没什么区别。因此，针对它的检测，就必须使用常规美制检测器，也就是检测涂料，或试纸和M-9蒸气检测器套件。

德国人很可能以氮芥子气来实现战术上的突然性，比如在使用普通高爆弹炮击时，他们可以掺入氮芥子气以此夺取重要的阵地。这种毒气还可以用飞机喷洒，或装在航空炸弹里使用。

糜烂性毒气——"黄十字"

芥子气（H）——德语名称 Lost、Senf、Gelbkreuz

刘易斯毒气（L）——德语名称 Gelbkreuz Ⅱ

二氯乙胂（ED）——德语名称 Dick、Gelbkreuz Ⅲ

氮芥（HN）——德语名称 Stickstofflost

（芥子气和刘易斯毒气的混合物可用于寒冷天气，从而降低冰点。芥子气和刘易斯毒气各占 50% 的混合毒气被称为 Winterlost。与一战时期相比，现在的芥子气很可能有所改进，持续性更久，糜烂效果更强，更难以净化。）

窒息性毒气（肺刺激剂）——"绿十字"

碳酰氯（CG）——德语名称 D-Stoff、Grunkreuz

双光气（DP）——德语名称 K-Stoff、Perstoff、Brunkreuz Ⅰ、Brunkreuz Ⅱ

氯化苦（PS）——德语名称 Klop

氯气（CL）——德语名称 Chlor

（这些窒息性毒气的混合物经常被提到。）

催吐性毒气（催嚏剂）——"蓝十字"

二苯胺氯胂（DA）——德语名称 Clark Ⅰ、Blaukreuz

二苯代胂腈（DC）——德语名称 Clark Ⅱ、Cyan Clark

亚当式毒气（DM）——德语名称 D. M. Adamsit

催泪瓦斯（催泪剂）——"白十字"

氯乙酰苯（CN）——德语名称 T-Stoff

溴苄基氰（BBC）——德语名称 T-Stoff

（德国人在上次世界大战期间没使用这些毒气，而是依赖一些溴化合物，但后者的效力不及上面所列的两种物质。虽然有消息说德国人不太喜欢单独使用催泪瓦斯，但不能忽视他们使用被伪装成催泪瓦斯的其他毒气的可能性。）

四、地面武器

1. 综述

德国人能发射化学弹药的武器非常多，加农炮、迫击炮、榴弹炮、火箭发射器等，这些武器的口径各不相同，具体型号更是数不胜数。

2. 加农炮

德国人用来发射烟幕弹的 75 毫米加农炮不下 12 款，包括一款自行式。他们清楚地认识到以火炮发射毒气弹的局限性。虽说盟军目前还没有缴获他们的毒气弹，但相关报告表明，一段时间以来，德国人储备了大量填有毒剂的炮弹，他们最青睐的口径是 105 毫米和 150 毫米。德国人能发射烟幕弹的 105 毫米加农炮有好几种，其中两种是自行式（"灰熊"和"熊蜂"）。另外还有 150 毫米重型步兵炮使用的烟幕弹和燃烧弹（供 150 毫米自行加农炮使用的烟幕弹重 86 磅左右）。

3. 迫击炮

德军化学战部队的基本武器是 105 毫米迫击炮，盟军已掌握其中两个型号。除了 81 毫米迫击炮，德国人还有一种 120 毫米迫击炮，与芬兰坦佩拉制造的 120 毫米迫击炮相同。他们还仿制了苏联的 120 毫米迫击炮。200 毫米和 380 毫米插杆式迫击炮的设计深具创新性。虽说这些迫击炮主要用于摧毁障碍物、地雷场和炮兵阵地，但既然能发射烟幕弹，那么他们也可能以毒剂或燃烧剂替换高爆装药。

德制武器发射的烟幕弹		
烟幕弹	发射武器	色标和备注
80 毫米 Wgr. 34 Nb、 80 毫米 Wgr. 38 Blau	80 毫米迫击炮 （S.Gr.W.34）	红色弹体，标有白色 Nb 字母，蓝带， 喷出蓝色烟幕，指示目标
100 毫米 Wgr. 35 Nb	100 毫米烟幕迫击炮（Nb. W.35）	砖红色或橄榄绿色，标有白色 Nb 字母
*100 毫米 Wgr. 40 Nb、 *100 毫米 Wgr. 40 Wkb. Nb	Nb. W. 40	砖红色或橄榄绿色，标有白色 Nb 字母， 配有长传爆管
200 毫米 Wgr. 40 Nb	200 毫米插杆式迫击炮 （le. Ldg. W. 40）	工兵使用，电击发，射程 700 米
380 毫米 Wgr. 40 Nb	380 毫米插杆式迫击炮 （S. Ldg. W. 40）	工兵使用
* 需要指出，40 式 100 毫米迫击炮使用的高爆弹，尾部刻有 "10cm Nb.W.40"，因为迫击炮的型号是 Nebelwerfer 40，也就是 "烟幕" 投射器。		

4. 榴弹炮

德国人有两款 105 毫米轻型野战榴弹炮、三款 150 毫米重型野战榴弹炮可发射烟幕弹。相关报告称，他们给 80 磅重的炮弹装填了糜烂性和窒息性毒剂，供重型野战榴弹炮发射。

5. 火箭发射器

当前这场战争中，有两款通用型火箭发射器：Nebelwerfer（烟幕发射器）和 Schweres Wurfgerät（重型投射装置）。这些武器的详情参见第二章第七节。

6. 发烟器

(1) 概述

发烟器经常被称为"发热器"，因为它们总是通过"发热"也就是燃烧发烟材料，以此产生烟幕。发烟器可以静止布设，也可以徒手投掷或以步枪发射，还可以使用坦克上的装置发射。另外，发烟器也可以固定在浮标或浮箱上，用于两栖作战行动。

(2) 39 式烟幕罐 (Nb.K.39)

这款发烟器是一个金属罐，高 5.75 英寸，直径 3.5 英寸，顶部有几个用于排烟的孔。烟幕罐重 4.75 磅，被漆成了绿色，罐体涂有两条白带。罐内的贝格尔式发烟剂，以两份锌粉和三份六氯乙烷的比例混合而成，烟幕罐使用拉发式点火具，燃烧时间为 4—7 分钟。

(3) 烟幕筒 (Rauchrohr)

这款圆柱形烟幕筒长 10 英寸，直径 1 英寸，重 11 盎司，装有拉发式点火具，可燃烧 3—4 分钟，产生深灰色烟幕，主要用于对付坦克。筒里装有 7.5 盎司锌、镁和六氯乙烷混合剂。

(4) 长燃发烟器 (Langekerzer 42, Nb.KL 42)

这种长燃发烟器是一个绿色的圆柱形金属容器，高 19 英寸，直径 6.83 英寸。罐内装有 36 磅锌、氯化锌（或氯化铵）、六氯乙烷混合发烟剂。发烟器重 35 磅到 49 磅不等，可燃烧 15—30 分钟，在有利的气候条件下，其产生的灰白色烟幕足以提供 200 码宽、400—500 码长、40 码深的屏障。其点火具是电击发式或拉线式。

(5) 法制发烟浮标

相关报告称，德军鱼雷快艇使用了法国制造的 132 磅发烟浮标，这种发烟浮标被装在容器里，燃烧时间为 4—5 分钟，内含贝格尔混合发烟剂、漂浮装置、盖子、点火具。

7. 装甲战车用发烟器

三号、六号坦克通常会配备这种发烟器，它们被安装在炮塔每一侧，长6英寸，直径3.7英寸。这种发烟器以三根柱形管构成，柱形管纵向排列，呈45度固定仰角，但略微张开以让发烟器侧向扩展。另外黑豹和虎式B型坦克也配有发烟器，并排安装在炮塔顶部右后方，与炮塔顶部呈60度角。但黑豹和虎式B型坦克所配备的发烟器是被装在圆环上的，因而可以进行360度转动。这种发烟器的柱形管长7.5英寸，直径3.625英寸，装有闭锁块。两种发烟器的发射机构都可以以坦克战斗舱内的扳机击发。

8. 烟幕雾化器

烟幕雾化器（Nebelzerstäuber）通过压缩空气的方式喷洒液态发烟材料。烟液通常是氯磺酸，它会雾化或分散微小的颗粒，在蒸发后吸收空气中的水蒸气，并迅速凝结成细小的微滴。与发烟器的"发热"不同，雾化器的过程是"冷却"。德国人有多种烟幕雾化器——固定式的，便携式的，以及装在车辆和坦克上的，或安装在船只、飞机、浮标上的。

9. 手榴弹

39、41式烟幕手榴弹装填的都是六氯乙烷混合剂。两种手榴弹的设计相似，都被涂成绿色，都印有白色的 Nb. Hgr. 39（或 Nb. Hgr. 41）字样，且印字下方有一条白色的虚线。德国人还有两款被称为 Blendkorper 1H 和 Blendkorper 2H，装填四氯化钛（FM）和四氯化硅混合剂的玻璃手榴弹。他们还有"莫洛托夫鸡尾酒"式（用1品脱的玻璃瓶装上苯和杂酚油混合物）的易燃易碎手榴弹，主要用于对付坦克。

10. 毒气地雷

德国人把毒气地雷称为"喷雾罐"（Spruhbüchse），陆军部队以这种地雷污染地面、路障、建筑物或难接近的地方。毒气地雷还可以扰乱潮滩上的登陆部队，阻滞装甲车辆和人员。这种地雷通常被埋在道路两侧、桥梁下、树林里或其他合适的地方，可通过延期装置或压发引信击发。一颗毒气地雷可污染20—25平方米的区域。

11. 大面积污染

所有喷洒装置（Spruhgerät）都可实现大面积污染，如坦克、装甲车、卡车可以安装喷洒毒气和烟幕的设备，如特种毒气连的化学卡车。另外净化营的专用喷洒装置，也可转换喷洒净化液为喷洒毒气。

12. 移动式喷火器

喷火器是一种压力操作设备，同时可以点燃离开喷嘴的液体射流。喷火器的主要部件是油瓶、把油料挤出油瓶的装置、末端带有喷嘴的喷火枪、点燃油料射流的点火装置。德国人使用的喷火器主要有以下几种：

(1) 35式便携喷火器

在德国发动的这场战争中，德军配备的就是这款喷火器——它是1918式便携式喷火器的改进款。油料和压缩氮气容器都被装在钢瓶里，氮气用于推动油料，油料在喷嘴处会被一股氢火焰点燃。喷射、点燃油料这两个步骤都以喷火枪顶部的同一个扳机控制。喷火器所储存的油料可击发10次，每次持续时间为1秒，最远射程为30码。喷火器全重79磅（对于单兵而言，喷火器的重量太重了）。

(2) 40式便携喷火器

这是一款"救生圈"式喷火器，仅重47磅。其全重相比35式而言固然下降了，但相应的油料也少了三分之一，不过喷火器的射程保持不变。

(3) 41式便携喷火器

这款喷火器有两个钢瓶，一个装有油料，另一个装有压缩氮气，全重35—40磅。喷嘴处装有电热丝，点燃涌过的氢气，而后燃烧的氢气再点燃油料射流。瓶里的油料可喷射5次，产生700—800摄氏度的火焰。

(4) 42式便携喷火器

从外表看，这款喷火器与41式相似，但稍短一些，而且有一个重要的不同之处：点火装置。新的点火装置使用弹匣，装有10发9毫米无缘空包手枪弹，可实现自动且连续地装填、发射、抛壳。由于油料喷射和点火装置都以同一个扳机操作，油料射流会在离开喷嘴的瞬间被点燃，因而无法先以油料浸透目标再实施点火。整套喷火器空重30磅，全重40磅。瓶内装有7.5加仑油料，这种黑色油料闻上去像杂酚油。氮气在每平方英寸441磅的压力下被压缩，且氮气管上没有减压阀。瓶里的油料可喷射5—6次，每次可持续3秒，喷火器射程为25—30码。

(5) 伞兵喷火器

这一款便携式喷火器（Nebelzerstäuber）是伞兵的制式装备之一，主要因为这款喷火器仅重23.75磅。油料瓶里的黑色液体，与其他德制喷火器使用的油料相同。它可从伞兵肩部发射，喷射38码长的火焰，持续2—3秒。据说这款喷火器压力稳定，能产生均匀的火焰，而且能精确瞄准。

(6) 拖曳式喷火器

这款喷火器与野战炮相似，它也装在底盘上，以机动车辆牵引。以油箱、泵、发动机构成的箱形钣金体被装在支架上。油箱尺寸为 59.5 英寸 ×21.5 英寸，装有 40 加仑杂酚油。汽油发动机驱动离心泵。喷火枪可以朝各个方向转动 45 度，俯仰角度为 +30 度到 -10 度。电火花点燃油料后，火焰可持续 24 秒，射程为 45—50 码，每秒消耗 1.46 加仑油料。喷火器全长 7 英尺 11 英寸，重 900 磅。这款喷火器运作的声响在 300 码范围内都很清晰。

(7) 半履带装甲车 (Sd.Kfz.251) 上的喷火器

常规的 3 吨半履带装甲车的后部装有两具喷火器，可从驾驶员旁边的前座控制。喷火器可以横向转动 160 度，其软管长度为 11 码。油箱装有 185 加仑德制喷火器常用油料。离心泵以每秒 2 加仑的消耗率推动油料（油箱里的油料可喷射 80 次，每次 1—2 秒，射程为 40—50 码）。这款武器以电子—汽油装置击发。

(8) 38 底盘坦克歼击车 (le. Pz. Jäg. 38 Chassis) 上的喷火器

这款喷火器被安装在 38 底盘自行坦克歼击车前部外侧，其油料容量为 154 加仑，消耗率为每秒 1.8 加仑，其控制方式为手动，其射程为 55—66 码。

13. 固定式喷火器

(1) 概述

德国人把此类喷火器称为"防御火焰喷火器"（Abwehr Flammenwerfer）。这些喷火器也被称作"静止式喷火器""安放式喷火器""定向喷火器"和"喷火器地雷"，最后一个名称可能是因为这种喷火器可以被埋在地雷场后方，或分散布设在地雷场内来加强防御，并以遥控方式发射。一般说来，这些喷火器都会被部署在铁丝网后，面朝敌人有可能发动进攻的方向，掩护路障、登陆海滩、港口岩壁，或在防御墙缺口位置充当移动障碍。这些喷火器以 12—30 码的间隔掩埋，经精心伪装后只在地面上露出水平状喷口。这些被埋设的喷火器从中心点控制（通常是一个小小的掩体），以电遥控或绊线机构击发。

(2) 安放式喷火器 (Abwehrflammenwerfer 42)

① 概述：这款喷火器全高 2 英尺 6 英寸，以油料罐、火焰管、推进剂罐构成，必要的配件是慢燃推进剂、电爆管、线缆、蓄电池、油料。

② 油料罐：油料罐是一个圆柱形油箱，高 21 英寸，直径 11.75 英寸，可装 7.7 加仑油料。油料罐有一个铁提手，其容量为 8 加仑。油料是黑色的黏稠液体，闻上去像煤焦油，其实是沥青和轻油、中油、重油的混合物，比常见的喷火器油料稍稠一些。

③ 火焰管：火焰管是一根 2 英寸长的金属管，从油料罐底部附近垂直居中升起，穿过油料罐顶部后的部分呈弯曲状，并水平延伸 20 英寸。

④ 推进剂罐：这是一个 10 英寸高的圆柱形罐体，里面装有慢燃火药、点火管、点火线。推进剂是黑火药，或是硝化纤维素和二甘醇二硝酸酯的混合物。油料通过推进剂爆炸所产生的压力喷射。

⑤ 运作：两个电爆管同时把火焰导入压力室，一个点燃推进剂，推进剂产生的压力迫使油料喷出火焰管，另一个点燃冲出喷嘴的油料。喷嘴处装有铝和硝酸钡构成的点火装置。5 码宽、3 码高的火焰可持续 1.5 秒，并达到 30 码的射程。

14. 喷火坦克

(1) 概述

喷火坦克就是安装了喷火器的坦克，外形与普通坦克别无二致，喷火器和附件（油箱、伸出的软管、气瓶、泵、电动机、点火装置）都被安装在炮塔里。这些喷火坦克改进过几次，有些型号已过时。

(2) 二号 F 型喷火坦克（Sd. Kfz. 122）

这款坦克有两具喷火器，都装在履带护板前方的小型炮塔里，以炮塔内的面板电动操控。小炮塔可以在横向 180 度、仰角 20 度、俯角 10 度的范围内转动。容量为 70 加仑的两个油箱被安装在外面的履带护板上，以防盾遮掩。喷射器通过压缩氮气喷射油料，并以乙炔火焰点燃油料射流。油箱里的油料可喷射 80 次，每次可持续 2—3 秒，射程为 35 码。

(3) 三号 L 型喷火坦克

这种被安装在炮塔里的喷火器，替代了常见的 50 毫米火炮（50mm Kw.K.39），但外观看上去没什么区别。喷火器可以转动 360 度，俯仰角为 -10 度到 +20 度。225 加仑油料被装在左右两侧几个内部油箱里。油料是黑色的黏稠液体，闻上去像杂酚油，可喷射 70—80 次，每次持续 2—3 秒，其射程为 55—65 码。

一种固定式喷火器

三号L型喷火坦克

五、航空武器

1. 化学炸弹

(1) 10 千克杀伤弹（GC10）

这是一款毒烟高爆炸弹，内置砷装填物，德国人用蓝十字加以标识。

(2) 50 千克芥子气炸弹（GC50）

这种炸弹可装填少量炸药用于污染地面，也可以装填大量的炸药用于杀伤人员，其撞发引信非常敏感。

(3) 250 千克芥子气炸弹（KC 250 GB）

这种炸弹装有时间引信，通常可设置在距离地面 330 英尺处击发，此时污染面积可达到 6000 平方码左右。据悉，德国人还有一种装有窒息性毒气的"绿十字"炸弹（KC 500）。

2. 烟幕炸弹

(1) NG50 烟幕炸弹

这种烟幕炸弹的弹体呈原野灰色，弹体头部呈白色，弹体上可能涂有四条垂直的白线或两条白带。炸弹全长 2 英尺 7 英寸。

(2) NC50WC

这种烟幕炸弹装填贝格尔混合发烟剂或六氯乙烷，通常被用于水上。其弹体为原野灰或银色，弹体头部为黄色，弹体上可能有四条垂直的黄线。炸弹全长 3 英尺 7 英寸，直径 7.75 英寸。

(3) NC250S

这种烟幕炸弹与 C250 燃烧弹相似，但其弹体被漆成了银色（弹体头部白色，弹体尾部是草绿色），其装药塞与悬挂接口间还画有一条白带，并标有"NC250"字样。这款烟幕炸弹有两种规格，一种重 242 磅，另一种重 418 磅。装药是氯磺酸和三氧化硫。

3. 燃烧炸弹

(1) 1 千克燃烧炸弹

这种炸弹的样本，可能带有 B1 E1、B1 E1 Z、B1 E1 ZB 等编号，但重量都是 2.75 磅，弹体涂成铝色或绿色，直径为 2 英寸，高 13.5 英寸，装填 0.44 磅铝热剂。

(2) 2 千克燃烧炸弹

这种炸弹的编号是 B2 E1 Z，弹体呈铝色或浅绿色。装药除了铝热剂外还有

TNT 或阿马托。炸弹全长 20.7 英寸，直径为 2 英寸。

(3) 油料燃烧炸弹（Brand C50A）

这种炸弹重 99 磅，被涂成原野灰色，弹体尾部下方是红色，有一道红圈环绕弹体，尾椎上还有一道黄色条纹。弹体全长 43.2 英寸，直径为 8 英寸。装药为 15 升混合剂，含 86% 的苯、10% 的橡胶、4% 的磷。此外，这种炸弹里还有苦味酸爆炸装药。

(4) C50B 燃烧炸弹

这款炸弹的标记、尺寸、弹体颜色与 C50A 相同。但其装填了白磷，其弹体上还被画了一个小小的红色瓶子，以此作为区别。

(5) C250 燃烧炸弹（Flam. C250）

这款炸弹被涂成了绿色，弹体头部呈红色，有两道蓝色尾环，还有两道红色弹环。弹体全长 64.5 英寸，直径为 2 英寸。这款重 240 磅的炸弹，装有 16 加仑混有铝粉和镁粉的石油（混合物重约 110 磅，以木粉石油点燃）。爆炸装药是 2.65 磅 TNT 和苦味酸。

(6) C250B 和 C250C 燃烧炸弹（Flam. C 250 B、Flam. C 250 C）

这些燃烧炸弹与 C250 相同，但标记不一样。B 型和 C 型被涂成了深蓝色或灰色，弹体上环绕着两道红带。

(7) Brand C 250 A 燃烧炸弹

这款炸弹被涂成了原野灰色，弹体尾部下方被涂成了红色，长 64.5 英寸，其直径为 14.5 英寸。它装填了 15.8 加仑混合物，其中 87.7% 是石油溶剂、11.7% 是聚苯乙烯、0.5% 是磷。爆炸装药是苦味酸。

(8) Flam. C500 C 燃烧炸弹

这款炸弹被涂成了蓝色或灰色，重 440—460 磅。

4. 喷洒器

德国飞机安装的 S100、S125、S200、S300 型喷洒器，结构较为类似，都以气压喷洒烟酸混合剂。喷洒器是一个圆柱形装置，装有贮酸瓶、一小罐压缩空气、带阀门的空气管道、排放管、喷嘴。整套装置被放在飞机外部，随时可以丢弃。烟酸混合剂可以装填到两个级别，装填到低位时全重 551 磅（含 482 磅烟酸混合剂），装填到高位时全重 827 磅（含 758 磅烟酸混合剂）。喷洒通过操作电磁阀以电动方式实现，可以随时中断或重新开始。

第七节 野战炉灶和烹饪设备

一、综述

在配发给德国陆军的各种野战炉灶和其他烹饪设备中，最重要的设备包括行军式野战炊具、野战炉灶、无火炊具和15式炊具。

二、行军式野战炊具

1. 概述

大型行军式野战炊具可供125—225人进餐，小型行军式野战炊具供50—125人进餐。这些由马匹牵引的行军式野战炊具会配发给非机械化部队。小编制部队没有野战炊具，但会配发无火炊具和15式炊具。

2. 前车和挂车

行军式野战炊具由两部分组成：可拆卸的前车和挂车，野战炊具装在挂车上。整套装置以两匹或四匹马拖曳。前车用于运送包括应急口粮在内的大部分补给物资，而驭手和厨师仅在快速行军期间可以坐在前车上。野战炊具设立后，可以拆下前车单独使用，以获取额外的补给物资。某些情况下，配发给摩托化部队的行军式野战炊具没有前车，他们用轻型卡车搭载野战炊具，同时装运额外的补给物资。

3. 炊具

(1) 炉灶

炉灶装在挂车上，可以燃烧煤、焦炭、煤球、木头。

炉灶通常用作无火炊具，特别是在行进期间。火箱里生火后，蒸汽从安全阀逸出，火焰就会被挡住后熄灭，这种做法既节省燃料，又能防止烟幕暴露部队的位置。

(2) 炖锅

炉灶的主要部件是一口双层大炖锅，锅外面有一层稍大的外壳。内锅与外锅间灌有特殊的液体，可确保热量均匀分布。双层锅盖设有安全阀。大型炉灶的炖锅，实际容量为200升，烹饪容量为175升；小型炉灶的炖锅，容量为125升，每次可以烹饪110升汤、炖菜、炖肉、蔬菜。

(3) 咖啡壶

咖啡壶是单层外壳的，但使用了配有安全阀的双层壶盖。大型炉灶每次可以准备 90 升咖啡，小型炉灶每次 60 升。壶上有个方便倒咖啡的龙头。某些炉灶上还有烘烤用具。

这些炉灶都有单独的火箱，但使用同一个烟囱。

(4) 食物容器

食物准备好后，会被装在保温食物容器里前运，每个大型行军式野战炊具提供 6 个保温食物容器，小型行军式野战炊具提供 4 个。这些容器的容量为 12 升，重量为 18 磅左右，两层结构，中间的空气起到保温作用。容器背后四角的环上可以添加特殊的背带。

三、野战炉灶

摩托化部队配备的野战炉灶，与行军式野战炊具使用的炉灶类型相同，安装在卡车后厢的架子上。炉灶使用的各种物资都被装在一个特殊的箱子里。

四、无火炊具

不到 60 人的分队可配备大型或小型无火炊具。大型无火炊具套件重 77 磅，有一个容量为 25 升的嵌入式大锅，小型无火炊具重 53 磅，配以容量为 15 升的锅。整套组件还包括烹饪叉、菜刀、咖啡筛。

五、15 式炊具

这种炊具重 29 磅，会配发给比使用无火炊具的分队更小的单位。整套设备有三个容量为 9 升、10 升、12 升的嵌套锅，一把长柄勺，十个盘子，十套叉子和勺子。

六、烘焙设备

1. 烤炉挂车

德军的野战烤炉，是在一辆挂车上的平底炉式烤箱，可以以蒸汽管原理加热。每个面包烘焙连配发 7 辆挂车。

2. 和面机

德国人使用的和面机被装在一辆单轴挂车上，以汽油发动机操作。每个面包烘焙连配备两台。

烤炉挂车

和面机

第八节 个人装备

一、战地装备

1. 腰带

　　无论是否携带野战装备，德军士兵总是习惯性地扎着腰带。通常情况下，普通士兵佩戴黑色皮带，但热带地域的士兵会装配织物腰带。腰带都有一个钢制带扣，上面刻有军种标志。所有陆军地面部队配发的腰带，其带扣上都刻有圆形徽标，中间是一只鹰的形象。圆形徽标上部刻有"Gott mit uns"（上帝与我们同在）的字样，徽标的下部是一个花环的图案。德国空军的腰带扣，则刻了一只飞行中的鹰，鹰爪抓着个反万字徽，整幅图案环绕着一个花环。武装党卫队的腰带扣上也是一只鹰，其伸展的两翼占据带扣顶部，"Meine Ehre heisst Treue"（忠诚是我的荣耀）这句话在鹰翼下方几乎形成一个圆环，鹰停在另一个较小的圆环里，小圆环里刻有反万字徽。军官佩戴的棕色皮带，配有简单的舌扣式带扣。战场上的士兵会把子弹盒、刺刀、挖壕工具、面包袋挂在腰带上。军用衬衫上的金属钩是用来固定腰带位置的。

2. 子弹盒

　　德军常见的子弹盒以皮革制成，每个子弹盒以三个独立的小袋构成，每个小袋存放 2 个弹夹，共 10 发子弹。子弹盒上有一个供制式腰带穿过的腰带环和一个使其挂在子弹盒肩带上的吊环，两条肩带为腰带上挂的装备提供额外的支撑。通常情况下，前线士兵会佩带两个子弹盒，腰带带扣两侧各挂一个，共计 60 发子弹。其他类型的子弹盒还包括冲锋枪弹匣包、工兵突击背包子弹袋、子弹带。冲锋枪弹匣包现在多以织物制成，可容纳 6 个弹匣。这种弹匣包长 9 英寸左右，携带方式与普通子弹盒类似。容纳 120 发子弹的子弹带通常绘有迷彩图案，由伞兵斜挎在胸前，以穿过腰带的带环固定。医护兵会配发一只皮质急救袋，比普通子弹盒更深，但其宽度只有普通子弹盒的三分之二。

3. 掘壕锹

　　大多数德军士兵会配发与美军制式挖壕工具相似的制式折叠锹。德军的制式掘壕锹，是把 6 英寸 ×8.5 英寸的钢制尖锹头铰接到 18 英寸长的木柄上制成的。铰链配有带螺纹的塑料螺母，可以把锹头固定在三个位置：与手柄齐平，作为铁锹使用；与手柄成直角，作为镐使用；与手柄折叠，便于携行。掘壕锹可装在皮套里挂在士兵左臀的弹药带上。由于掘壕锹完全可以充当镐，所以德军士兵很少使用挖壕钢镐。

4. 刺刀鞘

插入刺刀鞘的刺刀，穿过弹药带挂在折叠式掘壕锹前方或旧式掘壕锹上方。旧式掘壕锹的皮套上有一个用于固定刺刀鞘的带环。

5. 面包袋

德军士兵的面包袋位于右臀部，挂在腰带上。这种帆布袋还可收纳卫生用品、不戴的野战帽、毛巾和作战士兵的其他必需品。徒步人员会把水壶挂在面包袋翻盖左侧的吊环上，并将环绕水壶的一根带子穿过面包袋翻盖下部的吊环，以此牢牢固定水壶。骑乘人员则会把水壶挂在面包袋右侧。德国人以前经常用一根专门的带子把面包袋挂在肩膀上。

6. 水壶

德军士兵配发的水壶，容量近 1 夸脱，带有毛毡盖。圆形或椭圆形的水壶杯可以倒扣在水壶嘴上。这种水壶起初是铝制的，1942 年前后出现了少量塑化浸渍木材制成的水壶，近期他们又开始使用搪瓷钢制作的水壶。山地兵配发的水壶稍大一些，医护兵则会配发特制的医用水壶。

7. 防毒面具

德军士兵挂在腰带上的另一件物品是装在金属罐里的防毒面具。金属罐顶部以一根绕过右肩的背带固定，底部挂在腰带背面。伞兵配发的防毒面具，被装在特制的织物收纳物里，以降低着陆时受损的风险。

二、作战装备

1. 子弹带挂带

配发给德军士兵的皮质子弹带挂带，以及热带军装配备的编织物子弹带挂带，多种多样，型号不一，但最常见的是步兵挂带。这种挂带和战斗背包、39式背包一同配发给步兵师的战斗人员。步兵挂带是有几根带钩的带子，前面的几个带钩挂在子弹盒后面，后面一个宽钩从子弹带下方穿过。肩带背后的 O 形环可用于固定战斗背包、39 式背包或其他装备的顶部。这些挂带的底部以辅助带固定，辅助带可铆接在挂带前方的肩部下。其他常见型号还包括军官的子弹带挂带，以及骑兵挂带。

2. 战斗背包

常见的步兵战斗背包呈梯形，以帆布制成，有一个可拆除的、用纽扣扣在背包底部的袋子。背包上半部分的一根带子用于固定饭盒，底部的两根带子把四分之一幅防潮布紧紧裹在小袋子上。背包四个角都有挂钩，可以用于把战斗背包挂在子弹带挂带上。背包盖内侧有一个小口袋，用于存放步枪清理工具。通常情况下，背包里装有帐篷绳、一天的口粮，以及一件毛衣。但很多时候，他们也把绳索、帐篷杆、帐篷桩卷在四分之一幅防潮布里，最后放在背包内。必要情况下，他们还把大衣或毛毯卷成马蹄形，用三根衣带固定在战斗背包上，这些带子穿过背包顶部和两侧的几个矩形孔眼。

3. 饭盒

德军以前使用铝制饭盒，现在改用搪瓷钢制饭盒。饭盒通常置于战斗背包外携行，但有时候也像水壶那样挂在面包袋上。与苏联和日本的饭盒相似，德国人的饭盒是一个带盒盖的深锅，盒盖反过来可以当作餐盘使用。

4. 四分之一幅防潮布

德军士兵配发的四分之一幅防潮布，是把高度防水帆布切割成底部 6 英尺 3 英寸、两侧 8 英尺 3 英寸的等腰三角形制成的，既可以用来搭设帐篷，也可以用来充当雨披。防潮布的三条边都有纽扣和扣眼，其本身会被染成迷彩图案，要么是典型的陆军迷彩色，要么是常见的武装党卫队迷彩图案。有些防潮布，两面染的迷彩图案不同，一面以绿色为主，另一面以棕色为主。每个士兵还会配发用来把四分之一幅防潮布搭成帐篷的两根帐篷桩和一根帐篷杆。通常四名士兵的防潮布拼在一起，就能搭成一座金字塔形的小型帐篷，但也可以搭成其他样式，最常见的是八人和十六人的帐篷。八人帐篷通常会搭设成两座三面金字塔形帐篷，并在两座帐篷间扣上翻转的半幅防潮布。十六人帐篷则是把八人帐篷的四条长边连接起来，在这个底座上竖起一座标准尺寸的四段式金字塔形帐篷，其高度超过 9 英尺。穿在身上充当雨披时（士兵的头穿过防潮布上的一道缝隙，将三角形的窄点置于前方，把两个后点往前拉，就可以用扣子扣在一起），四分之一幅防水布提供了出色的防雨性能。防潮布上开的缝隙可供胳膊穿过，此时雨披就可以像袖子那样垂在胳膊旁。摩托车车手可以把四分之一幅防潮布固定在大腿周围。

三、其他背包

1.39 式背包

德军士兵除了会配发战斗背包外，也会配发 39 式背包。这种方形帆布包以皮革加固，没有肩带，和战斗背包一样，以四个挂钩挂在步兵子弹带挂带上。制式鞋、斜纹裤、一套刷子和其他必需品装在背包的主袋里。毛巾、袜子、针线包、衬衫都可以放在背包翻盖的袋子里。帐篷杆和两根帐篷桩则放在主袋与翻盖袋之间的背包顶部。大衣或毛毯可以卷成马蹄形，用三根衣带固定在背包上。如果出于某些原因，必须同时携带 39 式背包和战斗背包的话，战斗背包就可以挂在 39 式背包翻盖上缘的 D 形环上，并以翻盖上的纽扣带固定。

2.34 式背包

34 式背包目前依然会配发给部分德军士兵，这款旧式背包与 39 式相似，但用途是收纳士兵的所有装备。

3. 山地帆布背包

山地兵执行特殊任务，装备也不太一样，因而需要功能更多的背包。山地帆布背包是一个大号的、草绿色的、配有肩带、翻盖下方外侧有一个大口袋的背包，其皮革环可以把相关装备固定在外侧。山地帆布背包通常会被背在背后的位置，低于普通军用背包。

4. 空军帆布背包

空军帆布背包的设计与山地帆布背包类似，但并不完全相同，最主要的区别是颜色：空军帆布背包被染成了蓝灰色。

5. 热带帆布背包

与山地帆布背包和空军帆布背包相比，热带帆布背包较为简单，其四角的挂钩挂在子弹带挂带的吊环上。

6. 炮兵帆布背包

炮兵帆布背包，由行军背包和战斗背包组成。

7. 鞍囊

1944 年 7 月前，每个骑兵会配发一对鞍囊，自那之后，德国人就把鞍囊视为制式装备。现在，他们的旧款 34 式背包可能已快耗尽，因而代之以大小搭配的鞍囊。大号鞍囊是"马匹"包，内装饭盒、马蹄铁、8 根钉子、4 个防滑刺、防滑刺紧固件、清蹄勾、肚带、马梳、马刷、提桶。小号鞍囊放在骑手右侧后方，用于摆放个人物品：毛衣、应急口粮、步枪清理工具、卫生用品、帐篷绳、擦鞋用具、毛巾和四分之一幅防潮布，其中最后者被单独绑在鞍囊外。鞍囊翻盖上有 15 发子弹。骑兵必须下马的话，这个小鞍囊可以作为战斗背包，其四角的挂钩可挂在骑兵子弹带挂带的吊环上。此时需要从大号鞍囊取出饭盒，将其绑在作为战斗背包的小号鞍囊外。

8. 工兵突击包

每五个战斗工兵会配发一个工兵突击包。突击包与步兵子弹带挂带配合使用，由背在后背的一个帆布包和两个替代常规子弹盒的帆布袋组成。两个发烟罐被放在背包顶部，一块 3 千克的炸药块被放在背包底部。另外，背包里还会摆放饭盒和四分之一幅防潮布，但饭盒会被放在专门的口袋里。当帆布袋里摆放了卵形手榴弹时，步枪子弹可放在侧袋里。右侧的帆布袋上有一个专用口袋，可以摆放未装入收纳物的防毒面具。配发突击包的士兵，通常也会携带 39 式背包。

四、专用山地装备

配发给山地兵的专用装备，与民用登山装备类似。德军山地兵的装备包括长 100 英尺、直径 0.5 英寸的马尼拉绳，冰镐，10 点鞋底钉（绑在靴子上以获得更好的冰面抓地力），岩钉，弹簧扣环，带固定装置的钢边山地滑雪板，椭圆形小型雪地鞋。山地兵还会配发尺寸较小、分量较轻的 A 形帐篷，以及用于救援工作的红色雪崩绳、雪崩锹、雪崩探针。

五、冬季专用装备

与山地兵相比，平原地区的滑雪部队所配发的滑雪板较轻，这种滑雪板没有钢制包边，但有专门为越野滑雪所设计的固定装置。这种固定装置被牢牢地装在金属板上，金属板又用螺丝拧入专用木底帆布高筒靴的底部。由于钢板尺寸相同，固定装置又适用于所有人，因此士兵间的滑雪板可以互换。这种小型雪橇被德国人称为"akaja"，看上去像一条小型平底独木舟，用于运送补给物资和重武器，或疏散伤员。此类雪橇通常有三种：小型双头舟雪橇、小型武器雪橇、小型胶合板雪橇。

六、其他装备

1. 公文包

排长、班长、军士长、传令兵和诸如此类的人员，腰带上会挂着一个黑色的皮革公文包。这种公文包以前配发的数量很多，但1943年时为节约皮革，公文包的配发数量受到限制。公文包里有一个带塑料窗口的皮质地图包，地图包正面缝了几个口袋，可收纳7支铅笔、尺子、识图工具和其他设备。

2. 金属背架

德军士兵会使用金属背架携带重武器和其他沉重、笨拙的物资，特别是在复杂地形。金属背架看上去与金属管架相似，不过没有通用型，而是根据各种负载采用特殊的管架，以适应需要携带的特定类型装备。

3. 护目镜

最常见的德制护目镜是折叠式塑料镜片型，以透明或琥珀色镜片制成，一般说来，需要配发护目镜的士兵，会每种都得到一副。这种"遮阳防尘镜"会配发给摩托化或机械化部队所有成员，但汽车司机和摩托车手除外，他们会获得烟灰色镜片和皮革、合成橡胶或毛毡镜框制成的护目镜，其分量较重。这种较重的护目镜也会配发给部分炮兵，有时候还会配发给山地兵，尽管山地兵通常得到的是塑料护目镜。

4. 叉勺

每个德军士兵会配发一把组合式铝制叉勺。叉子和勺子的手柄被铆接在一起（一端是勺子，另一端是叉子），折叠起来后的两个手柄会靠在一起，叉头刚好置于勺子的舌形勺体内。这件组合式餐具折叠后的长度只有5.5英寸，携带方便。非洲战局期间，德军士兵配发了组合式不锈钢刀、叉、勺，有时候还带有开罐器，与之相比，普通的组合式叉勺分量更轻，构造也更简单。

5. 口粮加热器

这种小型汽油炉的重量稍稍超过1磅，会配发给诸如山地兵这些特种部队的士兵（他们必须在复杂条件下展开行动，还需要保持高度机动性）。汽油炉燃烧汽化的汽油，但没有压力泵。汽油或燃料片在油箱下方的小杯里燃烧，加热炉子，并以炉子自身产生的热量来维持温度。德军士兵配发的燃料片较多，常见的是埃斯比特，也就是环六亚甲基四胺片。这种燃料片被放在纸盒里，盒内还有一个燃料片炉（埃斯比特炉）。每盒装有4块燃料片，每块有5片，使用时掰下一片或几片即可。这种燃料的效能很高。燃料片炉以三段镀锌钢板制成，其中两段相同的部分关闭时可形成盖子，打开后成为炉子的侧壁和饭盒支架。这两段钢板以索环铰链连接第三段钢板，第三段钢板是一个用来燃烧燃料片的浅盘。钢板相应位置的凹坑，可以调节让炉子处于关闭、半开、全开位置。

金属背架

燃料片炉（埃斯比特炉）